LE FÉMININ DE L'ÊTRE

« Spiritualités vivantes »

DU MÊME AUTEUR

AUX ÉDITIONS ALBIN MICHEL

Le Symbolisme du corps humain, 1991.
L'Égypte intérieure ou les dix plaies de l'âme, 1991.
La Lettre, chemin de vie, 1993.
La Parole au cœur du corps, entretiens avec Jean Mouttapa, 1993.
Job sur le chemin de la lumière, 1994.
Alliance de feu, 2 vol., 1995.
Le Féminin de l'être. Pour en finir avec la côte d'Adam, 1997.
Œdipe intérieur. La présence du Verbe dans le mythe grec, 1999.
Résonances bibliques, 2001.
L'Alliance oubliée. La Bible revisitée, avec Frédéric Lenoir, 2005.
Le Baiser de Dieu ou l'Alliance retrouvée, 2007.
« *Va vers toi* », 2013.

CHEZ D'AUTRES ÉDITEURS

Le Matin du septième jour, entretiens avec Edmond Blattchen, Alice, 2002.
Manifeste pour une mutation intérieure, Éditions du Relié, 2003.
L'Arc et la Flèche, Éditions du Relié, 2003.
Nous sommes coupés en deux, Éditions du Relié, 2008.
Cheminer avec l'ange, avec Pierre-Yves Albrecht, Éditions du Relié, 2011.
L'Initiation, avec Pierre-Yves Albrecht, Éditions du Relié, 2012.

ANNICK DE SOUZENELLE

LE FÉMININ DE L'ÊTRE

Pour en finir avec la côte d'Adam

Albin Michel

Albin Michel
• *Spiritualités* •

Collection « Spiritualités vivantes » dirigée par Jean Mouttapa et Marc de Smedt

Avertissement

Pour les mots hébreux, je respecterai la translitération communément adoptée.

— L'alphabet hébraïque ne comporte pas de voyelles. Ainsi *Ayin* s'écrit des trois consonnes *AYN*.

— Un accent aigu est placé devant la voyellisation française du 'aleph, un accent grave devant celle du ‘ayin. Ainsi *'Ayin*, le « rien », et *‘Ayin*, la « source », sont deux mots très différents.

— Un tiret soulignant les lettres b et k (b̲, k̲) nous amène à prononcer ces consonnes respectivement v et r.

— La lettre h pointée (ḥ) se prononce comme une gutturale, approximativement comme un r.

Je ferai parfois référence à certains de mes ouvrages qui seront alors indiqués par abréviations :

S. du C., pour *Le Symbolisme du corps humain* (1re éd. Dangles), Éd. Albin Michel.

L. ch.V., pour *La lettre, chemin de vie*, Éd. Albin Michel.

A. de F., pour *Alliance de feu* (1re éd. Dervy-Livres), Éd. Albin Michel.

L'Égypte intérieure, pour *L'Égypte intérieure ou les dix plaies de l'âme*, Éd. Albin Michel.

Job sur ch. de L., pour *Job sur le chemin de la Lumière*, Éd. Albin Michel.

Introduction

« Réjouis-toi Marie, pleine de grâces »

chante Gabriel, l'ange qui vient annoncer à Marie sa maternité virginale : première salutation du ciel à la terre dans les Evangiles.

« Je sais que tu es belle »

s'écrie Abram en magnifiant Saraï son épouse : première parole adressée par un homme à une femme dans la Bible.

Beauté, plénitude de grâces, maternité, « gloire de l'Homme », dira l'apôtre Paul, mais aussi « gloire de Dieu », ajoutera-t-il dans un registre plus subtil. Telle est la femme que je voudrais célébrer en ces pages, moi femme si lourde d'une telle richesse et si douloureuse parfois de n'en pouvoir accoucher !

En disant cela j'aborde d'emblée trois niveaux du féminin :

— la femme que je suis au plan biologique ;

— le féminin « autre côté d'Adam », celui de l'intériorité de l'homme et de la femme dont ce livre va témoigner ;

— mais aussi l'humanité entière (hommes et femmes) féminine par rapport à Dieu.

L'humanité est la « gloire de Dieu », que le Verbe pose en tête de la Création dans le « Toi » né de son « Je » divin dès la première lettre du *Bereshit*. Le *Bereshit* est le Livre de la Genèse, appelé ainsi en hébreu du premier mot qui le compose et dont la Tradition nous assure qu'il contient la totalité de la Torah. A son tour le premier mot, dit-elle encore, confie son secret à la première lettre, le *beit*. La lettre *beit* ouvre et recouvre notre Livre sacré. Elle est le « Toi » jailli des lèvres divines comme une semence d'amour livrant cette « autre » qui ne peut être autre sans rompre l'infini de Dieu !

Mais, ô merveille, elle est rupture et non-rupture ; ensemencée de Lui, elle porte son infinitude ; créée, elle est matrice d'Incréé ; face à Lui, le Un, et lourde de Lui, elle est le « deux » ; elle est aussi soumise à la dualité ; constituée de pôles opposés et complémentaires dont l'un ne peut être sans l'autre, elle est récapitulée dans l'homme et la femme.

Au-delà de toute dualité, Dieu Un ne se révèle mâle, archétype du masculin, que dans son rapport à la Création alors tout entière féminine par rapport à Lui, tout entière aussi contenue dans la lettre *beit* de valeur 2 et de vocation fondamentalement matricielle.

Première lettre du *Bereshit*, mystère du Créé, celui de l'humanité (hommes et femmes), elle est née de « Rien », *Me 'Ayin* en hébreu, nous dit la Tradition [1]. Ce Rien *('Ayin)* est le premier Nom divin révélé, le point ultime d'une contraction, d'une abnégation totale de Celui qui se fait « Rien » pour que « l'Autre » soit : absence-présence à la plus extrême pointe du point, qui est et qui n'est point !

Kénose divine, disent les Grecs ; *Tsim-Tsoum*, contemplent les Hébreux ; retrait amoureux de l'Un dont la semence fonde l'Autre ; l'Autre est alors « de sa race » ; « de la race d'Elohim », murmure encore *Me 'Ayin* dans le jeu de son Verbe (*Myn* : « espèce », *'A* : Elohim), elle est sa semence, son Nom, qui se donne une « maison » (ce que signifie le mot *Beit* et ce que dessine l'idéogramme premier de cette lettre בית) pour s'abriter et croître dans l'éclatement de tous les possibles.

Maison de la semence d'Elohim, elle est d'Elohim la « fille » *(Bat* בת) lourde de Lui, le Saint Nom qu'elle est appelée à porter en gestation ; Lui que symbolise au cœur d'elle la lettre *yod* ׳, Lui YHWH *(yod-hé-waw-hé)*, qui est le présent du verbe « être », JE SUIS, le Verbe de Dieu.

Elle est la « vierge enceinte » qui doit enfanter Dieu et qui, enfantant, est alors « dressée en épouse », épousée de Dieu ; embrasée du baiser divin, elle est introduite dans la chambre nuptiale, le secret, le Rien. Née de Rien, comme une ombre devenue lumière, elle vient enrichir l'infiniment riche, en retournant au Rien !

> « Dans le principe est le Verbe »

dit l'apôtre Jean.

> « Dans le principe Dieu crée toi, toi lourde du Verbe, toi qui es cieux et toi qui es terre »,

dit le premier verset de la Genèse ouvrant le cantique de la Création, donc celui de tout être humain en son intériorité : « cieux » dans l'immensité ténébreuse des constellations offertes au soleil du Verbe, comme les multiples richesses potentielles d'une matrice, offertes à l'enfant que tu portes, pour le réaliser ; « terre » dans les étapes de croissance et de réalisation de l'enfant de lumière. « Toi » devient alors nouvelles réalités de toi, champs de conscience nouveaux, autres terres émergées de l'océan des cieux, jusqu'à la « terre promise » où, t'approchant du noyau de l'être,

> « Tu reçois alors un Nom nouveau
> que la bouche du Seigneur transperce ;
> Tu es une couronne splendide dans la main du Seigneur
> un diadème royal dans la paume de ton Dieu[2]. »

ô toi à Moi encordée au cœur du Rien !

Je ne pouvais ouvrir ce livre sur la femme sans chanter cet hymne à l'humanité, au « Toi » lancé sur l'orbe de sa féminité depuis son point d'ancrage dans le Rien jusqu'à son arrivée à nous, avant qu'elle ne retourne à sa source première.

Il nous faudra bien sûr parler de la femme par rapport à l'homme, à l'octave qui nous est la plus commune, qui chante nos amours, nos joies et nos peines, où surgissent aussi les problèmes les plus pressants, où s'actualise aujourd'hui une identité nouvelle de l'homme et de la femme, encore à définir. Mais si nous ne sommes pas à l'écoute du son fondamental à partir duquel tant d'autres octaves vibrent et résonnent, pour entendre la juste note de ce travail, nous risquons de donner dans le discours psychologique ou d'ajouter aux nombreuses études sociologiques qui ont été faites sur ce thème une thèse sans doute inutile, ou bien encore de nous enliser tout simplement dans des considérations d'ordre affectif qui pullulent lorsqu'on soulève certains sujets brûlants, comme celui de l'ordination des femmes chez les chrétiens. Or le son fondamental est donné par les mythes de nos livres sacrés. Ceux-là cristallisent en une forme divinement ciselée les résonances du diapason vibrant d'en haut et en distribuent les harmoniques selon que les cœurs peuvent les recevoir.

Le cœur de l'humanité d'aujourd'hui est dans la souffrance, dans la confusion et dans le vide que crée l'absurde. Mais la surdité n'est pas étrangère à ces mythes eux-mêmes, ou plutôt à la traduction très élémentaire qui en a été faite, à leur interprétation réductrice et infantilisante, génératrice de valeurs irrecevables.

Il s'agit donc de verticaliser ce cœur et de lui donner la joie de battre ce qui est inscrit au plus profond de lui, dont, à l'extérieur, les mythes ont le secret. S'il n'y a pas d'écho de l'un à l'autre de ces deux pôles, le cœur est malade.

Car les mythes sont, au plan collectif, ce qu'est le songe pour une personne. Celui-ci renvoie au principe même de l'être ; il est la voix des profondeurs encore ignorées de la personne, la voix de son Nom secret, celle de son Dieu qui déjà l'informe, sollicitant d'elle son écoute ; à partir des symboles qui en constituent le message, le songe est porteur de sens, lourd d'une connaissance qui est amour et qui donne à croître. Cette connaissance vécue de quelques-uns aujourd'hui commence déjà à soulever le monde tant est puissante sa force de mutation ; elle est la voix du Verbe qui fonde l'être, et le Verbe est créateur en chaque instant de la vie de celui qui, entré en résonance avec lui, l'écoute !

De même le mythe au niveau collectif. Son ignorance génère tous les labyrinthes du monde, qu'aucun son fondamental n'atteint et dont les limites deviennent vite carcérales ; les éthiques élaborées à l'intérieur d'elles selon les notes émises par l'intelligence qui se veut par elle-même lucide ou par le sentiment qui, sans fondement ontologique, impose sa priorité, ne font qu'épaissir les murs de cette prison ; celle-ci se fait alors tombeau. Seule l'écoute des profondeurs libère des arsenaux du savoir et donne les outils opératifs. C'est pourquoi nous ne pourrons jeter un juste regard sur l'identité de la femme, sur son mystère et les problèmes que pose tout particulièrement aujourd'hui son éveil, qu'après avoir interrogé ces mythes. Mais allons plus loin dans ce qui motive mon interrogation.

Si je reviens à la lettre *beit* et que je la contemple encore, elle s'affirme peu à peu comme une amie, voire une part secrète de moi-même qui sollicite toute mon attention tant elle éveille un émoi tendre et sacré au-dedans de moi ; peu de ses suivantes, les autres lettres de l'alphabet, atteignent à cette intimité, bien que toutes composent avec elle une langue qui cache son message en chacune et qui, pour le laisser percevoir, demande d'elles une amoureuse approche.

Cette langue, si je l'entends dans certains de mes rêves et dans le souffle le plus subtil des mythes, je la reconnais aussi dans les chants sacrés ; dans la réalité profonde de la nature lorsque celle-ci, débarrassée des oripeaux de nos concepts, parle directement au cœur ; dans la réalité de chaque chose que j'entends alors dialoguer avec le Verbe lorsque je me retourne moi-même, « maison du Verbe », vers le Verbe qui me fonde, et que je me laisse saisir par Lui et respirer de Lui.

Cette langue, je la sais capable de hisser l'âme jusqu'à sa plus fine pointe car elle parle dans un espace divin de mon être, celui que la Bible appelle « paradis terrestre » ou « Jardin d'Eden », « Jardin de jouissance ». Et, je ne peux plus en douter, ce jardin est à l'intérieur de moi. Je ne le regarde plus comme un lieu extérieur historiquement très ancien, mais comme un espace actuel, présent dans le très profond, le très antique de mon être, en amont de l'état d'exil qui nous est commun à tous ; il se situe « à l'orient d'Eden », là ou les Chérubins gardent, avec l'Epée (le Verbe-Epée) יהוה, YHWH[3], le chemin de l'Arbre de vie, celui du « Point » où Dieu se retire, laissant sa semence, le chemin du « Rien »[4].

Nous nous sommes détournés de cet espace dans le collectif du grand Adam et, dans la mesure où nous restons confondus avec celui-ci dans notre personne, nous restons aussi frappés d'amnésie, de surdité et de cet aveuglement que dénonce le prophète Jérémie lorsqu'il dit :

> « Ils ont des yeux et ne voient point,
> des oreilles et ils n'entendent point[5] ! »

Mais si nous traversons ces marécages d'inconscience en nous retournant vers l'orient de notre être sur la barque de l'amour, au moins sur celle du désir fou de cet amour, les Chérubins éveillent nos sens et nous entendons le Verbe-Epée, nous reconnaissons sa voix et balbutions à nouveau « la langue une », celle dont les traducteurs du mythe de la tour de Babel nous disent que les hommes la parlaient autrefois[6].

Autrefois ? Toujours prisonniers de nos catégories mentales liées au temps du monde extérieur, nous avons compris ce mythe comme n'étant qu'un récit historique ; nous avons fermé l'oreille à ce que, d'entrée de jeu, il disait d'essentiel :

> « Or en voyageant, *venant de l'orient*,
> les hommes trouvent une percée en terre de Shinéar et ils s'établissent là. »

Il s'agit sans doute de l'Homme[7] saisi à la limite de l'historique et du métahistorique, mais certainement aussi de l'Homme qui, de tout temps historique, *se détourne de son orient*, de cet espace intérieur à lui, où sont parlés la langue une et les mots uns : langue divine et mots divins, car le nombre « un » est en hébreu un Nom divin et seul Dieu est Un.

Cet Homme qui se détourne du Verbe fondateur en lui s'établit alors dans une terre dont on peut traduire le nom, *Shinéar*, par : « là où l'on crie, où l'on beugle », ou bien encore : « principe du balancement ».

Cela fait penser à ce que vit un enfant d'une façon très concrète, lorsqu'au moment de sa naissance il quitte un paradis archétypiel pour entrer dans le monde où il crie, où tout n'est que cri, eu égard à la « langue divine » qu'il entendait des archétypes dans le ventre maternel, et où l'axe vertical de référence semble perdu. Cette situation bien existentielle qui appartient au temps historique signifie en raccourci ce que dit le mythe du passage de la langue une divine de l'intériorité au cri de nos langues ; si belles soient-elles, ces langues ne sont que rugissements par rapport à la langue divine. L'Homme qui tourne le dos à son orient bascule à l'extérieur de lui-même, totalement identifié à la Babylone cacophonique, sourd à la voix du Verbe, à celle de la langue une de son orient. Coupé de la Parole, l'Homme est désinséré de lui-même, de son nom secret, « JE SUIS en devenir » ; il va et vient sans repère en ce monde d'exil et n'est plus que souffrance.

Le récit biblique confirme ce niveau d'écoute du mythe en

disant que les habitants de Shinéar « se mettent à cuire des briques [...] et la brique leur tient lieu de pierre ».

L'homme extérieur, encore aujourd'hui, sur le marché économique vaut tant de briques. L'homme intérieur est pierre. En hébreu, est « pierre » *('Eben)* celui qui est « fils » *(Ben)* du « Père » *('Ab)* ; est « brique » *(Labenah)* celui qui est « fils » *(Ben)* d'« elle » *(Lah)*, fils de la femme, ou encore fils biologique d'ordre animal, resté dans ce registre animal et donc privé de la conscience du Père-Un, privé de la racine commune à lui et aux autres hommes.

En résonance avec l'Evangile, le Fils du Père est « Fils de l'Homme », fils intérieur que tout être humain doit faire croître en lui, celui dont Jean Baptiste parle en disant de Jésus :

« Il faut qu'Il croisse et que moi je diminue[8] » ;

de Jean Baptiste Jésus dit :

« Il est le plus grand parmi les fils de la femme[9]. »

« Le plus grand », car il va quitter le registre animal et s'effacer devant le Fils de l'Homme. En se nommant Lui-même « Fils de l'Homme », Jésus affirme être le Fils intérieur du grand Adam (l'humanité totale). Si, par Son Incarnation en Marie, Il se manifeste dans notre monde d'exil, c'est parce qu'Il est aussi Fils de Dieu et qu'en Lui, intérieur et extérieur sont un. Il vient en notre monde d'exil pour le sauver, libérer en chacun de nous le Fils de l'Homme et nous porter à notre accomplissement total. C'est pourquoi Jésus est aussi appelé « pierre d'angle », pierre fondatrice du temple cosmique qu'est le Créé, chacun de nous, l'humanité totale. Dans cette lumière est alors nommé « pierre » celui ou celle qui participe de cette essentielle réalité.

« La brique à la place de pierre » confirme donc la culbute radicale des êtres qui, dans la plaine de Shinéar, ne partent plus à la conquête de leur Nom dans leurs cieux intérieurs, mais cherchent à se faire une renommée sous les cieux extérieurs.

> « Construisons une ville et une tour dont le sommet touche au ciel, et faisons-nous un nom ! »

Ils exécutent leur décision et, n'en soyons pas étonnés, perdant contact avec la langue une et le Père Un, ils se dispersent dans les multiples langues de la terre et deviennent les uns pour les autres des étrangers qui se vivent dans des rapports de force : compétitions, rivalités, conflits, guerres, meurtres sanglants ! Le mythe de la tour de Babel qui met l'accent sur l'énergie-« puissance » donnée par le Saint Nom fondateur, mais dévoyée, reconduit le mythe de la Chute plus axé, lui, sur l'énergie-« jouissance ».

L'enfant qui arrive au monde, dont j'ai parlé plus haut, semble avoir mémorisé comme en un héritage génétique essentiel cette langue une dans un espace un de lui-même, son orient ; mais il a aussi mémorisé son arrivée brutale — sa « percée » — dans la plaine de Shinéar qu'aurait été sa naissance et à laquelle sa vie intra-utérine, dans une subtile ontogenèse, l'aurait préparé, ce qui veut dire que la véritable *percée* serait peut-être plus proche de sa conception que de sa naissance.

Les toutes dernières études d'ordre anthropologique et biologique, dans la perspective de la philogenèse, nous affirment ceci [10] : l'hominien de Néandertal qui n'est pas encore parvenu à élaborer la fonction parolière est en contact si étroit avec la mémoire de la langue une qu'il en manifeste la vie par des rites et des cultes dont il a laissé des traces maintenant indiscutables. Par rapport à lui, l'*homo sapiens* qui commence à articuler le langage mais qui déjà est installé dans la plaine de Shinéar élabore des mythes pour raconter cette mémoire. Et cela semble inscrit à un niveau très archaïque de tout être arrivant au monde, dont le cerveau reptilien est le gardien et dont la couche limbique qui l'entoure joue en intermédiaire sensible entre ce premier cerveau et celui plus récent de l'homme pensant.

Mais je me permets d'ajouter que l'Homme pensant, quant à lui, perd peu à peu contact avec ces données archaïques au profit de celui que le monde extérieur lui impose, où tout est cri et errance. Comme pour préserver ce sens à partir des données fondatrices, l'Homme fera dans le collectif, tout au long de son histoire, des « contre-percées », numineuses celles-là, vers son orient, dans des retournements ontologiques dont Lao-tseu, Pythagore, Bouddha, Mahomet et tant d'autres sont les acteurs agis de Dieu ; ils instaurent de hautes sagesses ou fondent des religions hélas vite réduites au magique ou au dévotionnel, lorsque les êtres devenus de plus en plus étrangers à eux-mêmes ne restent liés qu'à l'événementiel du numineux fondateur. Le collectif qui vit ainsi l'historique coupé de sa métahistoire tend à institutionnaliser l'événement et à enfermer son contenu dans les structures aliénées du monde.

Lorsque Dieu lui-même, au cœur de l'Histoire, mais bouleversant celle-ci, s'incarne et accomplit l'Homme (donc les hommes et les femmes de tous les temps) dans la dynamique retenue à l'orient de l'être et soudain libérée, Il élargit cette contre-percée ontologique à tous les êtres et révèle à chacun le mystère de son *Yod* (semence de JE SUIS), celui de sa *Personne* unique en même temps qu'universelle et capable de déification. Mais le Christ qui est JE SUIS sera réduit au rang de fondateur de religion, dont le plus souvent on mémorise l'événement historique vidé de sa brûlante actualité, de sa dimension d'éternité et de sa puissance déifiante.

Cette conscience de la notion de Personne qu'Il est venu jeter et qui s'origine dans le noyau de l'être est cependant en train de croître : beaucoup s'y éveillent et découvrent aujourd'hui l'importance des rituels religieux lorsque ceux-ci retrouvent leur substance reliante ; ils sentent combien l'évocation des mythes et des songes réactive ces couches les plus archaïques de leur être et les fait accéder au divin dans une respiration sans laquelle ils ne sauraient vivre. Mais pour le plus grand nombre d'hommes et de femmes, la rupture quasi radicale avec rites, mythes et songes est gravement pathogène.

Il me semble que le plus tragique chez l'Homme moderne est d'avoir consommé cette rupture en injectant des informations artificielles dans la mémoire génétique des nouvelles générations : ceci par la voie d'une déculturation systématique et par celle d'une suppression presque totale de la relation de l'Homme au cosmos en tant que personne vivante mais plus encore par la voie d'une alimentation dénaturée, par un abus de toutes les chimiothérapies (des antibiotiques en particulier) et par l'accumulation des vaccinations (ces dernières empêchant l'enfant de faire les maladies nécessaires à la constitution de son immunité, donc de son identité). A tous les niveaux de réalité s'applique en effet la loi selon laquelle la vie est intégration d'un potentiel d'énergies. L'adulte conscient qui se retourne vers son orient construit son nom et acquiert sa force en réalisant ce potentiel dans ses rencontres avec l'« Adversaire » ; l'enfant, lui, construit son premier « moi » encore inconscient, en même temps que son immunité, en traversant les maladies qui, dans cette optique, le constituent physiquement et psychiquement, et en assumant les épreuves initiatiques qui devraient faire partie de son éducation. Les vaccins se situent alors dans le prolongement meurtrier de l'abolition des rites initiatiques. L'ensemble de ces effondrements physiques et psychiques me semble responsable de maladies comme le sida et comme celles qui mènent au suicide ou, par les drogues de toutes sortes, à une régression quasi fœtale vers l'océan vital de la langue une qui dans ces conditions artificielles ne peut plus se dire.

Si l'Homme reste encore en vie, ou plutôt en survie, sur

ce théâtre de marionnettes, c'est grâce à l'accès qu'il garde bien involontairement avec les couches limbiques de ses profondeurs par le sommeil et les rêves. Même s'il n'a pas le souvenir conceptualisé de ses rêves, il ne garde le souffle que grâce à la respiration qu'ils instaurent au moment du sommeil paradoxal entre la part divine de son être et lui. Ceci veut dire que cette imperceptible plongée dans les zones inconscientes les plus archaïques de lui-même n'assure que la survie de l'Homme ; une survie très fragile dans la plaine de Shinéar qu'est notre monde, mais non la vie. Ce n'est que dans le rêve mémorisé, exploré, décrypté qui lui délivre son message « venant de l'orient » que l'Homme, obéissant à ce message, participe de la langue une et peut commencer de vivre.

L'Homme, image de Dieu, ne saurait subsister sans sa participation au modèle ! Dans cette participation, la vie devient éveil et montée d'une connaissance qui rend l'Homme capable d'un retournement enivrant, car juste, vers l'orient de son être. De la même façon, l'éveil peut être donné par les mythes entendus à un niveau de réalité plus profond, par les rites religieux ou initiatiques lorsqu'ils ne sont pas dénaturés, par les chants sacrés de nos Traditions, par ceux de la nature lorsque nous nous retournons amoureusement vers elle. La nature nous invite à communier avec elle par la voie sensorielle. C'est une expérience étonnante que celle de la reconstruction de l'équilibre d'un être, invité à des moments priviligiés de sa journée à vivre l'instant et à le vivre plaqué au sensoriel — à la respiration, à la marche, à l'écoute d'une musique, à la saveur d'un fruit, etc.

Le Dr Vittoz[11] qui a bien étudié ce phénomène n'a peut-être pas su dire en son temps combien la sensation vécue dans l'instant devait nous relier par une voie peut-être encore ignorée mais cependant réelle à YHWH, JE SUIS de l'Etre, le Christ en nous ! Entre l'objet expérimenté et l'Homme viennent se glisser toutes les émotions dont s'empare le mental ; et c'est lui, ce mental qui vagabonde et nous égare aussitôt loin de cette part sacrée de nous-mêmes. Si nous revenons à la sensation pure qui nous met en contact avec l'écorce des choses, nous faisons alors l'expérience d'être parfois portés à sentir vibrer ou scintiller leur pulpe. Une conscience éveillée touche au plus profond de leur chair. Mais cette chair des choses soudain partagée est aussi capable d'éveiller notre propre chair dont nous verrons qu'elle est notre conscience d'être. Bouleversant dialogue que celui de l'intérieur et de l'extérieur se recevant l'un l'autre et nous apprenant à aimer !

Dans cette perspective on ne peut alors nier que la nature, les langues, les contes et les légendes de chaque peuple, l'héritage traditionnel de chacun, tous tissés à partir d'une étincelle de la langue une, sont un canal privilégié pour retourner à elle, pour atteindre au Verbe fondateur, pour le parler, le respirer et le vivre et, qui sait ? l'enrichir. Il n'y a de vraie communication que dans ce souffle traceur de sillons d'or au cœur de notre ignorance. Un de ces sillons, plus privilégié que les autres dans mon expérience personnelle, est la langue hébraïque. Celle-ci me semble être, beaucoup plus que le grec par exemple, mais avec le sanscrit notamment, plus proche d'une « langue mère » qu'ont pressentie les « gnostiques de Princeton [12] ». Cette « langue mère », selon eux, ferait vibrer le « surunivers » qu'ils supposent et que nos physiciens modernes sont en train de découvrir et nomment « univers *replié* ou *impliqué* [13] ».

Ne serions-nous pas avec ces hommes de science dans une réalité cosmique proche de « l'Ailleurs » d'Einstein, du « Rien » de la Bible, de l'univers des « tachyons » récemment nommé, « où ne peut vivre qu'un JE SUIS éternel » [14], réalité essentiellement présente à l'intérieur de nous, à l'orient de tout être, en amont de la plaine de Shinéar, où se murmure de toute éternité la langue une de YHWH, JE SUIS ? Ancrée dans cet univers, la plaine de Shinéar le *déplie*, et toute chose la composant l'*explique* ; mais elle ne l'explique que dans sa relation à lui, à la langue une, dans la respiration qu'assurent mythes, rites et songes et que véhiculent les langues.

Comment, dans cette perspective, ne pas être conscient que priver un peuple de sa langue est faire œuvre meurtrière ? Que lui imposer un rite religieux étranger à ce qu'il porte au plus profond de lui dans une mémoire ancestrale (comme l'a fait Rome en Occident) est œuvre non moins meurtrière, et que le bétonner dans des villes qui le séparent de la nature et de son langage c'est encore le tuer ?

Nos langues sont toutes sacrées en ce qu'elles sont icônes de la langue une, l'hébreu en étant l'icône privilégiée pour nous, Occidentaux, altérés du sens de nos textes sacrés. Comment dans ce cas ne pas aller vers elle, cette langue transmise dans un baiser du Verbe divin à Moïse [15], dont le trésor est gardé intact dans la prière de nos frères juifs et qui scelle dans sa profondeur le secret de la langue une ? Comment ne pas tendre l'oreille au son fondamental dont elle vibre au-delà des secousses historiques et auquel doit se mesurer, pour être juste, toute note émise autour de nos questionnements ?

J'interroge alors au cœur de cette langue ses récits mythiques ou historiques, dont ces derniers ont aussi valeur de mythes : ils me parlent de la femme, de sa beauté, de sa grâce, de sa maternité et de la gloire qu'elle est.

Je tente en ces pages de l'exprimer.

CHAPITRE I

'Ishah-Lilith

« Ô toi à Moi encordée au cœur du Rien ! » Telle est donc la lettre *beit* et, avec elle, toute l'humanité qui n'est au monde que pour germer son Dieu !

Sa féminité affirmée dès le principe du Créé la situe avant tout dans sa double fonction de fille et d'épouse. Le premier mot du Livre de la Genèse en énonce le mystère.

Bereshit, « dans le principe », est aussi

Bar Eshit, « un fils je pose » (jailli du Rien)

Bat Reshi « mon principe [en] ma fille » (en la vierge avec qui je dresse)

Brit Esh « une alliance de feu » (alliance d'amour). Ainsi Elohim

Bara-Shit « crée et pose en fondement *(Shet)* la lettre *yod*, YHWH, JE SUIS ».

Elohim dresse une alliance d'amour avec sa fille, vierge, qui a pour fondement le Fils, YHWH-Germe, « JE SUIS en devenir d'être ». Accomplissant le Fils, elle atteindra à la déification et sera introduite dans la dimension d'épouse.

Mais ce « principe » ontologique, divin, bien que présent au plus profond de l'être, est oublié de nous, chavirés que nous sommes dans le monde extérieur de l'exil. Aussi, lorsqu'au sixième jour de la Genèse il est dit :

> « Elohim crée l'Adam dans son image, dans l'image d'Elohim Il crée lui, *mâle et femelle Il crée eux* »

nous ne lisons ces paroles qu'avec nos yeux d'exilés ; nous n'en comprenons le sens que dans leur rapport à ce qu'elles évoquent de la plaine de Shinéar, et nous en réduisons le message aux catégories animales dont notre mental est prisonnier. Pourtant ce verset s'applique essentiellement à une autre dimension du Créé : celle qui est d'ordre ontologique et que tout Adam (tout être humain) porte en lui à son orient, en amont de l'exil. Cette dimension ontologique est recouvrable par celui ou celle qui se retourne vers son orient ; et cela est possible à réaliser dans la personne de chacun au sein d'un Adam collectif encore impliqué dans l'état de « chute ». Traversant tous la plaine de Shinéar, ce monde arraché à la royauté divine par le Satan-Ennemi, les uns s'identifient à son conditionnement tragique, les autres s'en différencient et redonnent à Dieu Sa place de Père et d'Epoux. Ce dernier état est difficile à vivre, mais dans la puissance de la Rédemption et avec le Christ, il est possible et totalement libérant.

Je m'explique maintenant sur ces différents aspects en écartant pour l'instant le discours biblique d'ordre animal, que nous retrouverons avec d'autant plus d'intelligence que nous aurons fait la lumière sur l'ordre ontologique du récit, donateur de sens.

Le mot hébreu *Za<u>k</u>or*, « mâle », est aussi le verbe « se souvenir » ; ainsi est fondamentalement mâle celui ou celle qui se souvient de cet « autre côté » de lui, dit « femelle », *Naqo<u>b</u>*. Celui-là signifie « trou » ou le verbe « trouer », non étranger à l'idée de « nommer », car au plus profond de ce trou femelle est le Nom, germe de JE SUIS, fondateur de l'être.

La lettre *beit* (dont nous nous souvenons qu'elle recèle le secret de la Torah) nous avait déjà révélé cette structure de la « fille » *(Bat)* lourde du *Yod* ; et la « fille », rappelons-le, est tout être humain, l'Adam, car l'Adam est féminin face au « Père » divin qui, sans rompre l'unité divine, se révèle mâle par rapport au Créé. Mais en image, cet Adam est à son tour mâle par rapport à la femelle qu'il est au-dedans de lui.

Ces deux pôles mâle et femelle font l'objet des deux côtés de l'Arbre de la connaissance que, au septième jour de la Genèse, Dieu plante en l'Homme au milieu de son « Jardin de jouissance », avec l'Arbre de vie[1].

Les deux côtés de l'Arbre de la connaissance ont été appelés « bien et mal » dans les catégories relatives au monde de l'exil, qui conditionnent tant notre regard. Mais les temps sont venus, qui nous donnent l'audace de faire appel à l'orient de notre être, à la langue une qui annonce l'ordre ontologique des choses ; le mot que nous traduisons par « bien » *(Toḇ* en hébreu) est celui qui qualifie la « lumière » au jour un de la Genèse ; et son opposé *(R'a)* n'est pas le « mal » (Dieu ne crée pas le mal) mais ce qui participe des ténèbres *('Ereb* est le « soir »).

Ces deux pôles ont été annoncés dès le premier verset de ce Livre lorsqu'il est dit que Dieu crée « les cieux et la terre ». Les cieux *(Shamaïm)* sont constitués des « eaux » *(Maïm)* et du *Shem* (le « Nom ») au cœur de ces eaux. Les cieux, nous confirme le Christ, sont à l'intérieur de nous, ainsi que les terres, pourrions-nous ajouter, car le mot « terre » *('Erets)* signifie le « sec ». Le sec peut être ressenti comme une « coagulation des eaux », ce qui est l'œuvre divine du troisième jour de la Genèse ; « cieux et terre » correspondent alors à *R'a* et *Toḇ*. Le tout s'éclaircira si nous apportons une troisième qualification à ces deux pôles de l'Arbre de la connaissance ; cette nouvelle dialectique fait l'objet même des deux modes essentiels du verbe hébreu que sont l'« accompli » et le « non-encore-accompli ». Ces deux termes concernent le Fils-Germe fondement de l'Adam, le *Yod* contenu dans la lettre *beit*, « JE SUIS en devenir ». L'accomplissement total sera YHWH, JE SUIS.

Ce « non-encore-accompli » correspond au pôle *R'a*, à nos cieux intérieurs qui se présentent comme une matrice d'eau lourde du Germe divin ; il correspond à un potentiel inouï d'énergies retenues dans les ténèbres. Ces énergies faites des âmes vivantes du cinquième jour de la Genèse jouent en satellites autour du noyau divin qu'est le *Shem* ; leur réalisation constitue cette dynamique de croissance du *Shem*, le Germe de l'être ; réalisé, le potentiel se fait « accompli ». Dans ce « faire », les cieux deviennent terres, l'humide se transmute en sec, les ténèbres en lumière, le pôle femelle construit le pôle mâle.

En ces terres nouvelles, le Germe du Fils grandit ; il apporte un supplément de lumière-informations, une intelligence autre, une force qui construit le pôle mâle.

L'Adam, l'Homme (hommes et femmes concernés) sera alors capable de « faire œuvre mâle » plus profondément encore en pénétrant ses eaux, en épousant son féminin. « JE SUIS en devenir d'être » deviendra JE SUIS, fruit de l'Arbre de la connaissance, accomplissement total. L'« image de Dieu » qu'est l'Homme atteindra à la Ressemblance, l'Homme deviendra son Nom !

La puissance qui permet cet accomplissement est celle du *Shem* intimement liée à celle de l'Esprit lorsque s'unit à l'Esprit-Saint de Dieu l'esprit de l'Homme libéré au septième jour de la Genèse :

> « Dieu souffle dans les narines d'Adam un souffle de vie et celui-là devient âme vivante[2]. »

Ce souffle est inséparable du Germe ; il est donné à l'Homme avec sa semence, comme à toute semence, pour croître. En l'Homme, il s'agit d'une force d'amour colossale ; c'est la puissance de l'éros, celle de l'esprit inséparable de la semence-Verbe qui, en image du Verbe et de l'Esprit-Saint, fonde l'Homme dans le noyau de son Nom ; elle est une force nucléaire qui ne dispense ses dons qu'à la mesure de l'exigence de croissance du Fils-Verbe, car elle est une exigence de désir et un appel à l'extase dans la participation au Saint Nom.

Tous deux, Verbe et esprit de l'Homme, sont une puissance retenue au départ de la vie, comme celle d'une flèche retirée au fond de l'arc, dans ce qui constitue la « chair » ; et la chair est scellée dans le côté femelle de l'Homme. Mais l'Homme créé au sixième jour de la Genèse est incapable de déceler en lui cet « autre côté » femelle tant il lui est confondu. C'est encore dans la situation de septième jour qu'une différenciation se fait. Dieu dit alors :

> « Coupé de lui-même, Adam ne peut s'accomplir, faisons une aide, { son face-à-face
> capable de communiquer avec lui[3]. »

Dieu fait alors venir devant Adam les énergies-animaux qui sont en lui et qui joueront à sa place s'il ne les prend en main et ne les domine pour en constituer son Nom. Dans cette première étape de travail, Adam n'atteint pas à la totalité de lui-même ; il ne découvre pas la pleine dimension de cette « aide » *('Ezer)* que Dieu lui a promise. Ce mot *'Ezer* joue avec celui de *Zer'a* qui signifie « semence ». L'« aide » contient la « semence », le Germe du Nom, et la communication avec lui-même sera totale lorsque Adam entrera en contact avec cette grande profondeur de son être. C'est pourquoi.

> « Dieu le *fait tomber* dans un *sommeil* et il *s'endort* »,

trois termes qui traduisent la descente au plus profond, au plus « antique » d'Adam, à son orient !

Dieu montre ainsi à Adam la totalité de son « autre côté » *(Tsel'a)*, côté « ombre » *(Tsel)*, jusqu'à sa « source » (lettre *'ayin* qui termine le mot). Notons que *Tsel'a*, cet autre « côté » (qui n'a jamais été une côte), lorsqu'il est prononcé *Tsalo'a* signifie « boiter ».

Adam voit son pôle femelle, ses « cieux », ses ténèbres, le potentiel inouï de son futur accomplissement ; cet autre pôle est aussi appelé *Adamah* en tant que mère des profondeurs de qui il naîtra au fur et à mesure qu'il la « travaillera » et fera œuvre mâle en elle. En elle aussi il prend contact avec sa « semence », son Nom-Germe, le noyau de son être, le Verbe qu'il est en puissance et qui, avec son esprit, est appelé « chair » *(Basar)* :

« Dieu scelle la chair dans les profondeurs. »

Et ce mot « profondeur » *(Taḥténah)* a une connotation de « mariage ». L'image divine qu'est Adam contient en *Basar* l'unité du Verbe et de l'esprit ; l'esprit est, comme nous venons de le voir, la puissance de l'éros qui lui permettra ses épousailles avec lui-même pour faire croître le Verbe — et cela concerne l'Arbre de la connaissance — mais aussi ses épousailles avec Dieu — et cela concerne, nous le verrons, l'Arbre de vie !

La chair est d'origine et de vocation divines. Elle n'est pas à confondre avec le corps ; ce dernier la célèbre quand l'Homme est entré dans sa résonance à elle. Sans elle, les fêtes du corps, si elles ne reconduisent à elle, et donc à Dieu, ne peuvent que sonner le glas d'amères solitudes.

Dans notre texte biblique Adam est entré en résonance avec elle. Il est émerveillé, il jouit d'une extase initiatrice sans laquelle il ne pourrait faire le chemin demandé.

« Voici celle qui est os de mes os et chair de ma chair »

s'écrie-t-il. L'os étant synonyme de « substance », de ce qui se tient au-dessous des apparences, le cri d'Adam est vraiment celui que les Evangiles nous laissent deviner jaillissant des trois apôtres le jour de la Transfiguration. Et pourtant l'expérience d'Adam pourrait être aussi appelée son baptême.

N'est-il pas plongé dans ses eaux ? C'est dans la profondeur des eaux que se vit aussi l'entrée en résonance avec la « chair divine », le noyau de l'être, qui donne l'illumination.

Mais maintenant les cieux un instant ouverts se referment et, comme les trois apôtres de l'Evangile priés de redescendre de la montagne et de partager avec le Christ la traversée des ténèbres, Adam doit maintenant commencer le chemin. Il sait qu'il est deux : lui, l'époux appelé *'Ish*, et son « autre côté » ; lui et celle qu'il doit épouser et qui, nommée *Adamah* en tant que mère, est en cette fonction d'épouse appelée *'Ishah*. *'Esh* est *le* feu, *'Ishah* est *la* feu ! La matrice d'eau à ce nouvel étage d'épousailles devient matrice de feu. En elle *'Ish* doit épouser *'Ishah* pour se verticaliser afin de devenir Verbe, comme (selon la même loi appliquée à l'ordre extérieur) l'Homme doit se verticaliser dans son corps physique pour pouvoir acquérir la fonction parolière ; mais la verticalisation subtile n'est pas pour autant atteinte. Seul l'être qui assume ses noces intérieures fera croître l'enfant divin jusqu'à ce que celui-là soit accompli en la chair une, divine et fruit de totale connaissance, le Verbe.

Au départ du chemin Adam sait qu'il est deux, que ces deux sont nus, c'est-à-dire qu'ils connaissent la loi du chemin, et qu'ils ne sont plus confondus[4]. C'est dans cette perspective que l'ordre ontologique du Créé présente l'Adam androgyne.

Les épousailles commencent donc. Adam pénètre son 'Ishah dans les premières énergies de cet « autre côté de lui » : ce sont les animaux « adversaires », ceux qui se tiennent sur l'autre *versant* de son être, qui constituent 'Ishah et peuplent l'inaccompli ; ils ont une vie autonome, une âme-groupe animale, celle avec laquelle Adam était « confondu » avant que Dieu ne le différencie de 'Ishah, mais ils sont aussi appelés à être dominés par Adam, par étapes successives.

Et chaque animal nommé, dominé, retourné, est une information qui construit l'Arbre de la connaissance ; la

« peau » de l'animal *('Or)* devient « lumière » *('Or)* , jeu de mots non moins signifiant de cette admirable transmutation.

Ayant intégré cette lumière-connaissance, Adam accède à une terre nouvelle — du sec —, un champ de conscience autre. C'est alors qu'il est visité de Dieu, et que la sève de l'Arbre de vie jaillit. Cette sève est le « fleuve un » que décrit la Genèse[5], qui se partage en quatre têtes dont chacune, par ordre de croissance, vient féconder telle terre, puis telle autre, selon sa qualité. Le « fleuve un », dans sa part la plus éloignée de son origine, se nomme *Phrat*, « ce qui fleurit » discrètement de l'Arbre de vie en l'Homme le plus inconscient soit-il, et sans lequel il ne pourrait vivre. Dès que l'Homme se retourne vers son orient et qu'il vit son baptême d'eau, il est visité du *Ḥideqel* qui l'introduit dans le prophétisme. Lorsqu'il entre dans la matrice de feu, il fait l'expérience du *Guiḥon* (la Géhenne) et connaît la Royauté. Totalement purifié, il est conduit dans la dernière matrice, source du « fleuve un », le *Pishon* ; en cette dernière matrice il est revêtu de la dimension sacerdotale et devient son Nom.

L'Homme qui devient son Nom, qui a donc totalement assumé sa maternité intérieure, a de ce fait construit sa dimension d'Epouse pour Dieu. Car si Adam, image de Dieu, est 'Ish pour son 'Ishah intérieure, en archétype Dieu est 'Ish pour Adam qui se révèle alors être 'Ishah de Dieu ! Le psalmiste ne s'émerveille-t-il pas de cette grandeur de l'Homme en en louant son Dieu ?

> « Qu'est-ce que l'Homme pour que tu te souviennes de lui[6] ? »

verset que l'on pourrait aussi entendre par : « Qu'est-ce que l'Homme pour que tu fasses œuvre mâle en lui ? » Et dans ce même émerveillement l'apôtre Paul affirme :

> « L'Homme [Adam] est la gloire de Dieu, et 'Ishah, la gloire de l'Homme[7]. »

'Ishah de Dieu, l'Homme en est la gloire si lui-même entre dans la gloire de sa propre 'Ishah alors épousée. Telle est la beauté de l'Homme, 'Ishah de Dieu ; telle est la beauté de 'Ishah, féminin de l'Homme ; tel est l'ordre ontologique du Créé qui, tout à coup, est brisé nous dit la Genèse.

Car au milieu de ces animaux qui se dressent devant Adam pour que, de leur puissance dominée et intégrée, il construise son Nom arrive le serpent. Cet adversaire — un des aspects du Satan — connaît aussi le chemin de l'Homme. Jaloux de lui, dit la Tradition, il n'entend pas laisser Adam aller plus loin.

Il séduit 'Ishah ; il séduit tous les animaux : jouissance, vanité, possession, impatience, volonté de puissance (cheval, lion, taureau, onagre, tigre, etc.). Tous se laissent prendre ; Adam, dans son esprit, n'est plus encordé au noyau de son être et ne « garde » pas, comme il en avait reçu l'ordre, son 'Ishah. 'Ishah se laisse « épouser » par l'Adversaire devenu l'Ennemi et lui donne tout pouvoir sur elle. Elle prend le fruit qu'il lui tend et qui a toutes les apparences du fruit mûr dans la ressemblance à Dieu ; elle le donne à Adam, il le mange et se croit devenu totalement accompli. Il n'a donc plus de regard pour celle dont la fonction était d'être « cultivée » par lui, épousée de lui et de le faire naître à lui-même jusqu'à son accomplissement total ; il se retrouve avec elle dans l'état de confusion initial, état de confusion avec ses animaux intérieurs qui désormais vivent leur autonomie et jouent à sa place, sans qu'il le soupçonne ! Etat où il est recouvert de « tuniques de peau » et que nous appelons aujourd'hui l'inconscient.

Totalement identifié à cet état animal, chaviré à l'extérieur de lui-même, Adam arrive dans un monde de ténèbres où tout n'est que cris, hurlements de bêtes sauvages. Lui-même n'est plus qu'animal parmi les animaux de ce monde tragique. Cette jungle ne peut être dominée que par la force extérieure, dans des luttes mortelles. 'Ishah est remplacée par

Eve, la femme extérieure, biologiquement femme qui, avec Adam, renvoie à l'acception purement animale de leur être créé : « Mâle et femelle Elohim crée eux », que j'ai mentionnée plus haut. Dans cet ordre rejetés, Adam et Eve sont l'humanité de ce monde, que nous connaissons depuis toujours, faite d'hommes et de femmes qui s'accouplent pour continuer la race, dans un espace-temps tout à fait étranger à celui que décrit l'ordre ontologique.

Méconnue désormais, 'Ishah ne resterait-elle pas dans la mémoire de la Tradition hébraïque comme « ayant été » (dans un passé propre à notre temps actuel) la « première femme d'Adam », connue sous le nom de *Lilith*, c'est-à-dire la « nuit » ? Elle serait alors une figure objectivée de l'inaccompli — autrement dit : de l'inconscient — dont l'Homme renverrait l'existence, sous la forme d'un personnage féminin, dans la nuit des temps alors qu'il la porte en réalité dans la nuit de son intériorité !

Dans le mythe de la Chute, Adam, qui vient de manger le fruit illusoire donné par le Satan, entend la voix divine lui exposer les conséquences de son geste non comme punition, mais comme retournement inévitable contre lui des lois ontologiques transgressées. Amoureux de sa fille-épouse si dramatiquement prostituée au faux époux, Dieu lui expose aussi le moyen de revenir à Lui dans la secrète alchimie de son accomplissement ; car Adam est fondamentalement pardonné, sauvé, déjà ressuscité dans la mort et la Résurrection du Christ affirmée dès cet « instant » de la Chute.

> « Tu mangeras du pain dans la sueur de tes narines, jusqu'à ce que tu te retournes vers la Adamah, car d'elle tu es tiré, car tu es poussière et vers la poussière, retourne-toi[8] ! »

La « poussière » *('Aphar)* — dont on peut dire qu'elle est la « fécondité » *(Phar)* à la « source » (lettre *'ayin)* — est la promesse du fruit. Ce qui veut dire qu'à tout instant Adam peut soit se retourner vers son 'Ishah *(Adamah)* intérieure et retrouver ses normes ontologiques dans la fécondité redonnée à la poussière des énergies (animaux) qui constituent la Adamah, soit rester polarisé sur le monde extérieur à lui et s'user dans les multiples esclavages que lui font vivre ces animaux avec lesquels il est à nouveau confondu et qui sont désormais livrés au pouvoir du Satan.

Or l'humanité, dans le collectif, est encore à ce stade d'esclavage. Mais depuis toujours elle éprouve inconsciemment le besoin d'exprimer ce qu'elle porte dans la nuit de son intériorité ignorée, dans ses « cieux » qu'elle ne contemple plus, et qui continuent cependant de semer leur mémoire comme une trace d'étoile jusqu'à elle. Lorsqu'elle perçoit cette trace, elle en renvoie l'origine à des temps très anciens, des temps de son histoire, incapable qu'elle est encore d'entrer dans son espace-temps intérieur ; elle en fait alors un objet de culture. C'est ainsi que la langue une, l'étoile la plus lointaine, à l'orient de l'être, porte son fil d'or jusqu'au secret de nos langues, à celui de leurs mythes et de leurs rites, comme nous l'avons vu. D'autres étoiles de ces mêmes cieux écrivent nos contes et nos légendes, nos chansons populaires, nos comptines et nos dictons. Savons-nous discerner leur sourire derrière leurs ruses, leur divin message derrière leur enfantine apparence ?

Je me hasarde à interroger l'une d'elles pour voir sourire le visage de Lilith.

Lilith me semble être un personnage mi-mythique, mi-légendaire. Elle tient du mythe en ce qu'elle est nommée dans la Bible, une seule fois, mais c'est le prophète Isaïe qui la fait siéger au cœur de la destruction d'Edom dans une description enférique précédant l'ère messianique :

> « Là, les chats sauvages et les chacals se rencontrent, les démons s'y interpellent.

Mais Lilith accordée [à ces enfers] trouve pour elle sa demeure.
Là le serpent fait son nid, il pond, couve et réunit ses petits sous son ombre.
Là se rassemblent les vautours.
'Ishah est leur compagne.
Scrutez le livre de YHWH et lisez :
Une d'ici n'est pas absente, 'Ishah leur compagne.
Ne cherchez pas, car la bouche de YHWH ordonne et son souffle rassemble[9]. »

Lilith n'est-elle pas ici curieusement identifiée à 'Ishah qui, par deux fois, est nommée « compagne » de cette jungle ? Malgré l'insistance du prophète à présenter 'Ishah dans ce tableau redoutable, la plupart des traductions de ce texte font silence sur elle. Il est plus facile d'éliminer ce que l'on ne comprend pas ! Peut-être n'est-ce pas sans raison, car le discours même d'Isaïe est ambigu : « Scrutez le livre de YHWH », dit-il, et tout aussitôt d'ajouter : « Ne cherchez pas ! » comme s'il n'était pas utile de chercher tant que « la bouche de YHWH ne nous donne pas le souffle pour rassembler » le sillon obscur de l'étoile à l'étoile elle-même. Et cependant scrutez, dit-il, car lorsque les temps viendront vous devrez être là. Les temps ne sont-ils pas alors venus de recevoir ce souffle et de lier, avec YHWH, le personnage fabuleux de Lilith à 'Ishah ? Que le Seigneur m'en donne l'audace et la prudence.

Adam avait contemplé 'Ishah dans une extase, au creux du sommeil où Dieu l'avait conduit pour lui faire découvrir et désirer l'épouse, son « autre côté », le côté obscur de lui-même, non encore accompli. Celle-ci est maintenant épousée du Satan mangeur de poussière. Elle n'est plus que ténèbres stériles, Adamah qui n'assume plus la maternité d'Adam et qui, « maudite dans son rapport à lui, ne germe pour lui que ronces et épines[10] » ! Amertume de celle qui n'est plus regardée, ni visitée, ni aimée ! Bien sûr elle est le repaire des chacals, des vautours et des serpents, de toutes les bêtes hurlantes désormais, mais hurlant aussi leur désir d'être aimées ! Et puisqu'elles ne le sont plus par l'Homme, l'Homme identifié à elles, confondu à nouveau avec sa Adamah, hurle tout au long de sa vie son propre désir d'être aimé des autres sur lesquels il projette inconsciemment son exigence d'absolu, de bonheur, les assujetissant à son éros dévoyé. Mais qu'on ne se méprenne pas sur cet éros qui, même dévoyé, reste porteur d'une richesse infinie ; celle-ci peut conduire au plus tragique comme au plus divin dans sa réorientation vers sa source ontologique. J'aurai à revenir sur ce grand sujet.

Il n'en reste pas moins vrai que Lilith-'Ishah est ce féminin qui « trouve sa demeure » en ces lieux sombres et que l'Homme projette — là s'articule la légende — sur une semi-divinité antique restant présente dans l'invisible, sorte de monstrueux démon femelle doté d'ailes. N'est-elle pas responsable en effet, dans l'inconscient de l'Homme, de la perte de son paradis et de la mort du « fils » (intérieur) qu'il aurait dû porter en gestation ? C'est pourquoi on la représente errant la nuit à travers le monde, hantant les cimetières et allant visiter les femmes en couches pour tuer leur enfant et s'abreuver de leur moelle et de leur sang. La légende amplifie ces données et fait d'elle la reine des démons, voire leur mère, à qui sont attribués les pouvoirs les plus maléfiques, sur les femmes plus particulièrement et sur les enfants qu'il convient de protéger contre elle par des prières et des rites.

Le « Livre des Splendeurs » (Zohar), livre fondamental de la mystique juive, ainsi que le Talmud l'attestent maintes fois. Ils font de l'archange Raphaël l'une des grandes puissances célestes appelées à combattre ce démon. L'archange Raphaël intervient ainsi avec force dans le Livre de Tobie pour délivrer Sarah de son opprobre : comme je le développerai au chapitre V,4, Sarah avait déjà perdu sept maris, morts dès qu'ils eurent connu leur épouse, lorsque Raphaël conduisit le fils de Tobie à demander la jeune femme en mariage. Or le Livre de Tobie révèle clairement son sens lorsqu'on le situe dans l'intériorité de cet homme devenu aveugle au monde extérieur pour mieux prendre le chemin de l'au-dedans de lui et y conquérir la lumière. Ce chemin de ténèbres est alors parcouru par son fils (fils intérieur) qui accompagné du guide, l'archange Raphaël, assume sa descente aux enfers, dans le *Guiḥon.* Tobie meurt et ressuscite sept fois, c'est-à-dire autant de fois que cela est nécessaire jusqu'à ce que, dans sa personne, tout soit accompli ! Dans ce contexte, Sarah n'est autre que la 'Ishah de Tobie, sa mère-épouse que le jeune Tobie va glorieusement épouser une dernière fois, sans mourir, mais après avoir enchaîné le dernier démon de Sarah dans un rite sacrificiel ordonné par l'archange. On devine que la légende identifie ce démon à celui qui a « tué » les autres maris, c'est-à-dire à Lilith ; ce qui ne fait que fortifier ma thèse selon laquelle Lilith est cette 'Ishah oubliée, mais vers laquelle ici, dans ce beau Livre de Tobie, le héros se retourne, obéissant à l'ordre divin : « [...] jusqu'à ce que tu te retournes vers la Adamah, car tu es poussière et vers la poussière retourne-toi ! » Tobie s'est retourné vers elle ; ce « retournement » *(Teshoubah)* est traduit en français par le mot « pénitence » qu'il convient de libérer de son poids juridique pour lui redonner son vrai sens. Tobie s'est retourné vers son 'Ishah, il n'y a plus de « nuit », Lilith disparaît et l'homme voit la vraie lumière.

Les légendes concernant notre démon ne sont cependant pas toutes aussi noires puisque l'une d'elles identifie Lilith à la reine de Saba venue vérifier la sagesse de Salomon[11]. Personnage biblique des plus étranges, la reine de Saba semble avoir éprouvé Salomon en lui posant des énigmes auxquelles le roi sut répondre parfaitement. En cela elle n'est pas étrangère aux « gardiens du seuil » de nombreux mythes de l'humanité, monstres dévoreurs redoutables dont les héros qu'ils testent sont les victimes s'ils ne savent pas répondre, mais les vainqueurs qui intègrent leur force positivée s'ils savent.

La reine de Saba n'est pas présentée dans la Bible comme un monstre dévoreur, bien au contraire : après son départ elle envoie tous les ans à Salomon de multiples présents, symboles de la Sagesse qui continue de nourrir celle du roi, ainsi toujours grandissante. La reine de Saba retrouve ici l'ontologique identité de 'Ishah et donc aussi celle de la Adamah qui fait naître le roi Salomon à lui-même dans une lumineuse assomption. Mais que se serait-il passé si le roi n'avait pas été à la hauteur de l'épreuve ? Il me semble que le visage de la reine de Saba n'est grandiose que parce que Salomon en a retourné l'aspect terrifiant — terrifiant parce que porteur d'énergies non encore intégrées, comme l'est un lion qui s'avance vers celui qui n'a pas dominé, retourné son lion intérieur ! La Tradition orale ne fait-elle pas de cet « 'Ish-époux » un ange avec lequel Jaqob lutte toute une nuit[12] ? Ange sans aucun doute à l'issue du combat dont Jaqob est vainqueur, mais ne se présente-t-il pas d'abord au patriarche comme un monstre, celui tout objectivé de la peur de la mort qui le menace et de la haine ressentie pour Esaü, le frère venu dans le dessein de le tuer ? Si la peur n'était devenue acceptation, et la haine amour, est-ce d'un ange qu'on parlerait alors ? Lilith une fois de plus aurait refermé ses griffes — ronces et épines — sur le malheureux impétrant alors anéanti par le Satan dévoreur. Car ce sont les parures lumineuses de 'Ishah accomplie que revêtent la reine de Saba pour Salomon comme l'ange pour Jaqob.

D'ailleurs Lilith n'est-elle pas sœur des Erinyes de la mythologie grecque qui, de leurs cheveux de serpent, flagellaient tous les visiteurs des enfers mais, changeant de visage, devenaient les Euménides (« celles qui ont de bonnes pensées ») pour ceux qui, comme Œdipe, ayant « épousé la mère », achevaient dans la lumière recouvrée le Grand Œuvre de leur vie ?

Il ne me semble donc y avoir aucune contradiction entre ces différents visages de Lilith ; il n'y a que l'alternative devant laquelle, à tout moment, tout être humain se trouve lorsque, face à lui-même, il se retourne vers son 'Ishah pour l'épouser ou se détourne d'elle. Dans ce dernier cas c'est l'Homme qui fait de Lilith une démone et, ne la reconnaissant pas intérieure à lui, la projette sur une des puissances noires qui règnent sur le monde. Dans le premier cas, l'Homme retrouve ses normes ontologiques ; il sait qu'il est deux, il connaît le chemin qu'il a à parcourir et n'est plus confondu avec son 'Ishah qu'alors il épouse.

Cette alternative nous situe à la charnière entre l'état ontologique de l'Homme décrit dans les deux premiers chapitres de la Genèse et celui de sa « chute » qui fait l'objet des deux chapitres suivants ; charnière qui nous est existentielle puisque, confondus avec le collectif dans l'enfance de notre vie, à l'âge adulte et dès qu'entrés en résonance en nous-mêmes avec le Saint Nom, nous pouvons, à l'exemple de Salomon et de Jacob, recouvrer dans notre personne notre relation à 'Ishah.

Celui qui reste identifié au collectif du grand Adam ignore tout de 'Ishah et réduit le texte biblique de la Création à la dimension historique qui ne rend compte que de l'extérieur des choses. Il se trouve devant l'homme et la femme biologiques d'une « première Genèse », dont le texte entre alors en contradiction avec celui d'une « deuxième Genèse », où la femme est extraite de la côte d'Adam, où la nudité est l'objet de honte, faisant le jeu de la critique historique.

Nous pouvons sourire de cette lecture infantile qui a tant servi et continue de servir une éthique masculinisée à l'extrême, il n'en reste pas moins vrai que cette situation est encore la nôtre et que nous avons à l'assumer. Pour cela, nous devons entendre de nos oreilles intérieures ce que nous révèle le récit de la Chute que j'appellerai désormais celui de notre état d'*exil*.

Le mot « chute » n'est pas prononcé dans le texte et même si, en effet, cet état par rapport à l'ontologique donnée de la création d'Adam est un renversement tragique, il me semble dangereux d'entretenir ce terme à connotation culpabilisante et irrévocable : en effet, il peut conduire soit à l'effondrement pathologique souvent rencontré dans le surmoi religieux, soit, en réaction contre ce péril, à la négation de cet exil, ce qui du coup le normalise et empêche de s'en libérer. Grande est la perversité de cette dernière attitude souvent rencontrée dans les sciences humaines naissantes qui font table rase de l'héritage culturel de nos mythes bibliques jusque-là confondu avec le religieux, ou qui ne reprennent les mythes grecs, par exemple, que pour en réduire le sens à leurs propres schémas mentaux.

Adam chassé du jardin d'Eden est réellement en exil de lui-même parce qu'en exil de Dieu. Cependant le retournement vers lui-même et vers Dieu, la sortie d'exil donc et le recouvrement possible de l'état primordial, est signifié à Adam d'une façon tout aussi radicale que les conséquences douloureuses de son acte ; mais écrasés sous cette « chute » et sa cour de culpabilisations, nous n'avons jamais pu lire cet autre aspect du texte, d'autant que, renvoyant son histoire dans la nuit des temps — histoire dont nous aurions été les héritiers irresponsables —, la rédemption dans la victoire de « la semence de 'Ishah sur la semence du serpent[13] », c'est-à-dire dans la victoire du Christ sur le Satan, était lue dans une perspective historique de promesse lointaine, impalpable et dépourvue de sa dimension d'éternité.

Aujourd'hui nous avons à entendre ce récit comme nous concernant, dans chaque instant de notre vie personnelle, auquel, selon notre choix et dans une essentielle responsabilité, préside YHWH-Christ, JE SUIS, ou Satan. Tous deux ressortissent au temps divin, éternel, qui habite chaque « instant » du temps historique depuis le commencement jusqu'à la fin de celui-ci ; c'est pourquoi depuis toujours, bien avant même les jours de l'Incarnation et de la Rédemption divines, tout être humain — dont Jaqob, Salomon et tant d'autres relevant de toutes les Traditions — a pu recouvrer dans sa personne l'état primordial resté béant d'attente à l'orient de son être. Cette béance creuse nos cœurs et nous appelle ; elle est le « manque » à vivre que nous tentons de combler derrière tous les alibis où nous nous réfugions, mais nous savons combien ces cachettes deviennent vite tombeaux !

Comme tout mythe, le récit de l'exil concerne l'immédiateté de nos vies où 'Ishah, à chaque instant, peut ressusciter du cadavre de Lilith. Mais si cette dernière est plutôt personnage de légende, 'Ishah, bien qu'ignorée de nous pour la plupart dans le collectif, est d'une puissante réalité. Epouse non épousée, elle est veuve, veuve de celui qui ne fait plus « œuvre mâle » en elle. Devenue stérile, elle voit mourir le Germe du Fils qui l'a formée, choisie, aimée, comme matrice de sa croissance, « maison » de son devenir. Le « fils de la veuve » meurt et ce sera une loi en Israël que de secourir le fils de la veuve et sa mère, loi qui recouvre comme pour la dynamiser celle tout intérieure que les hommes seront peut-être un jour capables de réentendre !

Si le prophète ne réanime ce fils comme Elie à Sarepta[14], si le Messie ne le ressuscite comme à Naïm[15], l'humanité reste confondue avec cette 'Ishah qui déploie « ses ronces et ses épines » et qui hurle avec ses animaux ignorés ou refoulés par des impératifs moraux, mais non transmutés. L'humanité fait alors œuvre mâle, voire héroïque, à l'extérieur, mais reste au-dedans d'elle profondément « femelle ».

Au temps de Noé « l'humanité se multipliait sur la terre et ne mettait au monde que des filles », dit le texte biblique[16] ; contradiction apparente, vite levée si nous entendons par « filles » l'aspect femelle de l'humanité ontologiquement stérile, que le Dieu de Jonas dénonce en l'identifiant au monde animal :

> « N'aurais-je pas pitié de Ninive, la grande ville dans laquelle il y a plus de cent vingt mille êtres humains qui ne savent pas distinguer leur droite de leur gauche, et des animaux en grand nombre[17] ? »

Si, dans son inconscience, Adam rejette sur la démone Lilith le pouvoir maléfique d'une 'Ishah délaissée, il se démet de sa vocation de maternité pour en conférer l'opération extérieure à Eve.

CHAPITRE II

L'eau, les ténèbres, la nuit

Pourtant, avant d'aller vers Eve, je voudrais m'entretenir de l'eau, des ténèbres et de la nuit, toutes trois de nature féminine, avec ceux qui se retournent en eux-mêmes et se penchent vers leur Adamah, donc vers l'eau, les ténèbres et la nuit.

J'ai eu maintes fois l'occasion d'en parler, et même de le rappeler au début de cet ouvrage : lorsque « dans le principe Dieu crée les cieux et la terre », Dieu crée l'humide et le sec.

Les cieux *(Shamaïm)*, à l'intérieur de nous, sont construits sur le *Shem*, le Nom secret, propre à chacun, soleil caché de l'être, Germe divin qu'entourent les *Maïm*, les eaux, dans une situation matricielle. Dans le texte biblique, les cieux sont le premier élément créé. Les eaux sont donc primordiales ; elles sont « vierge enceinte » lourde de la semence divine, le *Shem*, le Nom qui, lui, est de feu. Tel est le principe de tout être créé, selon la Bible. Dans cet ordre, la « terre », le sec, est ce que deviennent les eaux lorsque, convoquées par Dieu selon l'ordre du troisième jour de la Genèse, sous la puissance du Verbe et de l'Esprit-Saint de Dieu qui plane sur elles, elles se « coagulent », s'assèchent pour former un champ (de conscience) nouveau. Cieux et terre sont alors, à l'intérieur de nous, inaccompli (avec le *Shem* pour noyau) et accompli, inconscient et conscient, potentiel encore inconnu et objet de connaissance.

L'eau est symbole d'inconnu. Lorsqu'au deuxième jour de la Genèse « Dieu sépare les eaux d'en haut des eaux d'en bas », étendant entre elles le firmament aussitôt appelé cieux *(Shamaïm)*, que pouvons-nous contempler là ?

Le mot *Maïm* est en soi un duel. Nous pourrions le traduire par « les deux eaux ». Ceci nous éclaire : les eaux d'en haut et celles d'en bas, distinguées les unes des autres et immédiatement reliées par Dieu, amoureusement réunies sans confusion, procèdent d'une unité primordiale et restent en résonance intime les unes avec les autres.

A la lumière de ce deuxième jour de la Genèse, les Eaux d'en haut étant de l'inconnu sont l'Inconnaissable divin, l'Innommable, l'Incréé dont nul ne peut parler en termes affirmatifs ; les eaux d'en bas sont ce qui, créé, n'est pas encore connu de nous dans notre intériorité, pas encore nommé, mais qui, nommé, redeviendra partie des eaux d'en haut. Aujourd'hui nous appelons ces eaux l'inconscient ; l'inconscient peut ainsi devenir du conscient, de la *connaissance* pour construire l'arbre que nous sommes.

Ces eaux d'en bas sont alors reliées à celles d'en haut par le *Shem*, par le Saint Nom qui, tout d'abord Germe, est appelé à croître au fur et à mesure que s'accomplissent les eaux *Maïm* ; tous deux forment les *Shamaïm*, nos cieux intérieurs. Lorsque tout est accompli, il n'y a plus de *Maïm* mais le *Shem* seul devenu JE SUIS, fruit de l'Arbre de la connaissance ; nous sommes alors reconduits par lui et l'Esprit de Dieu vers les eaux d'en haut en d'indicibles noces !

Si le *Shem* est du feu, si l'Esprit de Dieu qui souffle sur les eaux souffle du feu, nous pouvons deviner que les eaux d'en haut ne sont appelées « eaux » qu'en tant que symbole d'inconnu, mais qu'elles sont aussi du feu, ou plus exactement ce qui au-delà de l'eau et du feu dans l'espace un originel ne peut pas non plus être nommé.

Dans les cieux qui sont à l'intérieur de nous, les eaux d'en haut sont mystérieusement au cœur des eaux d'en bas : c'est le *Shem* présent en ces dernières, un feu que les eaux n'éteignent pas dans leur principe (mais que l'état d'exil pervertira si souvent !). A l'inverse, les eaux d'en bas ne seraient-elles pas elles aussi dans les eaux d'en haut ? Si Dieu est en l'Homme, l'Homme n'est-il pas en Dieu ? le fini au cœur de l'infini, comme l'infini au cœur du fini ? Insondable mystère dont je m'émerveille sans pouvoir en parler davantage, mais qui ne peut être passé sous silence avant d'aborder celui de l'eau.

L'eau est le mystère de la vie, car le symbole lié à son archétype dans un incessant dialogue nous conduit irrésistiblement à sentir crépiter le feu en l'eau. C'est cela même que nous disent d'une façon formelle l'eau de mer qui respire avec le ciel, les larmes, le sérum sanguin et le liquide amniotique qui, en pulsations rythmées, psalmodient le divin ; en tous ces éléments le sel est ce feu.

La plaine de Shinéar qui est à l'intérieur de nous dans la Adamah et à l'extérieur de nous dans le monde est symboliquement « eau » dans son état inaccompli. De même que le Shem joue sur la Adamah le rôle du feu, de même l'Homme relié à son *Shem* est ce feu pour le monde ; il en est le sel.

> « Vous êtes le sel de la terre, dit le Christ à ses disciples [...] vous êtes la lumière du monde[1]. »

Lorsqu'il accomplit sa Adamah-'Ishah, l'Homme accomplit le monde et le porte à sa transfiguration.

Quant à l'eau des lacs et des rivières, l'eau qui court dans le moindre brin d'herbe, où est son feu ? Sans doute dans une présence plus subtile, dans son magnétisme qui ne pourrait être sans la bipolarité électrique de ses atomes. « L'eau a une matrice féminine pour accueillir une information, la conserver, et un pôle masculin donneur, pour la restituer[2]. »

A l'extérieur comme au-dedans de nous, l'eau est un conservatoire d'informations dont nous avons soif. Si l'« œuvre mâle », dans le retournement intérieur, transforme ces énergies qui deviennent alors connaissance, la plongée dans les eaux baptismales les révèle avec une telle puissance que, lors du baptême du Christ, « le Jourdain retourna en arrière », dit le psalmiste[3] : les eaux d'en bas remontèrent vers leur source, les eaux d'en haut, où tout est connaissance et amour.

A la Samaritaine à qui Jésus demande à boire l'eau qu'elle puise, Il dit :

> « Celui qui boira de l'eau que je lui donnerai n'aura plus jamais soif.
> L'eau que je lui donnerai deviendra en lui une source qui jaillira jusque dans la vie éternelle[4]. »

A travers le vin aux noces de Qanah, et le sang à la sainte Cène, l'eau devient feu de l'Esprit dans une transmutation liée à l'accomplissement de l'Homme.

> « Car il y en a trois en bas,
> l'eau, le sang et l'esprit
> qui rendent témoignage [des trois qui sont un en haut, le Père, le Fils et l'Esprit][5]. »

L'eau devient feu, il n'y a plus de soif, le mariage s'accomplit.

Le nom d'Adam nous révèle que l'Homme est espace de rencontre des « deux eaux », soit des deux désirs, celui de l'Homme pour son Dieu *(Aed)* et celui de Dieu pour son Epouse (lettre *mem)*. La vie de chaque être humain, qu'il le sache ou non, est tendue sur ce fil d'or à vocation nuptiale de son Nom ! Mais s'il ne le sait pas, à combien de douloureuses, voire mortelles compensations aura-t-il recours, dans une inextinguible soif ?

Le désir est au centre de sa vie. L'eau en est le vecteur privilégié, ou le vin. Ce dernier est le fruit d'un recyclage permanent de l'eau dans une admirable alchimie de la terre ;

l'eau elle-même est le fruit de son propre recyclage dans une électrolyse du ciel incessante depuis le commencement du monde, au point que nous buvons l'eau que buvaient nos ancêtres et qu'elle nous raconte leur histoire. Les puits en gardent le secret.

Mais lorsqu'en nous les puits de l'âme donnent leur secret, l'eau devient du sec, elle devient information. C'est une terre nouvelle qui se construit, née de nouveaux cieux, et l'Arbre de la connaissance y grandit. Cette croissance du pôle mâle permettra à l'Homme qui retrouve ses normes ontologiques de pénétrer plus profondément encore les eaux de sa Adamah, d'épouser plus intimement son 'Ishah et d'en accueillir les ténèbres.

Les ténèbres sont à la lumière ce que l'eau est à la connaissance. Elles symbolisent elles aussi le pôle femelle de l'Arbre de la connaissance.

« Les ténèbres sont sur la face de l'abîme[6] »

dit le Livre de la Genèse. L'abîme est ce qui sépare radicalement l'Incréé du Créé, les eaux d'en haut des eaux d'en bas ; il n'est donc pas étranger à nos cieux intérieurs « étendus » par Dieu au deuxième jour de la Genèse « entre les deux eaux » pour les séparer, mais aussi pour les unir.

Cette absolue contradiction n'est résolue que dans le *Shem* ; le Shem de chaque être humain est Germe du Saint Nom YHWH qui est le Christ. Seul « Pontife » entre les deux eaux, le Christ participe des unes et des autres et seul Il a le pouvoir d'introduire le Créé qui y est prêt par la croissance du *Shem* dans l'union mystérieuse avec l'Incréé. Il est maître de l'abîme.

Les ténèbres qui recouvrent l'abîme sont nos cieux intérieurs et donc l'inépuisable potentiel de lumière qu'elles recèlent. Elles impliquent l'incontournable face-à-face que nous avons à vivre avec elles pour en épouser les « démons ». Espace d'épousailles, elles sont chambre nuptiale de l'Homme et de son 'Ishah, mais aussi chambre nuptiale de l'Homme qui, dans ce nouvel accomplissement, est alors visité de Dieu.

Indicible mystère de l'Arbre de vie ! Lieux de mort et de résurrection, les ténèbres nous apprivoisent à l'abîme, au Rien.

Notre situation d'exil en soi nous rend incapables de vivre ces mystères ; les ténèbres se font extérieures à nous et nous recouvrent. Elles recouvrent la plaine de Shinéar, notre monde de cris et d'errances, dont le « Prince des ténèbres » est roi. Les ténèbres sont alors diaboliques. Mais si, au cœur de cet exil collectif, l'Homme peut faire, dans sa personne, le retournement vers l'orient de son être et transmuter les ténèbres, c'est parce qu'il est « image de Dieu » et que son modèle, le Christ, en a assumé la traversée totale jusqu'à l'abîme.

A la neuvième heure, lorsque les « neuf mois » de gestation sont achevés, que « tout est accompli » et que les ténèbres recouvrent la terre, le Christ descend dans les plus grandes profondeurs du créé et, s'unissant au dernier monstre des profondeurs, en arrache l'Homme qui lui était aliéné. Il vainc la mort. C'est la Résurrection ! Nous ne pouvons descendre là qu'avec Lui, pour ressusciter avec Lui. Les premières ténèbres de nos vies nous y préparent ; elles brodent nos lumières et sculptent notre intelligence.

Les Hébreux appellent l'intelligence « Mère divine », par rapport à la sagesse qui est « Père divin », les deux grands luminaires du quatrième jour de la Genèse que lune et soleil à l'extérieur symbolisent et dont la source commune est en YHWH-Christ.

« A ce moment-là il n'y aura plus ni soleil ni lune, car YHWH sera ta lumière pour toujours et ton Dieu sera ta splendeur[7]. »

Et de même que la lune reçoit son éclat de celui du soleil, de même l'intelligence naît de ce que construit la sagesse ; car c'est « la sagesse qui bâtit la maison ; elle taille ses sept colonnes ; elle immole ses victimes[8] ».

L'intelligence est celle du cœur, non celle d'un « cœur bon », mais la clarté jaillie des morts vécues (des victimes immolées), des inacceptables acceptés, des savoirs renoncés, des sécurisations abandonnées, des certitudes scalpées, dans l'amour inconditionnel du Dieu trois fois Saint !

Les ténèbres, berceau de l'intelligence, sont les nuits de l'âme. Les ténèbres *(Ḥoshek̠)* sont le « palais de la lettre *shin* », l'écrin de cette perle qui nous fonde (première lettre du *Shem)* et dont je parlerai plus loin[9].

Layelah est la « nuit » en hébreu. La nuit est une descente dont *Loul*, l'« escalier en spirale », symbolise le mouvement de l'être lorsque traversant les ténèbres il épouse sa Adamah et va jusqu'à son cœur, jusqu'à *Yah* !

En archétype, rappelons-le, elle est la nuit d'Adam lorsque ce dernier cherche à communiquer totalement avec lui-même. « Dieu le *fait* alors *tomber* dans un *sommeil*, et il *s'endort* », il descend dans ses ténèbres, ses cieux-*Shamaïm*, jusqu'au noyau de son être, son *Shem, Yah* ! Et c'est l'extase : il voit l'enfant et sa mère, l'enfant qu'il deviendra en le portant à l'âge adulte dans la totalité de ses épousailles avec la mère. Maintenant il connaît le chemin ; il lui faudra assumer chacune des nuits de sa vie pour voir poindre une aube nouvelle, un jour nouveau, plus resplendissant que l'autre, jusqu'au Nom totalement devenu.

Chaque nuit est un enseignement nouveau. Le double *lamed* (notre lettre l) qui construit le mot *Layelah* dit deux fois le verbe « apprendre » ; et cet enseignement donne vie.

Les spirales épousées au cours de cette descente, tels les anneaux d'un vaste collier de pierres précieuses, s'ouvrent tour à tour sur un Seigneur des enfers qui, dominé, fait éclater la lumière de l'ange qu'il cachait et de son information. Nos nuits physiologiques, nous l'avons vu par les rêves même oubliés qui conduisent à *Yah*, entretiennent la vie ; les rêves reçus et écoutés l'accomplissent en accomplissant le Saint Nom ; ils sont nourriture.

La nuit est un souffle retenu, un cœur aux battements ralentis, pour que germe en elle le secret de la vie. Les nuits de l'âme sont une plongée jusqu'aux racines de l'Intelligence et de la Sagesse. Au niveau du corps, la rate et le pancréas sont les organes subtilement concernés par cette quête : ils libèrent les énergies que le fourneau de cette matrice de feu (la vésicule biliaire) fait fondre, et que le forgeron divin purifie, frappe, martèle et cisèle pour en faire la beauté de l'Œuvre. Le foie s'alourdit alors de la Gloire divine qui se construit en l'Homme. Nous savons, avec le mythe grec de Prométhée, que le héros est alors visité de l'Aigle qui vient vérifier la justesse de l'Œuvre : s'il dévore le foie de Prométhée c'est que tout n'est pas encore accompli ; le héros devra retourner dans les profondeurs abyssales rate-pancréas la nuit suivante et d'autres nuits encore, jusqu'à ce que tout soit accompli.

C'est lorsqu'il fait œuvre mâle jusqu'au bout de lui-même que l'Homme est dressé en épouse jusqu'à Dieu dont il devient la Gloire.

Les nuits de l'âme sont entrailles de mutation, matrice sainte, athanor alchimique de Résurrection. A leur rythme s'accordent mystiquement celles qui en témoignent au-dehors : c'est au cours « d'une bienheureuse nuit que les enfants d'Israël sortis d'Egypte traversèrent les eaux de la mer Rouge et passèrent de la servitude à la liberté ». C'est au cœur de la nuit que le Christ ressuscite et qu'il est écrit d'elle : « La nuit sera plus brillante que le jour ; elle sera lumineuse pour éclairer notre joie[10]. » Et saint Jean de la Croix brûlant d'amour peut alors chanter :

« Ô nuict qui me conduis à point !
nuict plus aymable que l'aurore
nuict heureuse qui a conjoint
l'aymée à l'aymé, mais encore
celle que l'amour a formé
et en son amant transformé. »

Je ne peux fermer ce chapitre de la nuit et de sa maternelle féminité sans évoquer la présence ô combien signifiante des innombrables *Vierges noires* enfouies sous terre dans presque toutes les parties du monde. Depuis l'île de Pâques jusqu'à nous en passant par l'Asie Mineure, la Phrygie, la Grèce, la Crète, la grotte de Tenerife où le peuple guanche vénérait celle qui les consolait de leurs afflictions, la terre est truffée de ces statuettes extraites peu à peu de leur gangue souterraine au cours des âges. En France on trouve plus de cent vingt Vierges noires dont beaucoup, antérieures à l'ère chrétienne, sont liées au culte de la déesse mère, mais surtout à celui de la *virgo paritura*, « la vierge qui doit enfanter », d'origine celte.

Ne peut-on voir dans ces œuvres d'art jaillies de l'âme humaine et sitôt enfouies sous terre l'expression d'un inconscient lourd du potentiel divin dont la vocation est si puissante qu'il fuse du bout des doigts du sculpteur ? Celui-ci ne sait la chanter qu'en l'œuvre de ses mains, mais dans un chant qu'il sait n'appartenir qu'au secret des profondeurs ; aussi le confie-t-il au secret de la terre.

Car l'âme humaine est cette vierge qui doit enfanter Dieu. L'humanité dans son exil de Dieu et d'elle-même a toujours transposé à l'extérieur d'elle son propre mystère ; elle attendait donc cette naissance sacrée dans le monde comme venant du ciel et non des hommes, sur un mode magique. De Marie, la Vierge, la naissance s'est faite dans le monde, mais elle est venue de Dieu et des hommes. Elle est venue en son temps, dans l'intériorité du grand Adam, mais elle est celle d'un Dieu dont l'espace un ne peut être appréhendé par nous que dans la dualité apparente extérieure-intérieure. Elle est en archétype celle que chaque être humain est appelé à accomplir à l'intérieur de lui lorsqu'il commencera de se retourner vers l'au-dedans de lui.

Ces Vierges noires exhumées peu à peu de leur secrète demeure n'annoncent-elles pas le jaillissement d'une conscience nouvelle en laquelle l'humanité commencerait de découvrir que chaque être humain, en sa personne propre, a vocation de vierge mère ?

CHAPITRE III

Hawah (Eve), ‘Adah et Tsilah

Si dans la situation d'exil 'Ishah devient Lilith, épouse non épousée, démone menant grand train dans le monde extérieur où l'Homme projette ses animaux rageurs, elle reste en cet Homme, à l'orient insoupçonné de son être auquel il a « tourné le dos », dépôt sacré de sagesse et d'intelligence promis à l'heure du retournement et toujours capable d'émergences soudaines — la reine de Saba en a donné la preuve dans la vie de Salomon et Job lui-même y a atteint au cœur de sa souffrance en de fulgurantes percées puis dans le total accomplissement de son Nom que le nom de ses trois filles symbolise [1]. Mais 'Ishah est aussi la Adamah qui ontologiquement devait donner naissance à Adam dans la perspective de croissance du Verbe en lui. 'Ishah et la Adamah sont en effet le même trésor potentiel constituant « l'autre côté » d'Adam, mais vectorisé dans des fonctions différentes.

Dans la fonction qui lui est propre, en tant que Adamah, 'Ishah devient *Ḥawah*, Eve, ainsi appelée dit le texte biblique « parce qu'elle est mère de toute vie [2] ». Ce qui a perdu sa dynamique de croissance intérieure exige sa réalisation quelque part qui ne peut plus être qu'à l'extérieur d'Adam. C'est donc la vocation de maternité de 'Ishah, d'une 'Ishah devenue ontologiquement stérile, qu'Adam transfère sur Ḥawah, mais sur un tout autre registre de vie.

« Mère qui donne la vie » appelait le nom de *Ḥayah* ; celui de *Ḥawah* est considérablement minimisé dans la force de la lettre centrale qui constitue son nom, la lettre *waw* par rapport à la lettre *yod* de Ḥayah. *Ḥayah* est la « vivante », *Ḥay* est la « vie » et *Ḥawah* ne veut pas dire grand-chose ; Adam ne lui confère certes pas le même don de vie qu'à Ishah ! *Ḥay*, la vie, est un mot fait de la rencontre de la lettre *ḥeit*, dont l'idéogramme primitif est une barrière, et de la lettre *yod* qui embrasse la totalité du Saint Nom *yod-hé-waw-hé*. Et je suis amenée à contempler la lettre *yod* dans l'Epée חוה dont elle est le pommeau et dont le corps tout entier est archétype du créé et de l'Homme en particulier, jusque dans son corps[3].

La vie se présente donc pour l'Hébreu comme la construction de l'Epée — la conquête du Saint Nom — par l'Homme se mesurant aux barrières, aux adversités, voire à l'Adversaire, car ces barrières sont vivantes, la lettre *ḥeit* elle-même prononcée *Ḥayot* signifiant les « vivants » ; ceux-ci sont les adversaires ontologiques faits des « vivants » (animaux-poussière) qui constituent l'inaccompli, la Adamah-'Ishah ; ils se font « barrière » et sont les gardiens du seuil de tous les mythes de l'Antiquité ; l'Antiquité connaissait ces choses ! De l'autre côté de la porte que gardent ces animaux, la vie que connaît l'impétrant vainqueur de ces « vivants », et donc intégrateur de leurs énergies, est d'une tout autre densité qu'auparavant ; elle est lourde de leur information — celle-là même qui monte comme une sève d'arbre (l'Arbre de la connaissance), autre image de la verticalisation de l'Homme, autre image de l'Epée !

Si la situation d'exil a détourné l'Homme de cette royale vocation ontologique dont les mythes à l'extérieur et l'espace de l'orient à l'intérieur de lui gardent la mémoire secrète, nous avons vu que chacun dans sa personne peut la recouvrer.

« Dans la douleur tu enfanteras des fils[4] »

est-il dit à 'Ishah ; mais, ai-je envie d'ajouter : « Tu peux encore accoucher de toi-même, dans la douleur certes, tant tu es identifiée à ce monde de jungle, mais tu peux te différencier de lui et retrouver tes normes ontologiques ! »

N'est-il pas étonnant que ce soit au moment où notre civilisation nous a rendus totalement étrangers à ces rencontres avec nous-mêmes, non seulement en nous éloignant du sens existentiel de ces mythes mais plus encore en nous jetant dans une course au plaisir, aux loisirs et au rejet systématique de toute adversité, que nos physiciens définissent la vie comme « intégration d'un potentiel d'énergie » ? Dans la mesure où nous refusons l'Adversaire qui, lui, est d'ordre ontologique et impérativement nécessaire à toute intégration, il n'est pas difficile de conclure que voulant l'ignorer nous nous faisons son jouet et que notre civilisation entre ses mains est génératrice de mort. Toutes les civilisations, voire les plus glorieuses, eu égard aux valeurs inconsciemment projetées du plus profond de l'orient sur beaucoup d'entre elles, toutes ont connu la mort ; d'autres ont aussitôt rejailli tant est puissante la force vitale de l'Homme et plus encore la protection divine. Mais notre civilisation actuelle, tout nous le prouve, s'approche par le chemin de la science du Chérubin qui garde l'Epée, « l'Epée à deux tranchants à l'orient du jardin d'Eden[5] ». C'est dire que nous avons à faire de toute urgence le choix radical de la vie ou de la mort : de la vie dans un retournement aux sources premières de nous-mêmes par la voie de l'intériorité, ou de la mort dans l'effondrement de notre âme engloutie par les désastres de la cérébralité et de notre planète aujourd'hui menacée.

En cette dernière dont la royauté est donnée au Satan, non plus Adversaire mais *Ennemi*, Ḥawah devenue la femme biologique par rapport à l'homme ne peut qu'entretenir une vie de dimension animale. Son enfant, rappelons-le, est appelé dans le contexte évangélique « fils (ou fille) de la femme », par opposition au « Fils de l'Homme » qui, lui, est Fils de l'intériorité d'Adam, dont l'Adam actuel ne sait même plus qu'il porte la semence !

En tant que nature humaine coupée de sa source divine (le *Yod* de l'Epée הוה *hé*—$\overset{yod}{\underset{waw}{\mid}}$—*hé*) *Ḥawah* est nature atrophiée d'un Adam décapité qui n'est plus lui-même qu'un HWH errant et titubant au gré des ruses de l'Ennemi. La lettre *waw* (conjonction de coordination « et ») perd sa force d'union transformante et verticalisante entre les deux *hé* et ne garde que celle toute répétitive d'une banalisation réduite à l'horizontale (*hé—waw—hé*) : les deux *hé* vidés de leur unité profonde s'opposent en luttes meurtrières. L'Epée sortie de son fourreau divin tue. Les constructions du seul monde extérieur développent, au-delà même de leurs beautés les plus fascinantes, leur pôle de mort.

Ḥawah engendre des savants, des génies de tous ordres qui, par leur savoir acquis dans les écoles, sautent à pieds joints au-dessus de la matrice du cœur et investissent dans l'intellect la richesse des satellites du Saint Nom ontologiquement destinée à donner naissance au Fils de l'Homme. Douée de ce pouvoir d'accès au Saint Nom, cette richesse du savoir nous conduit aujourd'hui aux pieds du Chérubin qui en garde l'accès, mais sans que nous ayons acquis les structures intérieures nous rendant capables d'assumer cette rencontre.

Ḥawah engendre des artistes qui vibrent, eux, au niveau du cœur, mais sans savoir y mourir pour atteindre aux réalités qu'ils pressentent et qu'ils expriment parfois divinement, parfois dans la pathologie de leurs démons inconscients. Les « cieux intérieurs » de ces êtres sont ouverts, mais leurs outils de mutation sont ceux d'un imaginaire qui ne sait faire l'expérience de l'« imaginal[6] ».

Elle engendre des êtres souffrant d'une telle souffrance que l'on est vraiment en droit de se demander si Ḥawah n'est vraiment capable que de cette tragique maternité. Affirmant cela, nous nierions le fondement impérissable de notre être, le Germe du Saint Nom scellé au cœur de 'Ishah, sans lequel le souffle physiologique même nous serait retiré. Nous fermerions nos oreilles à l'appel de l'Epoux qui constamment frappe à la porte de l'Epouse et lui rappelle que, malgré sa prostitution au faux époux, de toute éternité et dans le principe de toute vie ce dernier est écrasé en tant que tête et la blessure qu'il lui fait au talon, guérie[7]. Nous confirmerions la normalité de notre situation d'exil, son irréversibilité et refoulerions 'Ishah dans un passé historique mort à tout jamais alors que, derrière « les ronces et les épines » que germe sa terre délaissée, derrière Ḥawah qui se superpose à elle, 'Ishah est là et sollicite douloureusement notre regard vers elle, peut-être davantage encore celui de la femme incontestablement plus concernée que l'homme par elle, d'une façon immédiate — cela fera l'objet de mon étude à la fin de cet ouvrage.

N'oublions pas le mythe de la Chute lorsqu'il énonce le contenu du retournement contre Adam des lois qu'il a transgressées : « La Adamah est maudite dans son rapport à toi[8] » (et non « à cause de toi »). Si nous savons que le mot hébreu *'Arourah* (« malédiction ») exprime lui-même un redoublement de résistance à la lumière *'Or* — lumière qu'implique toute juste relation —, nous comprendrons que la lumière n'est plus : la Adamah n'est donc pas maudite en soi, mais la relation qui l'unit à l'Homme-Adam est faussée, voire abolie. Que cette relation soit rétablie dans sa justesse et l'Homme retrouve ses normes ontologiques et, avec elles, son essentielle fécondité.

C'est pourquoi la Parole divine énonçant ces lois poursuit, comme nous l'avons déjà vu :

Tu feras l'expérience de l'esclavage « jusqu'à ce que tu te retournes vers la Adamah [...] »

Dans ce retournement toujours possible, l'Homme peut rétablir une respiration lumineuse entre la Adamah et lui. Sous les masques divers des personnages qu'il joue dans le monde et qui, par leurs réussites, compensent sa stérilité, sommeille un vrai visage d'Homme. Celui-là n'est pas mort. Ḥawah ne respire pas sans que le souffle de 'Ishah, celui de son noyau divin, l'anime ; l'émoi de ses maternités peut éveiller un autre enfant, sa féminité construite dans le terreau de l'amour prendre soudain les ailes de la grâce.

C'est ce que *'Adah* et *Tsilah*, femmes de *Lemeḵ*, vont nous dire. Lemeḵ est le septième de la descendance d'Adam dans la lignée de Qaïn. Entendons ici par « descendance » les cycles de l'histoire de l'humanité ou de chacun de nous, dont le récit biblique nous brosse l'impitoyable destin.

Qaïn, premier de cette descendance et deuxième homme de l'exil, est coupé de sa relation avec lui-même ; en conséquence il est incapable de voir « l'autre » en face de lui. Méprisant son frère Habel (le « rien ») qui pour lui n'est pas et dont il est jaloux, il le tue. C'est par le *yod* faussement acquis de son nom que Qaïn tue. *Qen* est l'« acquisition » ; Qaïn est héritier du fruit saisi de la main du Satan ; il se croit devenu l'Epée même du Saint Nom et c'est avec elle qu'il tue. Par la langue perverse, le sexe qui épuise ou le couteau, l'Homme tue. Or Qaïn « dit à son frère Habel[9] » ce que jamais nous ne saurons et sur quoi on a beaucoup glosé ; mais ne tenons-nous pas dans le « dit » l'arme de son meurtre ? C'est par son verbe que Qaïn tue et c'est à Qaïn-verbe que Dieu demande alors des comptes :

« Qu'as-tu fait, *voix* ? Les sangs de ton frère crient vers moi[10]. »

Ce verbe meurtrier fonde la stérilité de l'Homme qui compense dans les limites de sa prison, par sa fécondité biologique et ses brillantes constructions dans la plaine de Shinéar, son inaptitude à croître. Il construit des villes, des civilisations, des idéologies, ce que disent les noms de ses fils : le cinquième descendant d'Adam, *Meḥouyaël*, nous apprend qu'avec sa génération « Dieu est oublié » ; son fils, *Metoushoël*, subit alors de si cruelles conséquences de cet oubli qu'il hurle et « réclame la mort » : plutôt la mort qu'une telle absurdité et de telles souffrances ! Absurdité et souffrances culminent en *Lemek*, septième descendant : celui-là, « écrasé » de douleur, se love comme un fœtus en lui-même ; il commence d'entrer dans la matrice de son être. C'est alors que le monde féminin réapparaît.

Lemek prend deux femmes, *'Adah* et *Tsilah*, deux femmes vers lesquelles il dresse son verbe avec insistance, comme pour les pénétrer :

> « 'Adah et Tsilah, écoutez ma voix,
> femmes de Lemek, entendez mon dire[11] »

supplie-t-il. 'Ishah revit soudain en ces deux femmes en qui Lemek fait « œuvre mâle » ; « se souvenant[12] » d'elle, du dénuement en lequel il l'a laissée et de son enfant qui meurt de ses meurtres, il confesse le crime qaïnique.

> « J'ai tué un homme pour ma blessure,
> et un jeune homme pour ma guérison[13] »,

ajoute-t-il. Eblouissant pardon divin donné à celui qui pénètre, en 'Ishah, ses eaux d'en bas et qui est alors pénétré des eaux d'en haut, feu de l'amour divin ! Celui-là « voit les cieux ouverts », comme voient les prophètes[14] ; il voit le temps de l'intériorité et l'instant de l'éternité ; il sait, il connaît la Rédemption. Epousant son épouse, il est épousé de Dieu qui, dans l'entaille de sa souffrance, l'attendait, comme l'amant attend sa bien-aimée à l'autre bout de son éloignement de lui.

« Qu'est-ce que l'Homme pour que tu te souviennes de lui ? » rappelai-je plus haut[15], en ajoutant ici que le mot hébreu *Enosh* (Homme) désigne celui ou celle qui se sait faible, voire malade et qui, se reconnaissant enfin inaccompli, se retourne vers son 'Ishah, vers celle qui garde le secret de son essentielle maternité.

'Adah et Tsilah, leurs noms le disent, sont l'espace-temps intérieur de Lemek̠, celui de la matrice en laquelle va s'éveiller et croître le Fils de l'Homme, d'où va s'élancer la sève de son arbre, d'où jaillira le fruit de totale connaissance et d'irradiante lumière. Leurs enfants clament cette triomphante fécondité ; parmi eux *Naamah*, sœur de Tubal Qaïn, le forgeron, est la Beauté : beauté que l'œuvre de la forge, espace de feu, autre espace matriciel de ce féminin intérieur où l'inaccompli, fondu et battu sur son enclume, est accompli, ciselé sous les doigts du « divin cuiseur ».

Lemek̠ ouvert à son épouse, aux terres de ses profondeurs, s'ouvre sur la vision du monde dans sa beauté première. En lui, Adam pardonné, régénéré, devient père d'une nouvelle humanité par *Shet*, le « fondement », autre fils que Dieu lui donne « à la place d'Habel que Qaïn a tué ». Et tous les patriarches — dix patriarches de lui jusqu'à Noé — ancrés dans ce nouveau *fondement* commencent leur verticalisation en même temps que la célébration de leur Dieu YHWH. Chacun de leurs noms nous dit les étapes d'évolution de cet Adam sorti d'exil et allant vers sa « terre promise », son orient !

Chacun des nombres qui scandent les âges de ces dix patriarches nous révèle un espace intérieur nouveau acquis par eux dans leurs mariages avec 'Ishah. Les descendants d'Adam par Qaïn n'avaient pas d'âge, basculés qu'ils étaient dans le temps de l'exil ; aucune femme n'avait fait accepter à ces hommes leurs larmes, aucune ne les avait baignés de leur eau, ni emportés dans le courant de leur ombre et de leur mystère. Si après ʿAdah et Tsilah les femmes ne sont pas nommées, leur présence amoureuse en ces dix patriarches n'en surgit pas moins dans ces nombres et dans ceux de leurs glorieuses maternités. Avec elles, tout est beauté et fécondité.

Et Noé, pré-figure messianique, couronne cette assomption de l'humanité ; il rejoue dans sa personne la totalité des étapes verticalisantes de l'humanité. Avec sa sortie du Déluge et son entrée dans l'Arche — symbole féminin par excellence —, il est Lemek : il assume tous ses animaux intérieurs repris à la plaine de Shinéar où il avait laissés courir ceux qu'il ne tenait pas derrière les interdits de la loi morale ; il descend dans les eaux-ténèbres intérieures de ʾIshah avec le corbeau et monte dans la lumière avec la colombe. Lorsque la colombe s'enfuit pour ne plus revenir, il est *Ḥanok*, septième patriarche de cette lignée, qui est enlevé par Élohim dans un état de lumière absolue ; et devenu « fils » totalement accompli, il « se marche l'Elohim » !

En sa personne s'achève le mythe fondateur de notre Tradition, dont le schéma, dans un premier temps, s'applique à l'histoire du peuple hébreu. Au niveau du peuple hébreu, Moïse qui libère son peuple de l'Egypte, terre d'esclavage, correspond à Lemek ; Élie enlevé de terre dans le char de feu d'Israël rappelle Ḥanok et le Christ est le Messie que préfigurait Noé. Fils de l'Homme et Fils de Dieu, le Christ est, par sa Mort et sa Résurrection, le point focal de l'Histoire en lequel s'enracine le retournement possible de tout être en ses normes premières.

Depuis le Christ, dans un second temps, toutes les nations, dans un éclatement de sève lié à l'irrépressibilité de leur vocation ontologique, obéissent au même schéma. Aujourd'hui nous ne sommes pas encore sortis d'Egypte, de notre plaine de Shinéar, mais un Lemek ne commencerait-il pas de se dresser au cœur de l'Homme où semblent s'éveiller une ʿAdah, une Tsilah, un monde féminin qui, en écho avec ses profondeurs, exige le feu d'un autre amour, la ferveur d'une autre maternité, l'égale beauté de son être et de la terre ?

CHAPITRE IV

Les matriarches

1. Lot et Sarah

Les premiers chapitres du Livre de la Genèse sur lequel nous nous sommes penchés nous ont ancrés dans le principe des choses. Toute chose est reliée au Verbe qui la fonde ; elle n'a de réalité qu'« encordée » à Lui, de qui elle reçoit toute information pour être ce qu'elle est ; son nom est le sien : *Dabar*, en hébreu, signifie le « Verbe », mais aussi la « chose ». Dans la grande geste qui a préparé la Pâque des Hébreux, une des « merveilles de Dieu » (appelée couramment « plaie d'Egypte ») a consisté en ce que la chose a été désinsérée de son archétype ; elle est alors devenue *Deber*, la « peste ». *Deber* est composé des trois mêmes lettres que *Dabar*, seule la prononciation a changé : le chant de la chose s'est tu ; la chose est tuée. Telle est la situation d'exil en lequel nous nous forgeons d'illusoires réalités et construisons la mort.

Sortir d'Egypte, se retourner vers l'orient de l'être, permet de redécouvrir le réel ontologique et ses lois. Regardons comment vont jouer ces lois sur la vie du peuple hébreu tout d'abord, puis sur celle des nations, et enfin en chacun de nous qui avons oublié leur instance normative et qui, aveugles à leur présence, créons la peste !

> « YHWH dit à A_b_ram : va vers toi [...]
> A_b_ram s'en alla donc comme YHWH le lui avait dit et Lot partit avec lui [...] Il prit Saraï, son 'Ishah, et Lot, fils de son frère, et tout ce qu'il possédait [...] [1] »

Israël s'enracine en ses trois patriarches, Abraham (nommé tout d'abord A_b_ram), Isaac et Jaqob (ce dernier recevra de Dieu le nom d'Israël). Cette triade sainte est proposée dans la Bible comme l'aube d'émergence du pôle lumière de l'humanité ; elle est la première manifestation de croissance du Germe du Saint Nom en cette part privilégiée de l'Adam collectif ; mais elle implique un pôle ténèbres sans lequel ne pourrait monter la sève de l'Arbre messianique.

Les matriarches accompagnent chacun de ces hommes et sont pour eux « os de leurs os et chair de leur chair » : 'Ishah secrète, voilée dans chacune de leur vie profonde, en même temps que leur Eve épouse.

Mais en tant qu'Adam collectif et plus particulièrement celui de la communauté d'Israël qui est en train de naître de leurs reins, ces hommes appellent un autre pôle ténèbres. Celui-là est représenté par *Lot* (dont le nom signifie le « voilé ») et par sa descendance. Sur l'ordre divin, A_b_ram quitte Ur, ville de « la lumière » en Chaldée, pour aller vers lui-même, vers la totalité de lui-même, jusqu'en sa terre promise intérieure. Ce grand œuvre concourra à partir de lui à la croissance de « JE SUIS en devenir d'être » en la personne du peuple d'Israël qu'il est aussi. Au terme de la croissance l'Arbre donnera son fruit, JE SUIS, YHWH dans le Christ qui dira de lui-même : « Avant qu'Abraham fut, je suis [2]. » Sublime peuple que celui d'Israël choisi par Dieu au cœur de sa fille-épouse, Adam, pour assurer en elle d'une façon toute privilégiée et durant un temps précis la croissance du Fils de l'Homme !

Si le récit mythique est comme le modèle de notre aventure humaine, nous devons retrouver l'histoire du peuple hébreu en l'un des descendants de Qaïn puisque, encore aujourd'hui, nous ne sommes pas sortis de cette lignée de meurtriers. Tout me porte à croire que le peuple hébreu vient sur le devant de la scène historique analogiquement à la naissance de la cinquième génération de cette famille qaïnique, nommée *Meḥouyaël*, l'« oubli de Dieu ». L'humanité du temps d'Abraham est adonnée aux cultes des divinités de la terre plus qu'à ceux du Dieu du ciel, à l'adoration du soleil et de la lune, à celle des « baals » dévoreurs de sang ; en effet l'inconscient collectif pousse l'Homme de cette époque aux sacrifices d'enfants — de fils — sur les autels dont cet Homme est encore incapable d'entendre qu'ils devraient être ceux de son cœur. En un mot, le religieux, à cette époque de l'exil, est basculé au-dehors et se vit dans des rites magiques pour apaiser le courroux des génies et les incliner à la clémence. Bien sûr, de tout temps, des êtres dans leur personne, voire des civilisations dans leur personne, ont fouillé plus loin les braises de leur matrice de feu pour naître à la conscience, mais le collectif restait dans les marécages de l'inconscience et de l'« oubli de Dieu ».

Soudain, en Meḥouyaël, l'ombre d'un *souvenir* s'esquisse. Lorsque ce patriarche met au monde son fils *Metoushoël*, le texte l'appelle alors *Meḥiyaël* ; un *yod* remplace le *waw* qui donnait jusque-là le son *ou* de son nom. A l'inverse de ce qui s'est passé en Ḥawah où le *waw* a remplacé le *yod*, ici le *yod* escamote le *waw* et annonce la vie. Le nombre 5 chanté dans le cinquième jour de la Genèse où sont créées les « âmes vivantes » annonce la vie ; et la vie n'est que dans l'instant, dans le JE SUIS de l'être et dans le *souvenir* que l'Homme a de Lui. On peut se demander si, en ce cinquième descendant de l'Adam mort à l'essentiel, la vie ne reviendrait pas à pas feutrés prendre une dimension d'éternité, comme si son cœur ontologique allait recommencer de battre et de lancer les premières salves divines de la Résurrection promise à Qaïn !

Il me semble aussi que le même phénomène se joue au cours de la gestation d'un enfant dont le cinquième mois voit s'élaborer en lui une qualité subtile qui sera à l'œuvre dans les derniers mois de travail. Au sixième mois de la vie intra-utérine s'achève la mise en place de la dimension anatomo-physiologique du fœtus, que l'image divine fondatrice a dirigée comme dans une première programmation. Pendant les trois derniers mois, comme dans une deuxième programmation, c'est l'identité de l'enfant, jusqu'au plus subtil de lui-même, qui se construit dans le déploiement de son Nom secret ; celui-ci scintillait déjà d'une première lumière dès le cinquième mois. Du cinquième au sixième mois le Nom grandit dans une part privilégiée de l'enfant. Du sixième au neuvième mois il irradie dans tout son être et s'affirme de telle sorte qu'il rend possible non seulement la naissance, mais le dépassement de la situation d'exil que va connaître l'enfant à son arrivée au monde ; ce dépassement espéré correspondra à une troisième programmation, voire à une quatrième si tout n'est pas bloqué par l'« oubli de Dieu » !

L'humanité tout entière est soumise aux lois de ce processus ; et dans le ventre cosmique qui la nidifie, elle semble entrer, avec la naissance du peuple hébreu, dans son cinquième mois de gestation. Le Christ ouvre le sixième mois. Nous sommes aujourd'hui à la porte du septième[3].

Avant de nous pencher sur ce merveilleux mystère du cinquième mois auquel semble présider le peuple hébreu (comme le *yod* préside au nom de Meḥiyaël), afin de donner un vrai souffle de vie à l'humanité jusque-là exsangue de son Dieu, revenons à Aḇram qui part d'Ur, le pays de son enfance, pour aller jusqu'en Terre promise. Entendons par là que, *dans le collectif*, il prend une distance par rapport à l'infantilisme de la terre d'exil avant de se retourner vers l'orient, avec *Lot*, le « voilé », et que, *dans sa personne* il part pour aller jusqu'au bout de lui-même avec *Saraï*, son 'Ishah, obéissant à l'ordre divin : *Le*k̲ *Le*k̲*a* (va vers toi[4]).

Lot et Saraï sont deux instances essentiellement féminines, représentatives de la Adamah-'Ishah. Même si Lot est *biologiquement* mâle, comme tout Adam il a vocation de fille et d'épouse devant Dieu et il peut n'être que « femelle » par rapport à un homme *ontologiquement* mâle comme c'est le cas ici dans sa relation à Ab̲ram. Sur le plan biologique, Lot, masculin, a une épouse qui deviendra statue de sel[5] ; nous voyons là combien les relations féminin-masculin de notre Tradition s'apparentent au yin-yang de la Tradition chinoise et à celles de toutes les autres Traditions dont le langage se rapprochant de la langue une tend à l'universel.

Ab̲ram avec toute sa famille descend du fils aîné de Noé, *Shem* (le « nom »). Ab̲ram emporte le Nom avec lui dans son patrimoine génétique ; il est choisi pour être racine de l'Arbre du Saint Nom et pour que sa descendance en soit la sève, dans une réelle obéissance à Dieu. Le *yod* est inscrit en lui, dans le nom de Saraï et d'une façon plus « voilée » dans celui de Lot. Ab̲ram est le « fils prodigue » des Evangiles[6] qui revient vers son père et qui voit celui-ci se précipiter au-devant de lui, le serrer dans ses bras et faire préparer le festin de noces !

Ab̲ram allant vers lui-même revient vers son Père et Epoux, à l'orient de son être. Tout se dessine alors sur une fresque grandiose que des mains de femmes vont dresser depuis la terre d'exil où l'avaient couchée et ternie tant de détresses ! Le nom d'Ab̲ram contient celui du « père » *(Ab̲)*, celui du « fils » *(Bar)*, ce dernier étant lui-même enserré dans les bras de la « mère » *(Em)*. Père de son peuple, Ab̲ram assume pour celui-ci et pour lui-même la maternité essentielle dont tout Adam a vocation ontologique ; il engendrera le Fils. Mais au départ, bien que Dieu lui promette de faire de lui une grande nation, la toute première annonce qui nous est faite est que :

« Saraï est stérile ; elle n'a pas enfanté[7]. »

Sous le couvert de sa stérilité biologique, c'est de la stérilité essentielle de Saraï qu'il est ici question, car on peut lire aussi que Saraï est « déracinée », qu'elle est « arrachée » à l'essentiel d'elle-même. Le mot hébreu *'Aqarah* dit tout cela : *'Iqar* est en effet l'« essentiel » et la « racine » ; le verbe *'Aqor* signifie « déraciner » ; *'Eqer* est l'« émigrant », celui qui a quitté sa patrie, qui est déraciné.

Saraï représente vraiment le féminin exilé. Des deux radicales de son nom *Sar*, elle est pourtant « prince », principe même de la vie en A̱bram. Mais ce principe est exilé, le *yod* de son nom bloqué est inopérant. *'Aqarah* porte l'énergie des lettres de la *Raqi'ah* (à l'exception du *yod)*, terme que l'on traduit mal par « étendue » et qui est aussitôt appelée *Shamaïm*, les « cieux »[8]. La stérilité se présente alors comme les cieux, le royaume intérieur, vidés du *yod* : le mot hébreu *Shamaïm* vidé du *yod* est *Shamam* qui signifie « désolé, détruit, inhabité » !... La stérilité est bien l'état de tout être humain qui a oublié Dieu et n'a pu faire le retournement vers l'orient de son être ; il n'est pas revenu vers son Père, donc vers le Fils en lui-même ; le *yod* de son intériorité est au pouvoir du Satan ; son état est une désolation !

Mais ne peut-on penser aussi que cette « stérilité » est « essentielle », qu'il est nécessaire d'en faire l'expérience ? Pour l'être humain stérile en son essentiel — même s'il met au monde beaucoup d'enfants, qui d'ailleurs lui permettent de compenser inconsciemment le vide de son être et d'apaiser sa conscience morale —, peut-être est-il essentiel qu'il vive les conséquences extrêmes de son exil afin qu'il puisse enfin nommer sa stérilité et prendre le chemin de la fécondité ? Le mot *'Aqarah* qui dit « essentiel » et « stérile » joue sur ces différentes acceptions.

La plupart des femmes de la Bible font l'expérience de cette stérilité et beaucoup d'entre elles implorent leur Dieu de les délivrer de cet opprobre en des termes qui révèlent la connaissance secrète qu'elles ont de leur misère réelle, cachée derrière l'apparente cruauté de leur sort.

On comprend alors pourquoi, parlant à Pharaon de Saraï, Abram dit qu'elle est sa sœur : dans l'œuvre ontologique il ne l'a pas épousée[9] ; il insiste plus tard sur cette qualité de son épouse en affirmant à Abimelek :

> « Elle est réellement ma sœur, fille de mon père, mais pas de ma mère[10]. »

Le patriarche confirme ainsi la dimension ontologique du discours dans lequel le mot hébreu *'Aḥot* (« sœur ») est la clef puisqu'il signifie aussi « une » ; il est le féminin de *'Aḥ* (« frère ») mais également celui de *'Ehad* (« un ») — seul Dieu est Un, et seule 'Ishah contient le secret de l'unité de l'Homme car, épousée de lui, elle le rend capable d'être épousé de Dieu. Non épousée, Saraï est sœur d'Abram, mais épousée, elle devient sa secrète unité. Abram sait tout cela. Aussi Abram se retourne-t-il vers Saraï, son 'Ishah, avec amour et émerveillement :

> « Voici, je sais que toi, 'Ishah, tu es belle à voir[11]. »

Et cette précision (« à voir ») entre en résonance avec la qualité du fruit de l'Arbre de la connaissance dont, au chapitre de la Chute, 'Ishah dit qu'il est « désirable à voir ».

Le désir sous-entendu dans le dire d'Abram explique l'attitude qu'il adopte envers Pharaon et Abimelek : l'attrait de son épouse pourrait amener l'un et l'autre à décider de la disparition du patriarche s'ils l'avaient su époux de Saraï ; la déclarant sa sœur, il se protège.

Le désir dont l'archétype est celui qui préside à la relation de Dieu à l'Homme et, en image, à la relation de l'Homme à sa « sœur-épouse » est inséparable de la beauté. La beauté est au cœur du féminin et, comme nous le verrons, au cœur de toute femme. La beauté, *Tipheret*, est au centre de l'Arbre des Séphirot, Arbre qui, dans la Tradition mystique juive, rayonne des mystères divins et recèle l'origine de toute chose. L'unité divine y éclate en dix merveilles qui ne rompent en rien l'Unité et qui de leurs splendeurs vont habiller les mondes créés — j'ai tenté de le montrer au niveau du corps humain qui en est l'image vivante et, en tant que telle, douée de sens[12] :

« Qu'il me baise des baisers de sa bouche,
car tes amours sont plus exquises que le vin.
Tes parfums ont une odeur suave
Ton Nom est une huile ruisselante [...] »

chante la Shulamite du Cantique des Cantiques.

Tipheret est l'alcôve où le Roi appelle sa bien-aimée et jubile en elle ; Il répand sur elle le baiser d'amour divin dont on ne peut que mourir avant d'entrer dans de nouveaux jardins. La bien-aimée affirme la noirceur du soleil qu'elle est :

« Je suis noire mais je suis belle,
Filles de Jérusalem,
comme les tentes de Kédar
comme les pavillons de Salomon. [...] »

Le soleil noir est Tipheret, mais aussi 'Ishah !

Comment ne pas lever la stérilité de celle-là, si belle, qui, en A̱bram, se retourne maintenant vers Lui et le désire, Lui l'Epoux des premiers jours de sa jeunesse ; dès l'aurore de la Création, Il a dressé Son Alliance avec elle, au cœur de Tipheret, et l'Alliance n'a cessé de travailler le cœur d'A̱bram. En lui, le processus d'accomplissement va s'ébaucher, et tout d'abord celui d'une différenciation entre A̱bram, pôle lumière naissante du peuple d'Israël, et Lot, pôle ténèbres.

Fort riches tous deux, ils éprouvent le besoin de se séparer : Ab̲ram s'établit à l'ouest de la « mer de sel » (aujourd'hui mer Morte), Lot à l'est, le principe « sel » faisant frontière entre « accompli » et « non-encore-accompli », comme je l'ai montré au niveau de la cellule dans *Le Symbolisme du corps humain*[13].

Cette différenciation étant opérée, Dieu renouvelle l'Alliance :

> « Tu seras père d'une multitude », réaffirme-t-Il à Ab̲ram qui, âgé de 99 ans, rit à cette folle annonce.
> « On ne t'appellera plus Ab̲ram mais Abraham, confirme YHWH. [...] On n'appellera plus ta femme Saraï, mais Sarah et je te donnerai d'elle un fils [...] Tu le nommeras Ytsḥaq [il rit][14]. »

De son côté Abraham promet d'obéir au rite de la circoncision.

Le rire d'Ab̲ram éclate alors comme éclate la lettre *yod* contenue dans le nom de Saraï. Dieu scinde cette lettre de valeur 10 en deux *hé*, deux « souffles de vie » de valeur 5, chacun — selon le modèle *yod-hé-waw-hé* — allant respectivement habiter les deux nouveaux noms du couple Abraham-Sarah ; et ceux-ci vont s'unir pour donner naissance au *Yod* ! Le souffle de l'Esprit-Saint les transperce et décharge en eux la violence de sa force fécondante.

Le rire d'Ab̲ram éclate parce que éclate en Saraï le sceau du Nom, qui retenait jusque-là figée l'« image » et qui, maintenant, libère la puissance de ressemblance dans la naissance du Fils et sa croissance.

Le rire d'Ab̲ram éclate parce que éclate en lui l'« habit de peau » de la servitude. Image du Verbe de Dieu, il est ébranlé jusqu'aux racines de son être pour devenir Verbe. La stérilité du vieil homme est levée, l'impossible réalité rendue possible ; l'essentielle fécondité s'enracine alors dans la circoncision qui décrit ce changement d'état : la taille du « prépuce »

'Orlah (dont le nom hébreu réunit la « peau », *'Or*, tunique que revêt Adam dans le récit de la Chute, l'« aveuglement », *'Iver*, et le verbe « s'éveiller », *'Our* !) signifie « enlever l'habit de peau », « recouvrer la vue », « mobiliser l'éveil », en un mot : sortir de l'état d'inconscience et d'esclavage du premier âge. L'érection du sexe du circoncis est le symbole de la montée de la lumière ou, plus exactement, de celle du Verbe.

L'Homme procréateur par le sexe va devenir créateur par le Verbe. La circoncision libère en l'Homme sa puissance Verbe, son Nom.

L'Homme est désormais en marche pour engendrer le Fils intérieur. Et lorsque Ytsḥaq-Isaac naît, « fils de la femme libre », il est et l'objectivation du fils intérieur d'Abraham dans la personne propre de celui-ci, et le premier maillon de la chaîne messianique qui s'achève dans le Christ, Fils intérieur, totalement accompli de l'humanité, verbe de l'Homme et Verbe de Dieu.

Si Isaac est le « rire », c'est en Jésus (devenir d'Isaac), en la personne du Christ, que nous avons à déceler le pourquoi de ce rire.

Toute cause est dans le devenir.

Or, en Jésus de Nazareth, le Christ, Fils de Dieu, Dieu Se fait Homme. La divinité totalement transcendante à l'humanité se fait immanente à elle et opère l'impossible union, sans aucune confusion, des deux natures inconciliables. Dans l'inadéquation radicale entre ces deux réalités, dans l'échec de toute pensée pouvant les unir, dans ce « scandale » gît la genèse du rire et, secondairement, de tout rire.

Dans le couple Abraham-Sarah l'incohérence essentielle est symbolisée par l'impossible fécondité des gens âgés : le « vieil homme » selon l'esprit est représenté par le vieil homme selon l'âge.

« Est-ce qu'un enfant peut naître à un homme de cent ans ?

> Est-ce que Sarah qui a quatre-vingt-dix ans peut encore enfanter[15] ? »

demande Abraham encore secoué par son premier rire. Mais plus tard, lorsque, sous l'apparence des trois anges qui au chêne de Mamré viennent visiter Abraham et Sarah, le Seigneur demande à Abraham :

> « Où est Sarah, ton épouse ? [16] »

> Abraham répond :

> « Voici, dans la tente. »

Un jeu de mots lie le Nom d'Elohim à celui de *'Ohel*, la tente. De plus, la tente, chez les Hébreux, est symbole du sanctuaire intérieur lourd du Saint Nom car le Saint Nom ne peut être qu'au cœur d'Elohim. La réponse d'Abraham signifie donc que, cette fois, il est relié à lui-même, au Nom ; il est prêt à assumer son « face-à-face », à épouser son féminin intérieur qu'est Sarah.

Grâce à ce premier rire dont nous avons vu qu'il a redistribué les énergies du *Yod* dans deux souffles fécondants, une cohérence s'est établie en Abraham ; il est dans une justesse intérieure. La cohérence n'est cependant pas encore totale car cette part la plus intime de lui que symbolise Sarah n'est pas encore informée. A l'entrée de la tente, elle écoute ; elle entend l'annonce incroyable et elle rit ! Sarah, à son tour, rit.

Par rapport au premier rire d'Abraham, ce deuxième rire va plus loin :

> « Sarah rit dans son ventre[17] » et dit :
> « Vieille comme je suis, est-ce qu'il y aura encore pour moi de la jouissance [*Eden*] et mon Seigneur est vieux ! »

Ce ventre *(Qereb* en hébreu) où s'implante le rire est la partie la plus secrète de l'être, la plus « proche » (même mot) de la source. Le rire de Sarah distribue l'information jusqu'au plus intime de sa personne, qui est la chair scellée par Dieu en 'Ishah ; il mobilise le noyau du Nom de telle sorte qu'il met en place les énergies du couple dans le sens de l'accomplissement du Nom et d'une autre qualité de jouissance.

La cohérence totale est acquise. La fécondité, qui est en hébreu « ouverture du ventre », est atteinte et Sarah conçoit. Quand elle met au monde *Yitsḥaq*, elle peut réellement dire :

> « Dieu a fait un rire pour moi, et quiconque sera dans l'écoute [de ce mystère du Nom] rira pour moi [18]. »

En profondeur il ne s'agit ni d'une plaisanterie ni d'une moquerie, mais d'un mystère si grand que quiconque l'entendra et entrera dans sa participation sera secoué de ce même rire divin et deviendra fécond, comme Sarah, dans son Nom ! Fondamentalement Israël sera appelé à cette « écoute » : *Shem'a* Israël, écoute le mystère du Nom, celui du Fils, à la source de ton être.

Bien sûr, celui qui « n'écoutera pas » se moquera, car la moquerie est ce même rire lorsqu'il n'est plus reçu à la porte de la tente, dans l'axe du mystère ; la moquerie est un rire dévoyé, sorti de la voie de l'Eden et de toute jouissance ontologique. Tel est le rire d'Ismaël, fils de la servante, au cours du banquet que donne son père pour le sevrage de Yitsḥaq [19]. Mais le verbe *Tsaḥeq* employé là introduit une forme qui joue dans un tout autre sens : celui du rire ordinaire ou de la moquerie, parfois des jeux amoureux. C'est cela qu'entend Sarah dans le rire d'Ismaël. Si Yitsḥaq, fils de la femme libre, est, « il rit » dans le sens le plus sacré du terme (encore qu'il en soit la forme inaccomplie car seul le Christ accomplit le rire), Ismaël, fils de la servante, est dans son rire en discordance totale avec Yitsḥaq. Et Dieu Lui-même vient alors confirmer la décision que prend Sarah de séparer ces deux rires [20], dont il est cependant intéressant de ne pas oublier que le second prend racine dans le premier. C'est parce que l'Homme est image de Dieu qu'il parle, mais aussi qu'il rit.

Ismaël, fils de la servante égyptienne *Hagar*, l'étrangère, est chassé au désert et pleure ! Les larmes ne sont sans doute pas autre chose qu'un rire cassé. L'esclavage fait entrer l'humanité dans les larmes ; la foi, dans le mystère du « Fils », dans le rire essentiel.

Les larmes *(Dem'a* en hébreu) sont littéralement le « sang de l'œil » : elles sont un aspect de l'hémorragie permanente qui épuise l'Homme esclave (car, dans l'état de servitude, le sang coule) ou qui le purifie, car au fond de cet épuisement Dieu est encore là ; Il attend de son épouse perdue dans toutes sortes de prostitutions qu'elle revienne à Lui, seul Epoux.

Au fond de son épuisement, Ismaël est entendu de Dieu ! Son nom signifie cette « écoute divine » ! Sa mère Hagar est à Sarah ce qu'est Ḥawah à 'Ishah ; celle-là, toute biologique, ne connaît pas la stérilité. Mais Dieu a une infinie compassion pour elle. Dieu entend et regarde l'Homme esclave (Il a « regardé » l'offrande d'Habel[21]) mais Il demande à l'Homme libre de nourrir sa liberté de son écoute et de son regard vers Lui.

J'ai exprimé tout au long de mes écrits comment je ressentais au fond de mes propres entrailles l'écho de ce rire : lorsqu'il étreint Miryam, sœur de Moïse, à la sortie d'Egypte et qu'elle le fait déferler sur son tambourin entraînant toutes ses sœurs dans une ronde festiale[22] ; lorsqu'il s'envole dans le cantique d'Anne la stérile, devenue par la grâce de Dieu mère de Samuel[23] ; lorsque enfin il jaillit de Marie, la toute pure, en son Magnificat[24] ! Quelle femme devenue mère ne connaît au moins le rire d'Ismaël en icône de celui-là ?

Si le couple Abraham-Sarah devient fécond, qu'en est-il de celui que forme le premier patriarche d'Israël avec son féminin « voilé » que Lot symbolise dans le collectif ? A la limite de son territoire, Lot se tient assis à la porte de Sodome, ville de l'espace inaccompli d'Israël, ville de ténèbres donc, lorsque arrivent auprès de lui deux des anges qui étaient venus annoncer à Sarah sa prochaine fécondité, planter le rire en son ventre et recevoir d'elle celui de son émoi. Ils viennent maintenant faire reculer le « voilé », placer plus loin le voile et faire de ces ténèbres conquises une lumière plus grande. Lot est prié par eux de gravir au plus vite une montagne dont il n'a cependant pas la force d'atteindre le sommet. Il s'arrête à mi-chemin ; mais lorsque son épouse regarde en arrière l'étendue embrasée de la plaine qu'ils ont quittée, elle devient une colonne de sel ! Nouvelle frontière que ce sel de la Sagesse divine qui accomplit Israël et l'accomplira dans la suite de l'Histoire jusqu'au sommet de la montagne, mais dans une succession de guerres douloureuses entre le peuple saint et les descendants de Lot.

Les descendants de Lot naissent d'un inceste inversé par rapport aux épousailles ontologiques de l'humanité avec son Dieu. Les filles de Lot se retrouvent seules avec leur père, tous les hommes ayant péri dans le déluge de feu qui venait de détruire les villes de ténèbres ; elles l'enivrent d'une ivresse opposée à celle de Noé, et couchent avec lui. Elles donnent naissance à *Mo'aḇ*, « celui qui vient du père », et à *Ben-'Ami*, « fils de mon peuple ». Ces deux enfants deviendront respectivement pères des Moabites et des Ammonites, « ennemis » d'Israël. L'accomplissement devra se poursuivre avec eux.

C'est en effet une purification par le feu que vit l'Homme lorsqu'il épouse son 'Ishah, qu'elle soit 'Ishah personnelle ou d'ordre collectif. Le feu est la matière transformante de cette matrice du cœur ; il est le feu de l'amour de l'époux et de l'épouse, mais aussi celui de l'amour divin qui jaillit alors des eaux d'en haut en un torrent de braises fécondantes car le Père-Epoux *se souvient* de sa fille.

Avec Sarah aussi l'accomplissement personnel d'Abraham devra se poursuivre. Abraham devra pénétrer son épouse jusque dans ses plus grandes profondeurs. *Leḵ Leḵa* (va vers toi), lui avait ordonné Dieu une première fois, et Abram avait quitté. « Va vers toi », lui est-il une seconde fois demandé, et l'ordre est terrifiant :

> « Prends ton fils, ton unique, celui que tu chéris, Isaac, et va vers toi au pays de Moriah où tu l'offriras en holocauste sur une des montagnes que je t'indiquerai[25]. »

Le mont Moriah est symboliquement la montagne qu'au-dedans de lui Abraham doit gravir. S'arrêtera-t-il en chemin ? Non, il obéit alors à l'ordre le plus fou eu égard à la tendresse qu'il porte à l'enfant et à la promesse que Dieu avait prononcée sur lui (« Il sera père d'une grande nation »). Acceptant l'inacceptable, mourant à lui-même, à l'homme qu'il était jusque-là, Abraham gravit la montagne de Moriah en même temps qu'il est précipité au plus profond, au plus archaïque de lui-même, dans les enfers brûlants de son 'Ishah où il est consumé.

Là naît un fils nouveau. Le *Yod* intérieur qui était rendu à la vie est maintenant libéré. Isaac lié pour le sacrifice est alors délié.

L'enfant vit de ce que les parents acceptent de mourir[26]. C'est ce qu'affirmera plus radicalement encore la dixième plaie d'Egypte au moment de la Pâque.

La lutte est immense. Sarah en est le champ de bataille pour Abraham. « Lutter » est dans son nom *Saroh.* En son nouveau nom de Sarah, l'épouse d'Abraham est devenue « princesse », mais elle est aussi espace de conquête de la « terre promise », celle de son Nom, son principe et son devenir. A l'issue victorieuse de cette lutte Sarah meurt. Pour la Tradition juive, la mort de Sarah est due à l'insupportable épreuve de la *'Aqedah*, la « ligature » de son fils. Cela est sans doute vrai de Sarah-Ḥawah, mais de Sarah-'Ishah il ne peut être parlé sur le même registre. Sarah meurt dans l'effacement du féminin d'Abraham totalement conquis ; elle meurt à *Qiriat 'Areb'a*, la « ville du quatre », celle du quaternaire totalement assumé. Le quaternaire est une nouvelle image du « tout autre que Dieu », une image du Créé, donc féminine. Dieu Incréé est Un en trois Personnes. Au sein de la divine Trinité, le Fils, dans son mystère, se fait « porte » du Créé : *Daleth*, la « porte », symbolise ce « quatre » qui ouvre au « tout autre » en tant que celui-ci est un potentiel divin infini ; on ne peut contempler ce « tout autre », lorsqu'il s'accomplit, que dans la ressemblance à Dieu où il devient à son tour « porte ». Le Christ dit de lui-même : « Je suis la Porte[27]. » L'être qui s'accomplit devient Christ ; il n'est donc plus « tout autre ». La « ville du quatre » est celle du féminin qui a réalisé le Un dans le Fils. Sarah a donné naissance à Isaac ; Abraham a déligoté Isaac ; Sarah n'est plus. Dans sa personne Abraham est allé jusqu'au bout de lui-même.

2. Ribeqah

« Le vieil Abraham était avancé en âge [...]. Il dit au plus ancien serviteur de sa maison [...] : Mets ta main sous ma cuisse, je veux te faire jurer par le Seigneur YHWH, Dieu du ciel et Dieu de la terre, de ne pas choisir pour mon fils une femme parmi les filles des Cananéens au milieu desquels je demeure ; mais d'aller dans mon pays, dans ma parenté, choisir une femme pour mon fils Isaac[28]. »

Alors le serviteur met sa main sous la cuisse d'Abraham et fait le serment que son maître demandait.

Si Abraham a quitté le pays de son enfance avec Saraï son épouse et Lot, c'est un serviteur qu'il charge de retourner dans ce même sein maternel et d'y choisir une épouse — un féminin des mêmes ténèbres — pour son fils Isaac ; en même temps que la personne d'Isaac, c'est le « peuple nombreux » qui va sortir de ses reins, que ce mariage doit construire.

Les serviteurs bibliques ont une fonction angélique, comme en archétypes les anges sont serviteurs ; ils sont serviteurs de ceux qui, tel Abraham, se sont retournés vers leur orient, assumant la plaine de Shinéar tout en se libérant du caractère absolu des lois qui la régissent. Ceux qui restent prisonniers du labyrinthe de l'exil font appel à l'armée, à la police, aux multiples services d'assurances et de sécurités nécessairement constitués pour sauvegarder leur vie.

Mais lorsque l'Homme se retourne vers sa Adamah'Ishah et retrouve ses normes ontologiques, il en reconnaît les lois et tout particulièrement les mondes angéliques porteurs de ces lois et protecteurs de ceux qui les honorent.

Pour celui-là, le chemin dans lequel il s'engage est d'une exigence redoutable ; sa vie sera jalonnée de rencontres avec l'ange noir, l'Adversaire, qu'il devra combattre pour aller jusqu'au bout de lui-même. Mais l'ayant dominé, cet Homme sera aussitôt entouré d'anges pour le servir. Telle est la Loi[29].

Les anges sont des énergies divines créées ; ils portent les lois incontournables du Créé, afférentes aux différents niveaux du réel auxquels ils transmettent la lumière incréée et sa toute beauté ; l'Homme y accède à mesure qu'il conquiert ses propres espaces intérieurs. A la fois implacables dans leur rigueur et infiniment miséricordieux, les anges, dans les neuf hiérarchies qui conduisent l'Homme à Dieu, sont des serviteurs ; ils contemplent et, par myriades, chantent la louange divine qu'à leur mesure psalmodient les arbres et les plantes, dont vibrent les pierres, que souffle le vent, dont scintillent les étoiles, que dansent les animaux et dont la terre tout entière frémit ; les anges accompagnent celui qui accompagne tous ceux-là à leur liturgie cosmique.

Tel est Abraham parce qu'il a tout quitté pour obéir au « Va vers toi » divin, parce qu'il a gravi la montagne de Moriah lorsque l'ordre lui en a été redonné. Alors les anges sont près de lui et le servent ; il en a une connaissance si intime qu'il l'affirme à son serviteur :

> « Le Seigneur enverra son ange devant toi, et de là-bas tu prendras une femme pour mon fils[30]. »

Il semble que le serviteur et l'ange ne fassent qu'un, comme ils ne feront qu'un dans l'histoire de Tobie que nous rencontrerons plus loin.

L'ange serviteur prendra « de là-bas » une femme pour Isaac. Mais ce lieu, *Misham*, peut aussi être lu *Mishem* et traduit par « du Nom » : à partir du Saint Nom scellé dans les profondeurs du féminin maternel d'où lui-même est sorti avec Lot et Saraï, Abraham fait quérir l'épouse de son fils, celle qui verticalisera Isaac et le peuple d'Israël, comme Sarah l'a fait pour lui-même.

L'ange serviteur part avec dix chameaux, nombre qui n'est pas étranger à la sainteté de l'œuvre, non moins que les chameaux eux-mêmes, animaux du désert que l'on retrouvera dans les Evangiles avec Jean Baptiste et avec les mages, tous quatre s'avançant vers Jésus, Fils de l'Homme et Fils de Dieu. Le serviteur ne s'avance-t-il pas vers celle qui va forger le deuxième maillon de la chaîne messianique ? La personne d'Isaac, si liée dans la triade fondatrice d'Israël à celle du Fils de l'archétype trinitaire divin, n'est pas étrangère non plus à cette fonction de serviteur que le Christ assume dans son Incarnation, sa Mort et sa Résurrection. *Ribeqah*, l'épouse qui va être donnée au deuxième patriarche d'Israël, confirmera cette mystérieuse vocation.

L'ange serviteur emporte avec lui les objets précieux qu'il devra remettre à l'épouse et à sa famille. Il arrive en Mésopotamie et fait agenouiller les chameaux près d'un puits ; une bénédiction est dans ce geste *(Barok* signifie « bénir » ou « s'agenouiller »).

> « C'est le soir, à l'heure où les femmes vont puiser l'eau[31]. »

Le soir, l'eau et la femme ne sont qu'une seule gerbe du mystère féminin que l'ange serviteur tient en main dans une étreinte si serrée qu'elle est pour lui indice certain du lieu et du temps de sa quête.

Riḇeqah se présente, sa cruche sur l'épaule. La jeune fille est d'une exceptionnelle beauté (« belle à voir » fait encore ici écho à la qualité de Sarah et à celle du fruit de l'Arbre de la connaissance que promet la femme lorsqu'elle est épousée du véritable Epoux). Le serviteur la reconnaît comme étant celle qu'attend son maître ; il lui remet un anneau et deux bracelets d'or puis s'incline, se prosterne même devant le Seigneur qui lui a fait réussir son voyage. Une immense gratitude soulève son cœur. Avec la promptitude qui caractérisera plus tard Marie, dans son engagement total à la volonté divine, Riḇeqah quitte son père et sa mère pour suivre elle aussi l'ange... Mais avec elle part sa nourrice *Deḇorah*.

Riḇeqah et Deḇorah ne vont plus faire qu'un, à l'image du serviteur et de l'ange. Leurs personnes sont symboliquement si confondues que, si la vie de Riḇeqah nous est contée et qu'un silence total recouvre sa mort, la mort de Deḇorah nous est dite comme si elle seule comptait, survenant même à un moment fort semblable à celui qui présidait à la mort de Sarah (je préciserai les circonstances de cet événement plus loin). Dans l'immédiat nous ne pouvons que nous émerveiller de ce que Riḇeqah soit liée à sa servante au point que la qualité de servante puisse lui être attachée comme celle de serviteur l'est à Isaac. Riḇeqah révèle cependant avec plus d'excellence encore la grandeur du service : par son nom hébreu *Riḇeqah*, elle est la « crèche », la « mangeoire » ; elle est matrice nourricière, et la nourriture qu'elle donne nous est révélée par le nom de la nourrice : *Deḇorah*, féminin de *Daḇar*, est la « Parole en potentiel ».

Isaac-Riḇeqah sont prémices du Verbe qui naîtra dans une crèche et qui se fera serviteur jusqu'à donner Sa vie, Lui, « l'agneau de Dieu » (celui qu'Isaac cherchait au moment de la *'Aqedah* en disant, voyant le feu et le couteau : « Père, où est l'agneau ? »). Le Christ-agneau immolé se donnera en nourriture :

« Prenez, mangez [...]
Prenez, buvez-en tous
Ceci est ma chair, ceci est mon sang [...]
Celui qui mangera et boira aura la vie éternelle[32] ! »

La nourriture est fondamentale. L'Homme est un « mangeant » parce qu'il est un « mutant »[33]. Si son esprit ne se nourrit de Dieu, il ne pourra transformer l'âme animale en âme spirituelle et l'âme animale se retournera vers le corps qu'elle épuisera. Les lois sont implacables et l'enchaînement des conséquences de tout acte qui ne ressortit pas au registre ontologique ne peut être rompu que par le retournement de l'Homme et par son adéquation à ce registre ; les trois patriarches d'Israël, dans leur fécondité reconquise avec leur 'Ishah des profondeurs, vivent ce retournement ; ils deviennent terre nourricière.

Si Ri<u>b</u>eqah est la « mangeoire », elle est aussi les « entrailles », voire le « sein » ; les trois radicales de son nom forment le mot *Qere<u>b</u>*, le « ventre », la partie la plus enfouie, la plus secrète de l'être. Tout est secret, sacré en Ri<u>b</u>eqah. Et lorsqu'un autre soir, cheminant vers Isaac avec l'ange serviteur, elle se sait vue de loin de celui qui va devenir son époux, elle descend du chameau qu'elle montait et se voile le visage.

Isaac la reçoit dans la *tente* de Sarah, sa mère. Ri<u>b</u>eqah continue Sarah et Lot, le « voilé ». Isaac « épouse sa mère » en cette même matrice qui construit le Fils de l'Homme. Un tendre amour l'unit à Ri<u>b</u>eqah.

Ri<u>b</u>eqah dans sa grande beauté n'échappe pas non plus à la stérilité. Mais « Isaac implore le Seigneur qui l'exauce et elle devient enceinte ; deux fils se heurtent en son sein[34] ».

La similitude est encore grande avec le Christ dont les deux natures, l'une humaine, l'autre divine, transcendantes l'une à l'autre, s'épousent en Lui. En Lui, Dieu se fait Serviteur de l'Homme pour que l'Homme devienne Dieu. En Ri<u>b</u>eqah, sein d'Isaac, deux fils témoignent de cette incompatibilité. A leur naissance, leur différence se précise.

Esaü, l'aîné, est l'Homme animal de l'exil ; il est roux, recouvert de poils comme les animaux et aimera plus tard parcourir les forêts pour chasser l'animal ; son père Isaac l'aime comme YHWH aime Habel, le méprisé, et pose son regard sur lui et sur son offrande (comme Dieu aime aussi Ismaël et tend son écoute vers les pleurs de l'enfant abandonné au désert). Mais Riḇeqah aime *Ya'aqob*-Jaqob, le cadet qui, à sa naissance, tient en sa main le talon de son frère. Riḇeqah, souveraine de l'intériorité d'Isaac, reconnaît en Jaqob l'Homme ontologique, celui qui est rejeté loin de l'aîné, à l'orient de l'être et sans aucun pouvoir de croissance s'il ne reprend valeur d'aîné, s'il ne devient maître des énergies potentielles du couple que forment en tout être incarné le moi-ego de l'exil et le JE SUIS ontologique de l'orient.

Jaqob dérobera l'héritage d'Esaü mais dès sa naissance, il saisit de sa main le talon de son frère. Ce talon, *'Aqeḇ*, qui forme le nom de Jaqob, contient symboliquement cet héritage, c'est-à-dire le potentiel d'Israël qui permettra la montée messianique. On comprend combien Riḇeqah aime ce fils ligoté lui aussi au plus profond de ses entrailles et voué à la mort s'il n'est nourri de l'héritage ancestral. Il ne peut être question que ce trésor soit laissé à Esaü dont le talon blessé par la situation d'exil (voir la blessure au talon de 'Ishah : Gen., 3,15) laisse s'écouler la poussière des biens potentiels et se constituer l'essentielle stérilité. Jaqob fait immédiatement ligature de l'hémorragie et plus tard, par ruse, prendra en main l'héritage.

Lorsqu'il le prend, il suscite la fureur d'Esaü qui « mijotera sa vengeance » comme Jaqob « mijote le roux », le plat cuisiné préféré de son frère dont il fait l'échange contre le droit d'aînesse. Mais bientôt une autre ruse ourdie cette fois par Riḇeqah amène Jaqob à confirmer ce droit et à acquérir le pouvoir d'en user en allant recevoir de son père Isaac la bénédiction due à l'aîné ; à ce moment la fureur d'Esaü se change en haine. Esaü décide de tuer Jaqob.

Riḇeqah est capable de ruse. Les femmes de la Bible, nous le verrons, feront preuve d'un génie tout particulier pour cet art ; car il s'agit d'un art, d'un « art de guerre », d'un savoir-faire si important qu'il sera loué par le Christ qui regrettera que :

> « Les gens de ce siècle soient plus rusés que ne le sont les enfants de lumière[35]. »

La ruse est d'essence féminine. Cette finesse joue ici dans la connaissance qu'a Riḇeqah, 'Ishah d'Isaac, des secrets d'Israël et de ceux de l'intériorité de son époux. Elle perçoit ces choses de l'au-dedans, mais aussi celles de l'au-dehors car elle apprend les sentiments d'Esaü et sa décision de tuer Jaqob dès que leur père déjà vieux ne sera plus. Riḇeqah sait que Jaqob n'est pas encore capable d'assumer la rencontre avec la haine et la mort dans les catégories ontologiques ; dans les rapports de force propres au monde de l'exil, il n'a aucun pouvoir. Aussi Riḇeqah invite-t-elle son fils à fuir et, autre puissant savoir-faire, à aller se réfugier chez Laban, son propre frère.

Autre ruse en effet, car ce voyage sera la réplique du voyage de l'ange serviteur en Mésopotamie pour aller chercher une épouse, et cette fois-ci une épouse pour Jaqob. Verticalisé par elle et dans cette seule qualité, Jaqob sera capable de se mesurer à son frère et donc de s'accomplir totalement ; car nul ne peut fuir l'épreuve si ce n'est pour aller chercher la force nécessaire à la rencontre incontournable avec elle, qu'exige la loi ontologique.

Riḇeqah, 'Ishah d'Isaac, ne vit en profondeur que pour accomplir Isaac et faire croître Jaqob, leur fils ontologique, jusqu'à ce que, assumant ses face-à-face, Jaqob atteigne à la totalité de lui-même. De même que Sarah meurt après avoir tout donné de sa richesse féminine pour permettre la libération et l'accomplissement d'Isaac, de même Riḇeqah, mère nourricière, disparaît après avoir sauvé Jaqob et lui avoir permis d'acquérir la force ontologique nécessaire à la victoire sur son frère.

« A ce moment meurt Deḇorah la nourrice de Riḇeqah[36]. »

Par cette confusion apparente des deux femmes, l'auteur de la Torah surprend notre logique, mais n'est-ce pas pour nous inviter à pénétrer celle d'une plus grande profondeur ? En celle-là je vois Deḇorah mourir de ce que Jaqob est devenu *Daḇar*, Verbe. Jaqob est alors confirmé par Dieu dans son nouveau nom d'Israël.

3. Léah, Zilpah, Bilah et Raḥel

Un quaternaire féminin se présente d'emblée à nous lorsque le troisième patriarche d'Israël, Jaqob, « se retourne vers sa Adamah-'Ishah ».

Le quaternaire, en tant que totalité féminine, représente « la mise en ordre d'une multiplicité chaotique[37] » dit Jung. La multiplicité est la « poussière » dont est constituée la Adamah, et la poussière, *'Aphar*, a puissance de fécondité, comme je l'ai dit plus haut[38], puissance d'unité. Abraham, dans sa personne, avait assumé cette mise en ordre, et Sarah était décédée, nous nous en souvenons, à *Qiriat 'Areb'a*, la « ville du quatre ». Mais dans le collectif, c'est l'histoire du peuple d'Israël puis celle de toutes les nations qui forgeront cet ordre.

Jaqob, troisième patriarche, est image de la troisième Personne de la divine Trinité, l'Esprit-Saint de Dieu qui, dans un souffle universel, fait exploser toute installation stérilisante de l'Adam afin de le conduire à travers ses mariages intérieurs jusqu'à sa réalisation totale, que cet Adam soit une personne, un collectif (Israël par exemple) ou l'humanité. Fidèle à son modèle, Jaqob a déjà usé des ruses que nous lui connaissons, et de bien d'autres encore non relatées en ces pages, pour prendre en main le devenir d'Israël, voire celui de l'Adam total ; il va poursuivre son œuvre et assumer symboliquement le quaternaire universel. Pour cela, il s'unit à quatre femmes, ses deux épouses Léah et Raḥel (Rachel) ainsi que leurs servantes Zilpah et Bilah. Par elles quatre, il met au monde les douze tribus d'Israël dont la vocation, dans cette perspective, ne peut qu'obéir à une loi de nécessaire expansion au cœur de toutes les nations.

Jaqob est envoyé par sa mère Ribeqah dans le pays d'où Sarah et elle-même sont issues, pour fuir, comme nous l'avons vu, la haine d'Esaü, mais aussi pour s'éloigner des femmes hittites qu'Esaü avait prises pour épouses « et qui étaient un sujet d'amertume pour Isaac et Ribeqah [39] ». Nous avons même soupçonné Ribeqah d'avoir dirigé son fils vers les femmes de sa parenté pour choisir là, dans cette matrice-ténèbres d'Israël, l'épouse capable d'être pour lui une 'Ishah en même temps qu'une Ḥawah. Dans ce même but, Isaac déjà vieux et aveugle — de la cécité de ceux qui prennent le chemin de leurs épousailles pour atteindre à la lumière — bénit son fils Jaqob devenu lourd de l'héritage sacré d'Israël.

Jaqob part seul ; l'ange serviteur, cette fois, n'a pas préparé la voie, mais, invisible, il est aux côtés de celui qui « quitte son père et sa mère pour s'attacher à son épouse et faire avec elle une chair une [40] ».

Cette loi ontologique ramenée aux catégories existentielles banalisantes ne fait pas le poids dans les bagages du patriarche. Celui-ci va vers ses épousailles ontologiques. Sous le symbole de ses mariages historiques, il part chercher sa *sœur* et faire la conquête de son *unité*, la conquête du quatre qui sera le *un*, capable alors de se présenter à la divine porte du *Un* qui est Trois.

C'est une nuit de l'âme en laquelle plonge Jaqob lorsque le soleil se couche à la fin de sa première journée de marche, au pays de *Luz*, l'« amandier » ; là il s'endort et descend en lui-même, en son féminin dont, comme Adam, dans l'émerveillement de l'extase, il découvre le cœur, en son orient. De lui-même à cet orient où se tient YHWH, une échelle est dressée, le long de laquelle montent et descendent les anges. YHWH se révèle à lui comme étant le Dieu d'Abraham, son père, et le Dieu d'Isaac qui renouvelle sa promesse d'immense fécondité[41].

Jaqob est ici dans sa personne, mais aussi dans le collectif-Israël pour que « son père » soit désigné en Abraham. L'expérience du patriarche rejoue celle d'Adam ; elle met l'Homme en contact avec YHWH-JE SUIS de son être et de l'être Israël, dans la lumière qui seule permet l'affrontement qui va suivre, avec les ténèbres du féminin. Jaqob ira vers ses ténèbres comme Moïse retournera plus tard en Egypte, après l'expérience du Buisson ardent[42] et comme, au niveau archétypiel, Jésus ne descendra dans les enfers du Golgotha qu'après sa Transfiguration[43].

Nul ne peut descendre dans les ténèbres, pénétrer sa mère-Adamah pour renaître d'elle — comme Jésus y invitera Nicodème[44] — qui n'ait auparavant vu la lumière. Tous les héros des mythes de l'humanité iront cueillir, qui les pommes d'or du jardin des Hespérides, qui le rameau d'or de l'Arbre sacré, qui un autre éclat céleste, avant de descendre aux enfers. Enveloppé de lumière, Jaqob poursuit son chemin « vers le pays des fils de l'orient ». Israël tourne radicalement le dos à la plaine de Shinéar qu'il doit cependant traverser ; il doit rencontrer ses troupeaux de l'âme et ceux du monde, dont les animaux qui viendront à lui seront l'objectivation (animaux, hommes-animaux comme Esaü le sera pour Jaqob, événements adverses et parfois monstrueux qui tous constituent sa Adamah-'Ishah). Il doit aller vers son devenir Verbe, vers la croissance du Fils de l'Homme qu'Israël, en ce cinquième mois de gestation cosmique, a en charge et auquel, en Marie, il atteindra pleinement.

Arrivé en Mésopotamie, Jaqob s'arrête près d'un puits où sont couchés trois troupeaux de moutons ; il s'adresse à leurs bergers et leur demande s'ils connaissent Laban (le frère de sa mère).

> « Oui, lui répondent-ils, voici venir justement sa fille Rachel avec le troupeau ! »

Jaqob reprend :

> « Il est encore grand jour ; ce n'est pas l'heure de rassembler les bêtes. Abreuvez les moutons et retournez les faire paître. »
> « Nous ne le pouvons pas, répondent-ils, avant que tous ceux qui sont dans la clôture soient réunis. On roule alors la pierre de dessus l'orifice du puits et nous abreuvons les troupeaux. »

Sur ce, Rachel survient avec le troupeau de son père près du puits, comme Ribeqah était arrivée, la cruche sur l'épaule, auprès de ce même puits sans doute, devant l'ange serviteur.

> « Dès que Jaqob voit Rachel [...] il s'approche d'elle, roule la pierre de dessus l'orifice du puits et abreuve les moutons de Laban. Puis il embrasse Rachel et se met à pleurer[45]. »

Jaqob est bouleversé. Quelques versets plus loin nous saurons que Rachel est d'une exceptionnelle beauté et que, dans le miroir qu'est devenu Jaqob à sa splendeur, Laban découvrira qu'elle est « os des os de cet homme, et chair de sa chair », son 'Ishah.

Jaqob avait vu le Saint Nom, il avait connu l'extase d'une Transfiguration : Rachel en est soudain la réalité ; elle fait déferler en torrent dans ses entrailles la danse fabuleuse des anges qui parcouraient l'échelle de haut en bas et de bas en haut, lorsqu'à Luz il s'endormit. L'instant prend dimension d'éternité ; il n'attend pas le soir, il n'attend pas que « tous ceux qui sont dans la clôture » soient réunis ; il roule la pierre de dessus le puits et abreuve, avec les moutons de Laban, les mille chevaux retenus de son désir ! Il est l'Eros et Rachel en est la toute-puissance !

Rachel est « si belle de tournure et si belle de visage » que se dessine sur les lèvres de l'amoureux le chant du Bien-Aimé du Cantique des Cantiques :

> « Lève-toi, mon amie ; viens-t'en ma belle, ma colombe, ma parfaite [...] Que tes pieds sont gracieux [...] la rondeur de tes hanches ressemble à un collier [...] Ton giron est une coupe ronde pleine de vin parfumé, ton ventre est un mont de froment entouré de lis, tes deux seins sont comme deux faons, jumeaux d'une gazelle, ton cou est une tour d'ivoire, tes yeux sont les fontaines d'Hesbon [...] ton nez, comme la tour du Liban [...]
> Ta tête est sur toi comme le Carmel
> Ta chevelure flotte comme la pourpre
> Le roi est enchaîné dans ses boucles [...] [46] »

Enchaîné est Jaqob dans ces lacets de beauté et d'amour qui ouvrent au soleil divin de son cœur ; tel Tipheret [47] rassemblant sons, couleurs et parfums dans leurs rythmes divers et les exhalant dans l'unité parfaite de leur rencontre, tel le moyeu d'une roue enserrant tous ses rayons, tel le centre de la rose où repose le secret, tel est le cœur de Rachel. Jaqob quête le secret, mais il est encore loin d'être unifié : c'est une passion tout humaine qui s'engouffre en lui, non purifiée. Il demande Rachel en mariage ; il servira sept années Laban, son futur beau-père, pour l'obtenir, « sept années qui lui semblent des jours tant il aime Rachel » ; il devient « laboureur de la terre », homme du septième jour.

Au bout de ce temps « Laban réunit tous les gens de l'endroit et fait un festin » pour les noces. Le soir, il prend sa fille aînée, Léah, et la fait entrer dans la couche de Jaqob. « Léah a les yeux malades », elle manque de beauté, mais « il n'est pas d'usage de marier la cadette avant l'aînée », dit

Laban. Et Jaqob, trop pris de vin autant que d'amour ce soir-là, croit s'unir à Rachel en étreignant Léah !

La ruse de Laban à l'égard de Jaqob répond à la ruse de Jaqob à l'égard d'Esaü pour lui prendre le droit d'aînesse. Au niveau existentiel peut-être cela est-il de bonne guerre ! Mais sur le plan ontologique où se situe le message biblique, entendons bien que dans les deux cas la ruse est divine : de même que Jaqob devait prendre en main l'héritage, de même il doit aujourd'hui en user avec justesse et, dans cette perspective, son féminin malade, presque aveugle et sans aucune beauté, lourd d'une jungle inconnue et dispersée, doit être épousé avant celle qui, dans la splendeur de sa « terre promise », détient le secret de son Nom. Ses troupeaux de l'âme, loin d'avoir tous été rassemblés autour du puits, ne lui font pas face ; Jaqob ne peut abreuver les troupeaux de Rachel avant d'avoir réuni ceux de Léah ; le soir n'est pas encore venu qui permettrait d'ôter la pierre de dessus l'ouverture du puits, et de procéder aux épousailles intérieures pour qu'un jour nouveau naisse et que les yeux voient !

Léah, c'est toute la plaine de Shinéar qu'il faut traverser avant d'atteindre l'orient en Rachel. Le nom hébreu de *Léah* est celui de la « fatigue », du « dépit » et de la « lassitude », car tel est l'état de celui qui chemine dans les ténèbres de l'inconscience. Mais les ténèbres en tant que source de lumière sont aussi la réserve d'énergies du féminin de Jaqob, et Léah est un potentiel sans la réalisation duquel Rachel ne serait pas ! Elle est d'une surabondante générosité qui s'exprime dans les six fils (plus une fille) qui naissent d'elle comme six étapes de circonvolutions incontournables et purificatrices, bien que labyrinthiques ; mais le labyrinthe doit être parcouru avant de parvenir en son centre.

Epouser Rachel avant Léah aurait été reconduire le mythe de l'exil et manger de l'Arbre de la connaissance avant d'en avoir fait croître la sève et d'être devenu son fruit. Jaqob avait pris le chemin de l'orient mais n'en connaissait pas les lois.

Laban, le « blanchisseur », selon le sens de son nom, ou encore « celui qui a pour but la construction du Fils », connaît les lois de son « métier » et c'est Léah qu'il place dans le lit nuptial ! Pour Jaqob, le séisme d'un septième jour est là.

> « Que m'as-tu fait ? s'écrie-t-il en s'adressant à Laban.
> Pourquoi m'as-tu trompé ? »

Laban promet alors de donner Rachel en mariage à Jaqob mais après qu'il l'aura encore servi sept autres années !

« Travailleur de la Adamah », Jaqob le devient rudement, « à la sueur de ses narines » tant qu'il est dans la terre douloureuse de Shinéar, mais s'en libérant de plus en plus et jouant de nouvelles ruses à mesure qu'il s'approche des terres de Rachel.

Cependant, on en devine maintenant la cause, Rachel est stérile, alors que Léah est tout de suite féconde ; mais après avoir mis au monde quatre fils, cette première source de fécondité semble tarie. De son côté Rachel, si douloureuse de sa stérilité, envoie vers son époux sa servante Bilah afin que celle-ci ait à sa place des enfants. Bilah lui donne deux fils. Stérile à son tour, Léah fait venir sa servante Zilpah auprès de Jaqob et Zilpah elle aussi met au monde deux fils. Et puis voici que :

> « Un jour, à l'époque de la moisson, Ruben, premier-né de Léah, sort dans les blés et y trouve des mandragores qu'il rapporte à sa mère.
> Rachel dit à Léah : donne-moi s'il te plaît les mandragores de ton fils.
> Léah répond : n'est-ce pas assez d'avoir pris mon mari que tu prennes encore les mandragores de mon fils ?
> Eh bien, reprend Rachel, en échange des mandragores de ton fils, je te le laisse pour cette nuit !... »

Troc étrange, mais dont le sens profond va apparaître. De

cette union, Léah met encore au monde deux fils ; par la suite elle enfantera une fille, Dinah. De son côté, Rachel a su reconnaître l'« être » des mandragores, le Verbe derrière cette « chose » ; elle n'a pas hésité à laisser aller son époux vers Léah pour préparer dans le renoncement à sa présence l'accueil à la Présence de Celui dont la Miséricorde en Tiphe-ret va faire œuvre mâle en elle ; l'Eros purifié la rend prête à la Visite divine.

Doudaïm, les mandragores, sont apportées par le premier fils d'Israël, *Ruben*, « principe du Fils » ; elles sont littérale-ment les « amours d'Elohim ». Dans l'étreinte secrète d'Elo-him, Rachel est toute beauté ; elle est la bien-aimée en qui, au niveau du cœur, « le Roi enchaîné » s'abîme et jubile. Le temps du soir est enfin venu, où tous les troupeaux sont réunis autour de la « source close », de la « fontaine scel-lée »[48]. Et le Roi lui-même ôte maintenant la pierre du cœur de son épouse ; Il lève sa stérilité ; l'être entier de Rachel s'extasie et devient fécond.

> « Alors Dieu se souvient de Rachel, Il l'entend et ouvre ses entrailles[49]. »

Ses « entrailles » : non plus *Qereḇ* comme chez Sarah, mais *Raḥemah*, sa « matrice » en même temps que sa « miséricor-de », sa « tendresse ». Peut-on penser que, blessée, Rachel avait jusque-là fermé son cœur ? Ou bien est-ce la tendresse divine elle-même qui soudain pénètre Rachel ? Le texte est ambigu, car si « Dieu *se souvient* de Rachel », ne fait-il pas « œuvre mâle » en elle ? YHWH *a visité* Sarah lors de la levée de sa stérilité, mais ici, « Elohim *se souvient* de Rachel », comme YHWH *se souviendra* d'Anne qui alors enfantera Samuel[50]. Ces mots ont une puissance dont nous sommes loin de découvrir ici la plénitude signifiante. Approchons à pas tremblants le mystère de leur présence et laissons-nous pénétrer du bouleversement qui s'opère en Rachel, *Raḥel*, la « brebis », dont le sein devient puits de miséricorde.

Jaqob peut revenir vers celle qui l'a captivé ; il peut « cueillir sa myrrhe et son baume, manger son rayon de miel, boire son lait et s'enivrer » d'un autre vin que celui de la confusion de naguère, car il pénètre le jardin de délices, là où « les mandragores embaument avec les fruits les plus exquis [...] [51] ». Il peut aimer d'un amour d'homme celle que la grâce divine a embrasée pour l'ouvrir, en ombre portée peut-être, mais irradiante, jusqu'à lui.

Du sein de la tendre « brebis » naissent Joseph et plus tard Benjamin, hommes de miséricorde. Joseph tout particulièrement : vendu par ses frères à des marchands égyptiens, il leur pardonnera leur ignominie et deviendra leur maître en Egypte, prenant en quelque sorte le droit d'aînesse sur Ruben. Dans ce sens, les mandragores sont à Ruben ce qu'a été le plat de lentilles pour Esaü.

Pôle de tendresse, Rachel est inséparable de Dinah, pôle de « rigueur » (ce que signifie son nom). Dans le « corps divin » en Tipheret, l'amour qui est Un se donne au Créé comme par deux mains, celles de la Miséricorde et de la Rigueur. Dinah, fille unique de Jaqob, au-delà des douze fils nés de lui, est son treizième enfant ; elle est leur sœur *(Aḥot)*, leur « une », et le nombre 13 s'inscrit dans le Un, *Eḥad*, dont la somme des lettres compose le nombre 13, comme le mot *Ahaḇah*, l'amour !

Dinah elle aussi est au centre de Tipheret, dans le non moins grand mystère de la Rigueur : violée par le fils d'un prince de Canaan, enlevée par lui à son père avant même qu'il ne s'attache à elle — il s'éprendra d'elle au point de la demander en mariage —, Dinah vit l'envers de ce que vit Rachel et son sort est tragique. Pour punir l'affront et se venger, ses frères incapables encore d'unité deviennent meurtriers. Dans le collectif historique, Jaqob est encore si éloigné de Rachel ! Le fils du prince règne sur l'ombre ; il est « prince de ce monde », qui capture en Dinah la part non encore épousée de 'Ishah en Israël et dans le monde, et qui la détruit.

Car Jaqob et ses fils sont aussi pré-figure des nations en lesquelles l'œuvre divine s'exprime à travers Dinah et Rachel, la Rigueur et la Miséricorde.

Rachel et Léah sont historiquement présentes en leur personne à tout ce qui vient d'être dit, mais elles sont aussi deux aspects de la 'Ishah des nations : Léah dans la part du féminin le plus lourd qui reste à accomplir ; Rachel dans la toute pureté accomplie, et toutes deux dans l'infinie miséricorde et l'amour fou de Dieu. Dans ce même amour est aussi Dinah ; 'Ishah des nations avec Léah sa mère, elle en est la part tragiquement négative, livrée aux viols du Satan-Ennemi dans la durée des temps, avec le cortège des autoretournements contre elle des lois du Créé, fruits de l'inconscience de la plus noire Lilith : misères, souffrances, hurlements de la plaine de Shinéar ! Mais au cœur de cette même plaine et de cette même Léah aux yeux malades, avec Dinah naît aussi Judas, quatrième fils d'Israël et racine du devenir messianique de l'humanité. Ce n'est pas de Rachel la toute beauté que jaillit la sève du salut, mais de Léah, au cœur des ténèbres !

Dinah, c'est la tuerie des Cananéens en même temps que le bourgeonnement printanier de la promesse messianique ; c'est le massacre des Saints Innocents au moment de la naissance du Christ ; Dinah, c'est la *Sho'a* et tant d'autres exterminations monstrueuses à l'heure où les lèvres humaines commencent peut-être de balbutier la louange de Celui qui monte dans le cœur des hommes ; et elle est sœur de Judas ! Le nom de Judas *Yehoudah*, la « louange », est composé du Saint Nom YHWH auquel est ajouté un *Daleth*, « porte » de la Miséricorde divine. Le Christ-Messie, « Lion de la tribu de Judas », mourra de la main d'un autre Judas, « porte » de la Rigueur ! Entre ces deux portes, et dans la *louange* à YHWH son Dieu qu'il porte en ses entrailles, Israël fera croître l'arbre messianique qui, en Jésus, donnera son fruit. A ce moment-là, Marie, la toute pure, mère de Jésus, actualisera ce que Rachel était en prémices.

Aujourd'hui, ce sont toutes les femmes du monde qui ont à réaliser Rachel et Marie ; en réalité, l'humanité totale au sein de laquelle les femmes ont une place privilégiée est appelée à rejouer l'œuvre d'Israël, à saisir à son tour les mandragores divines, à ouvrir son cœur et à mettre au monde ses derniers Fils.

A la naissance de Benjamin, Rachel meurt. Appelé par sa mère mourante *Ben 'Oni*, « fils de ma douleur », ce douzième et dernier Fils d'Israël est appelé par son père, aussitôt après la mort de Rachel, *Ben Yamin*, « fils de ma droite ». Benjamin est le seul Fils d'Israël nommé par le père. Pour lui la « brebis » a donné son lait, toute sa chair ; mais avec Marie, elle continue de se donner dans le plus subtil et le plus dense d'elle-même à l'humanité entière. « Manger pour muter » rappelai-je plus haut : l'humanité doit se nourrir pour assumer enfin sa maternité et prendre une part active à la gestation dont les trois derniers mois ne pourront s'accomplir sans sa collaboration consciente. A l'aube du septième mois, nous avons aujourd'hui à devenir de toute urgence « travailleurs de la Adamah » !

Si aujourd'hui Sarah repose à Hébron auprès de son époux Abraham, dans le tombeau des patriarches, si Ribeqah y est présente auprès d'Isaac, c'est Léah qui est aux côtés de Jaqob. Rachel, elle, est enterrée à part ; elle est seule sur la route de Bethléem à Jérusalem, route qui porte en raccourci toute la vie du Christ. Elle est là, à mi-chemin, pleurant, nous dit le prophète Jérémie, sur ses fils morts, attendant qu'ils revivent, que l'humanité devienne consciente ; elle ne peut supporter la souffrance des siens et baigne de ses larmes cette terre promise à la Résurrection :

« On entend une voix dans Ramah,
Lamentations, sanglots amers,
c'est Rachel qui pleure ses fils
et refuse de se laisser consoler car ils ne sont pas. »

Mais ils seront s'ils se retournent vers leur mère !
Et Jérémie poursuit :

« Voici ce que dit YHWH :
Cesse de gémir, sèche tes larmes [...]
Reviens, vierge d'Israël, reviens ici dans tes villes ;
Jusques à quand vagabonderas-tu, fille rebelle ?
Le Seigneur crée sur terre une chose nouvelle
Le féminin enlace le fort[52]. »

Geḇourah, la « force », est ontologiquement avec la « rigueur » le pôle droit féminin du corps de l'Adam, que l'humanité, dispersée dans la plaine de Shinéar et dans les catégories physiques et psychiques, a constitué pôle mâle. Dans un retournement vers l'orient de son être, l'humanité retrouvera son pôle féminin à droite, dans la Force et la Rigueur des lois ontologiques, et dans la Gloire qu'elle est pour Dieu, Sa Gloire, Son Epouse et sa Reine !

Le quaternaire féminin qui préside à la vie des patriarches et celui qui, plus précisément, structure la vie de Jaqob trouvent tous deux leur unité dans la mort de Rachel, c'est-à-dire dans l'apothéose de vie que signifie cette mort.

Mais cette unité reste à conquérir dans la vie des nations ; les nations sont profondément concernées par la vie d'Israël, qui s'avère être leur schéma d'accomplissement. Le féminin qui aujourd'hui s'éveille chez le grand Adam (l'humanité) trouvera, me semble-t-il, des assises utiles à sa croissance et à son unification dans la méditation que je porte sur ce double quaternaire.

Considérons tout d'abord celui qui, autour des trois patriarches fondateurs d'Israël, symboles de la divine Trinité incréée, réunit les quatre matriarches, symboles du Créé porteur du Germe de l'Incréé, symboles du multiple capable d'unification. Sarah-Lot, Riḇeqah-Deḇorah, Léah et Rachel sont le pôle « terre » lourd de l'image divine qui habite tout être humain et que la femme, d'une façon toute privilégiée, est dans le monde extérieur. Dans cette perspective :

— *Sarah* est le « principe » de tout être, la terre des origines, l'orient ; elle est vierge enceinte, sœur-épouse, promesse d'unification en tant que sœur si elle est épousée ; elle est la force du combat dans les face-à-face qu'impliquent ces noces intérieures. Avec *Lot*, elle est encore voilée et ne se dévoilera qu'à la mesure des épousailles dont elle sera honorée. La nudité sera la connaissance totale que le mâle aura pris d'elle lorsqu'elle donnera son fruit, le fruit de l'Arbre de la connaissance.

— *Ribeqah-Deborah* est la mère nourricière ; elle nourrit du Verbe qu'elle reçoit dans sa « mangeoire » ; elle nourrit de l'amour du Verbe et de la connaissance des lois qu'est le Verbe fondateur du Créé. Elle est servante.

— *Léah* est la rude traversée des profondeurs, la chevauchée labyrinthique dans les arcanes de l'inconscience où toutes les oppositions s'affrontent ; elle est « lassitude » et « découragement », « chagrin », nous dit son nom ; elle est la terre labourée qui, avec Dinah, est abreuvée du sang de nos meurtres.

— *Rachel* est la « brebis » du sacrifice ; elle attend, seule et dans les larmes de purification, ses fils, tous les êtres humains qui, alors illuminés de sa beauté, atteindront au noyau de leur être et en libéreront l'énergie.

Considérons maintenant le quaternaire dans l'intimité de la personne de Jaqob-Israël, celui qui, icône de l'Esprit-Saint de Dieu, est aussi icône de l'Eros divin et, à cause de cela même, ne peut être séparé de sa portée universelle :

— *Rachel* est alors source de l'Eros, « os des os de Jaqob, et chair de sa chair », son expérience de transfiguration et d'extase ; elle est force de *métanoïa* et de transformation, jaillissement d'une sève qui peut traverser la mort pour atteindre à sa toute-puissance nuptiale. Elle est terre d'épousailles divine. Elle est beauté ; elle est l'amour. Et « l'amour est capable de mutations[53] ».

Les trois femmes qui vont suivre sont pour Jaqob la traversée de cette mort :

— *Léah* est le féminin qui ne voit pas, l'inconscient ténébreux dont Dinah est l'aspect pathologique qui se constitue meurtrier lorsqu'il se protège de tout retournement car l'Epée qui ne construit pas le Fils tue. Léah est le labyrinthe incontournable de la plaine de Shinéar dont Jaqob doit dépister toutes les cachettes, épouser tous les éléments, pour purifier son être.

— *Zilpah*, sa servante, est peut-être l'ange de l'« expansion » (tel est son nom) qui accompagne la démarche de Léah.

— *Bilah*, servante de Rachel est aussi l'ange qui porte l'« usure » (tel est aussi son nom) et les larmes de sa maîtresse.

Toutes deux sont une tendresse divine au cœur des ténèbres, l'astre de nuit qui conduit à la lumière. Rachel est la lumière. Source et accomplissement de l'Eros, elle est la Terre promise, la Terre du Nom *(Mishem)* d'où sont venues les femmes des patriarches, là où elles les ont reconduits ayant conquis le Nom, là où les femmes reconduisent dans un travail secret et sans relâche toutes les nations.

CHAPITRE V

« Le féminin enlace le fort »

« C'est lorsque je suis faible qu'alors je suis fort[1]. »

C'est lorsqu'un désir de plénitude creuse son vide en moi qu'alors, tel Abram appelé par la voix divine, je pars « vers moi », vers « l'étrangère » que je suis à moi-même, détentrice de force, vers « l'os de mes os » dont la moelle retenue captive exige libération, vers « la chair de ma chair » qui éradique ce qui n'est pas ivresse du tout nouveau !

Dans cette perspective d'accomplissement, je me propose d'aller tout d'abord vers trois grandes figures féminines de la Bible : Ruth, Esther et Judith, puis de m'arrêter sur celle de Sarah, épouse de Tobie, et sur la femme de Job.

— *Ruth*, la Moabite, est l'étrangère (entendons l'inconscient des ténèbres) par rapport à Naomei, la juive. Elle est celle qui, en Naomei, ne regarde pas en arrière et monte dans la lumière d'Israël pour y déployer sa force et sa fécondité.

— *Esther* est la toute beauté d'Israël captive en terre d'exil ; elle épouse cet exil en en épousant le roi pour œuvrer avec Dieu « qui se cache en elle », au cœur des ténèbres, et en arracher l'Ennemi.

— *Judith*, tête de proue d'Israël, ne se contente pas de supplier son Dieu de sauver son peuple tout en restant avec celui-ci dans une inconscience infantile : elle s'engage violemment sur le chemin des ténèbres où, elle le sait, Dieu est présent, mais aussi l'Ennemi, pour assumer le face-à-face avec ce dernier.

— *Sarah* est la touchante épouse de Tobie, que j'ai déjà mentionnée plus haut ; elle se présente à nous, comme toute 'Ishah de la Bible, sous le visage de l'intériorité. Son histoire, comme celle de ses compagnes, se déroule simultanément dans le pays de l'exil et sur les terres reconduisant à l'orient. Sarah, « principe » de tout être, est sœur-épouse de Tobie, sa « une », celle avec qui il fait « chair une[2] ».

— La femme de Job, non nommée, est son 'Ishah intérieure.

1. Ruth

Une famine sévit en Israël. C'est au temps des Juges. Bethléem, la « maison du pain » la ville qui nourrit à satiété, ne donne plus de pain. *'Elimelek̲* de la tribu de Judas, son épouse *Naomei* et leurs deux fils *Maḥlon* et *Kilion* ont faim ; ils partent en quête de nourriture ; et de même qu'autrefois les dix fils d'Israël saisis par la famine furent envoyés par leur père en Egypte, de même aujourd'hui c'est dans le pays de Mo'ab̲, sur la terre des descendants de Lot, que le fils de Judas vient s'établir avec les siens.

La lumière ne peut être cueillie que dans les ténèbres ; l'« accompli » demande une mort, un vide, une faim, pour s'accomplir davantage ; la sève ne peut jaillir qu'après régression dans l'occulte de l'hiver.

Non seulement la famille — pôle d'Israël — descend en terre étrangère, en celle du « voilé », mais là 'Elimelek̲ meurt : « Dieu roi » meurt ; l'idole de l'idée que j'avais de Dieu meurt.

Les fils d''Elimelek̲ épousent alors deux Moabites.

Kilion (dont la force du « rein », *Kiliah*, exige la rigueur de l'« anéantissement », la phase mort de toute mutation) épouse *'Orpah*, la « nuque ». La nuque d'Israël est si raide que les prophètes la dénoncent :

> « Je sais que tu es raide, que ta nuque est une barre de fer », dit Isaïe[3].
> « Je sais bien qu'ils ne m'écoutent pas et que c'est un peuple à la nuque raide », dit YHWH par la bouche de Baruk[4].

'Orpah risque d'être la nuque qui, attachée aux situations sécurisantes, refuse de se laisser briser pour donner libre accès à une « tête nouvelle » — nouvelle Sagesse, nouvelle Intelligence, père et mère d'un champ de conscience plus haut. S'assouplira-t-elle en ce mariage ?

Maḥlon, le « miséricordieux », épouse *Ruth*. Le nom de Ruth ne révélera son secret que dans la réalisation de celle qui le porte.

Mais à leur tour, Kilion et Maḥlon meurent. Rigueur et Miséricorde, fils de « l'idée que j'avais de Dieu », s'effacent.

Naomei, la toute « beauté », reste seule avec ses deux belles-filles. Comme Rachel, elle est *Tipheret* de qui se sont retirées Rigueur et Miséricorde, afférentes à un champ de conscience intégré mais révolu devant l'exigence d'une vision plus profonde des choses. Naomei va se révéler être le centre solaire d'une bouleversante mutation en Israël. La fidélité à la tribu de Judas est présente en elle et l'oblige à œuvrer avec ses deux belles-filles. Toutes trois sont maintenant au cœur d'une matrice de feu, dans le feu de l'amour divin en lequel elles devront forger une nouvelle dimension de l'Epée pour Israël.

Parce qu'un soir de shabbat est descendu sur ce peuple, parce que tout a bougé dans les profondeurs féminines de celui-ci, que symbolisent Naomei et ses deux belles-filles, le pain est revenu à Bethléem. Fait du « grain de blé », *Bar*, qui partage son nom hébreu avec le « fils », le pain est sur la table de celui qui construit le Fils intérieur et qui pour cela accepte de muter.

Apprenant l'extinction de la famine, Naomei décide de remonter en Israël, mais elle n'a pas le cœur d'y emmener ses belles-filles : elle est encore prisonnière de l'immédiateté de la situation dont l'aspect est totalement désécurisant ; d'autre part, quels maris aurait-elle à donner à ces deux jeunes veuves ? Maḥlon et Kilion n'ont pas de frères pour assumer la descendance de leur race, comme l'exigerait la loi d'Israël — loi existentielle en laquelle s'exprime, pour qui est prêt à la découvrir, l'ontologique nécessité pour un être de ne pas laisser veuve et donc stérile son féminin (Adamah-'Ishah) des profondeurs, mais de faire œuvre mâle en elle pour faire croître le Fils. Le sens profond du Grand Œuvre qui se joue en elle lui échappant encore, Naomei invite les deux jeunes femmes à rejoindre leurs familles respectives.

A cette proposition la « nuque » chez 'Orpah se raidit, qui ne se fait guère prier pour retourner derrière le « voile » de Lot, dans l'indifférencié d'Israël ; elle s'enfonce dans les ténèbres matricielles de l'inaccompli qu'est son peuple face à la descendance d'Abraham. 'Orpah est la part des profondeurs de Naomei encore incapable de se différencier des ténèbres et de donner sa lumière. Mais de toute la ferveur de son âme aspirant à la lumière, Ruth refuse cette régression et affirme sa volonté de suivre sa belle-mère. Sa décision est irrévocable ; bien que veuve et sans espoir d'un autre époux, elle montera dans le pays de Maḥlon ; elle est toute tendresse et fermeté pour déclarer à Naomei :

> « Partout où tu iras, j'irai ; où tu demeureras, je demeurerai ; ton peuple sera mon peuple et ton Dieu sera mon Dieu. Là où tu mourras je mourrai aussi et y serai enterrée. Que le Seigneur YHWH m'en fasse autant et plus si autre chose que la mort me sépare de toi[5]. »

Au-delà de l'attachement et de l'affection très filiale que

Ruth porte à Naomei (au-delà du transfert évident, dirait-on en termes de psychologie), Ruth est saisie dans ses profondeurs d'une information qui mobilise, bien qu'elle ne puisse encore en être consciente, le plus secret de sa chair meurtrie par le veuvage et soudain vivifiée. Mais cette vie est d'une dimension encore inconnue ; c'est un appel étrange qu'elle entend à travers Naomei : c'est la voix de Maḥlon, le miséricordieux, dont la trace lumineuse d'étoile filante l'enlace, l'empoigne et suscite en elle une force de pierre ; la puissance de l'éros tourne à vide dans ce corps abandonné jusqu'à ce que soudain elle pressente une autre plénitude. Israël l'appelle ! Un Fils doit naître... Ruth se met en marche avec Naomei vers Bethléem. Laissant là 'Orpah, elle tourne le dos aux ténèbres de Mo'ab̲ et répond oui de toute son âme à Israël.

Dans ce retournement *Ruth* dit son nom : elle est la *Torah*, elle « lance la flèche » de son désir vers le Dieu d'Israël[6]. Le nombre de son nom 606 est celui de la force et de la fécondité du Taureau dont le nom *Tor* se compose des mêmes lettres que Ruth, et donc des mêmes énergies. Symbole de fécondité, le nombre 606 rejoint celui de la colombe, 66, oiseau qui s'élance vers la lumière et qui véhicule aussi l'Esprit-Saint de Dieu descendant vers les hommes. Ruth monte vers Bethléem telle la colombe vers le ciel ; elle monte vers le Dieu d'Israël, prête à ouvrir ses entrailles au torrent du *Guiḥon*, la Géhenne des amours divines, feu de la matrice de feu.

Dans l'immédiat, elle reçoit la visite divine du Ḥidequel[7]. Elle est l'espace du « prophète » ; elle est « les cieux ouverts » que le *Nabi* voit au-dedans de lui et à l'extérieur dans une nouvelle lecture de la Torah et du monde. Son mariage avec le « miséricordieux » l'y avait préparée ; son veuvage l'y accomplit :

> « Bienheureux les miséricordieux, car ils obtiendront miséricorde[8]. »

Allant vers le Dieu d'Israël, elle prépare Israël à une vision nouvelle, celle que lui conférera sa royauté.

Ruth monte comme une fiancée vers Bethléem. Israël l'épousera-t-il ?

Elle est un nouveau message de la Torah qui chaque soir de shabbat monte comme une fiancée vers Israël. Israël l'épousera-t-il ?

Un shabbat est là, dans la mort de ces trois hommes en qui Elohim se retire pour que YHWH croisse. Il est là dans le départ de ces deux femmes qui, 'Ishah d'Israël, portent scellé en elles le secret du Saint Nom. Israël les épousera-t-il ?

Lorsqu'elles arrivent à Bethléem, c'est le temps de la moisson des orges. Naomei est encore dans l'amertume de ses deuils, Ruth dans la royauté clandestine de ses orges offertes à la moisson divine ; car les « orges » *(s'orim)*, sont aussi la « chevelure » et le « frisson » de celle qui annonce Marie Madeleine — dans le tremblement et le frisson d'une chair dont l'éros est bouleversé, Marie Madeleine répandra son parfum mêlé de larmes sur les pieds du Christ, qu'elle essuiera de ses cheveux !

Ruth et Naomei, en ce shabbat, sont d'une extrême pauvreté ; elles sont réduites à devoir aller glaner quelques orges que la loi juive oblige à laisser pour les pauvres au bout de chaque sillon moissonné. Ruth ira seule. Cette reine entre en mendiante dans le champ où le « hasard » mais aussi le plus « précieux » des guides invisibles — ce que dit la même racine *Yaqar* — la conduit. Le champ appartient à Bo'az qui justement arrive. Il voit Ruth, remarque cette étrangère et interroge les moissonneurs : elle est cette jeune Moabite dont il sait déjà, tant l'arrivée de ces deux femmes a fait jaser, qu'elle a tout quitté, son père et sa mère, son pays, pour venir dans une terre étrangère ; sa réputation de bonté envers sa belle-mère ainsi que leur grand dénuement a déjà couru sur toutes les lèvres. Il apprend qu'elle est là depuis le matin, travaillant durement ; il est touché et s'adresse à elle :

« Ne va pas glaner dans un autre champ, ne t'éloigne pas d'ici.
Attache-toi aux pas de mes jeunes servantes [...]. J'ai bien recommandé aux jeunes gens de ne pas te molester ; si tu as soif, va où sont les vases et bois de ce que les jeunes gens auront puisé. »

Emue de la bonté de cet homme, Ruth se jette à ses pieds. Lui, plus miséricordieux que le miséricordieux Maḥlon, après lui avoir fait partager à satiété sa nourriture, dit à ses gens :

« Laissez-la glaner même entre les gerbes, et ne l'humiliez pas.
Ayez même soin de laisser tomber de vos javelles des épis que vous abandonnerez pour qu'elle les ramasse [...] »

Ruth glane ainsi jusqu'au soir et rapporte une provision si abondante d'orges à Naomei que celle-ci s'étonne :

« Où as-tu travaillé ?
— Dans le champ de Bo'az », répond-elle. Assurément, dans un nouveau champ de miséricorde !
« Béni soit le Seigneur YHWH, clame Naomei, puis elle ajoute : Cet homme nous touche de près, il est de nos parents [...]. »

Et Naomei conseille à Ruth de ne pas s'éloigner de ce champ.

Mais voici que les orges et maintenant le froment que chaque jour elle reçoit de la terre de Bo'az et des mains de Ruth jouent en Naomei comme les mandragores en Rachel, et que son cœur — le cœur de Tipheret — visité de Dieu s'ouvre soudain à l'entendement divin ; elle perçoit « la Sagesse qui habite la ruse et qui acquiert la connaissance des projets divins[9] » ; elle comprend... et les conseils qu'elle prodigue maintenant à Ruth se teintent d'un savoir-faire guerrier et prennent la saveur de l'amour !

> « Bo'az est en effet de nos parents ; or je désire te procurer un *repos.* »

Ce mot *(Manoaḥ)* exprime plus que le foyer auquel Naomei aspire pour sa belle-fille : il signifie le « repos » dans le sens de l'accomplissement de l'être, comme lorsque nous prions pour nos défunts « afin que Dieu leur accorde le repos éternel ». C'est à travers le mariage que ce repos peut être atteint, le mariage lui-même étant symbole des noces intérieures de chacun des époux. C'est l'accomplissement de sa lignée que désire Naomei. Sait-elle que Dieu désire en elle l'accomplissement d'Israël ? Nul ne le sait, mais fine comme l'ambre elle déclare à sa bru :

> « Eh bien ! Cette nuit même Bo'az doit vaner les orges dans son aire. Tu auras soin de te laver, de te parfumer et de revêtir tes plus beaux habits ; puis tu descendras à l'aire, mais tu ne te feras pas remarquer de cet homme avant qu'il ait fini de manger et de boire. Puis, quand il sera couché, tu observeras l'endroit où il repose ; tu iras découvrir le bas de sa couche et t'y étendras : lui-même il t'indiquera alors ce que tu devras faire. »

Ruth obéit. Au milieu de la nuit, Bo'az s'éveille en sursaut, effrayé. Qui est cette femme couchée là, à ses pieds ?

> « Je suis Ruth, ta servante ; daigne étendre le pan de ton manteau sur ta servante car tu es un proche parent.
> — Que YHWH te bénisse [...] »

Mais il lui apprend que s'il est son *Goël*, elle a un *Goël* plus proche que lui encore : le *Goël*, icône de l'Epoux divin, est l'époux dans le sens du « libérateur » ! Naomei avait parlé de lui comme d'un parent ; lui affirme être son libérateur !

> « S'il consent à t'épouser, c'est bien ; s'il refuse, c'est moi qui t'épouserai. »

Puis, avant qu'il ne fasse jour, il la renvoie, les mains pleines de six mesures d'orge pour elle et Naomei.

Bo'az mène rondement l'affaire. L'homme qui est « plus proche parent » accepte de racheter le champ d'Elimelek et « jette sa sandale », geste rituel pour signifier l'acquisition. Mais lorsqu'il apprend qu'acheter ce champ implique d'épouser Ruth la Moabite, femme de Mahlon défunt, il refuse et retire sa sandale. Cet homme sans nom est l'être encore emmuré dans la banalisation du monde extérieur, que l'acquisition d'un champ de conscience séduit, dans une perspective de pouvoir, mais que les épousailles du féminin intérieur pour y atteindre dans l'être bloquent.

Bo'az, dont le nom signifie « maison de la force », ne peut, lui, accomplir son destin que s'il consent à descendre en lui-même et à épouser la part féminine de son être, son 'Ishah, détentrice d'une nouvelle force ouvrant à un nouveau champ de conscience ; il doit se savoir « faible » (inaccompli) pour se laisser enlacer du féminin et devenir fort, devenir son Nom auquel prélude celui de Bo'az : *Bo'az* sera le nom de l'une des colonnes du Temple que construira, quatre générations plus tard, le roi Salomon ; l'autre colonne sera *Yakin*, l'« établissement », c'est-à-dire les institutions construites dans la qualité de cette force et dans l'éclairage du champ de conscience dont elle est l'énergie [10]. (Ces deux colonnes correspondent aux deux cerveaux de l'Homme dont je parlerai par la suite [11].) Si nous prenons conscience avec Bo'az épousant Ruth que toute force acquise et intégrée en Yakin implique que l'on y renonce pour aller plus loin encore, nous comprenons les successives destructions du Temple de Jérusalem : elles sont intervenues en place du refus de « destruction » de l'Homme intérieur ; elles appelaient et appellent encore une reconstruction dans une force nouvelle, reconstruction de l'Homme changeant de niveau de conscience tout d'abord, et ne restant pas à pleurer ce qui n'est plus, « au pied du mur » !

Le parent le plus proche de Ruth retire sa sandale et Bo'az jette la sienne dans un geste si puissant que trois générations plus tard le roi David le célébrera voyant en lui celui d'Israël qui

« jette sa sandale sur Edom » car, dit-il,
« Mo'ab est le bassin où je me purifie[12] ».

Et le psalmiste de le répéter plus tard :

« Mo'ab est le bassin où je me purifie
Je jette ma sandale sur Edom
Je règne sur le pays des Philistins »

soulevé par la joie de l'accomplissement :

« Eveille-toi, ma gloire !
Eveillez-vous mon luth et ma harpe
Je veux devancer l'aurore[13] ! »

Une aurore se lève pour Bo'az qui purifie Israël en Ruth la Moabite. Bethléem frissonne d'espérance et les femmes de la ville s'écrient :

« Que YHWH rende l'épouse qui va entrer dans ta maison semblable à Rachel et à Léah qui ont édifié à elles deux la maison d'Israël. Toi-même puisses-tu prospérer à Ephrata et illustrer ton nom à Bethléem. Que ta maison soit comme la maison de Pérets que Tamar enfanta à Juda, grâce aux enfants que le Seigneur te fera naître de cette femme. »

De Ruth et Bo'az le Seigneur fait naître un fils, *'Obed*, celui qui continuera le « travail » d'accomplissement d'Israël. 'Obed engendrera *Jessé (Yshay)*, « richesse de YHWH », Jessé engendrera *David*, le « bien-aimé » en qui la Royauté commence !

Lorsque Ruth met au monde son fils, les femmes de Bethléem se réjouissent :

« Un fils est né à Naomei ! » s'écrient-elles.

A Naomei ? Ai-je bien lu ? Oui, à Naomei, 'Ishah d'Israël, dont Ruth est, dans le monde et dans ses amours humaines avec Bo'az, la réalisation iconique des amours divines qui se jouent secrètement en Naomei, et qui tissent le devenir du monde. Toutes deux bien encordées au cœur du Rien jouent, à des octaves différentes, la même partition : Ruth, la Torah, à l'octave des mille diamants de la couronne royale ; Naomei, la Beauté, à l'octave où brillent déjà en un seul feu ces mille diamants.

Par la royauté et au-delà d'elle, la Torah s'ouvrira plus encore dans le féminin d'Israël pour introduire Israël à la dimension sacerdotale. Là, à la source du fleuve un de la Genèse, au cœur du Pishon, dans la puissance nucléaire du Saint Nom, le Christ né de la descendance de Ruth et Bo'az est seul Grand Prêtre.

2. *Esther*

Le Livre d'Esther s'ouvre sur le récit d'un festin prestigieux offert par le roi de Perse, Assuérus, à tous les grands de son royaume ainsi qu'aux gouverneurs des provinces, aux chefs de l'armée, etc. L'événement se situe à la fin des années d'exil du peuple juif en ce pays, soit sans doute à la fin du Ve siècle avant notre ère, dans la ville de Suse, l'une des capitales du royaume.

De son côté la reine Vashti donne elle aussi un banquet auquel elle convie les femmes du palais royal. Le septième jour, le roi mis en liesse par le vin fait appeler la reine, qui refuse d'obéir. Invité par le roi à donner son avis sur le châtiment qu'implique une telle faute, un conseiller demande un traitement exemplaire pour que les femmes du royaume ne s'avisent jamais d'avoir pareille attitude envers leur époux. Le roi accède à cet avis et répudie la reine. Il fait alors venir dans le palais les jeunes filles vierges du royaume les plus belles de visage et de tournure. Sous les ordres de Héghé, eunuque du roi, ces jeunes filles reçoivent de longs et précieux soins de beauté avant d'être présentées à Assuérus. Celle qui plaira au roi prendra la place de la reine Vashti. Parmi les jeunes filles *Esther* se présente.

Esther s'appelait jusque-là *Hadassa*, nom du myrte et symbole de beauté. Hadassa est en effet de toute beauté ; elle est fille d'un oncle de Mardochée, *Mardoḵai* qui signifie « amertume de mon oppression ». Cet homme est juif, comme Hadassa ; avec elle il habite Suse et tous deux souffrent de l'exil et de la persécution qu'y subit leur peuple. Orpheline de père et de mère, Hadassa a été élevée et adoptée par Mardochée. Tous deux, de la tribu de Benjamin, sont de race royale et descendants de Saül. Lorsqu'elle se présente au palais du roi, Hadassa se fait nommer *Esther*, « celle qui se cache », mais peut-être aussi « celle en qui est caché... » : la racine de son nom *SaTeR* repose essentiellement sur la première lettre, *sameḵ*, symbole de « force » et d'« appui », mais avec une connotation de « secret ». Les trois lettres de *SaTeR* respirent ensemble le « mystère » de toute chose, son « éther » le plus subtil, retiré en son cœur où l'Être repose, épiphanie du non-Être, sur lequel toute chose s'appuie, lui donnant force. Ce nom plus que tout autre exprime « l'absence-présence » dont je parlais plus haut à propos du Rien.

En ce temps d'exil où se joue l'histoire d'Esther, le Dieu d'Israël semble s'être retiré de son peuple. L'exil est une objectivation, au sein de la plaine de Shinéar, du détournement de l'Homme à l'égard de sa situation ontologique. C'est lui, l'Homme qui, tournant le dos à son orient, s'est éloigné de son Dieu ! Le mouvement de retrait divin ici ne peut être imputé qu'à l'Homme. L'exil devient alors une expérience existentielle donnée à ce dernier pour qu'il en vive les conséquences douloureuses et qu'à l'acmé de sa souffrance, n'en pouvant plus, il soit précipité au plus archaïque de lui-même, dans le cri. Son cri rejoint celui de l'enfant arrivant au monde : il semble avoir le pouvoir de reconduire l'Homme à ce que l'enfant a quitté pour naître ; il tient dans un même berceau naissance et mort jumelles ; il est comme un pont que l'enfant passe et que l'Homme une fois détruit repasse en l'autre sens pour toucher de l'autre côté, l'espace d'un « instant » où le souffle est suspendu à l'orient de l'être, YHWH-JE SUIS qui l'attend.

Esther, au cœur de son peuple douloureux, incarne cet « instant ». JE SUIS, le Dieu d'Israël, se cache en elle. Sans doute ne le sait-elle pas ; consciemment, elle ne fait que taire son origine juive ; elle tait son origine juive comme le Livre tout entier tait le Saint Nom YHWH, le seul Livre de la Bible où le Saint Nom ne soit pas une fois prononcé. Et ces deux secrets n'en sont qu'un !

Esther cache sa véritable identité, mais ce qu'elle porte en elle, au-delà de sa beauté naturelle, resplendit malgré elle. Si elle tait son origine, le « secret » parle ; il parle à l'eunuque qui a charge d'elle et qui l'entoure, avec ses suivantes, plus que toutes les autres jeunes filles sélectionnées en même temps qu'elle pour le roi. Il parle surtout au roi lui-même : dès qu'Esther lui est présentée, Assuérus est captivé. Sa grande beauté certes le captive, mais aussi une autre beauté, celle tout intérieure de Tipheret que le roi de l'exil ne peut soupçonner, mais qui enlace une part inconnue de lui. Le roi aime Esther qui soulève en lui grâce et tendresse comme aucune des compagnes de la jeune fille, riches de leur seule beauté femelle, n'a pu le faire ; il pose la couronne royale sur sa tête et la proclame reine à la place de Vashti.

Ceci se passe au dixième mois de l'année, au mois de *Tébet* dont le nom, construit sur la racine *Tob̲* qui qualifie la lumière de l'accomplissement, confirme le sens secret du nombre 10, celui de l'unité cachée au cœur de l'être. Au plus noir de l'exil et de la persécution de son peuple, Esther s'avance ; elle épouse le persécuteur, et nul ne sait encore quels sont là les desseins de Dieu. A l'extérieur le faste des fêtes bat son plein.

Mais Mardochée, vigilant, se tient assis aux portes du palais. Attentif aux événements dont il est peut-être seul à pressentir le sens divin, il veille sur Esther et tente de garder le contact avec elle. C'est alors qu'il surprend un complot ourdi par deux eunuques contre le roi. Il en fait part à Esther qui, au nom de Mardochée, fait prévenir Assuérus. Après enquête, la chose est confirmée et les eunuques pendus. L'événement semble passer inaperçu. Mardochée ne reçoit aucun signe de reconnaissance du roi qui, à ce même moment, élève un de ses courtisans, Aman l'Agaghite, à la plus haute dignité du royaume.

Un midrash[14] fait de Aman l'homme le plus riche de l'époque, ses biens provenant des trésors qu'il aurait volés dans les ruines du Temple détruit au moment de la prise de Jérusalem. Désormais tous doivent se prosterner devant lui, tel est l'ordre du roi. Or, lorsqu'il passe, tous les serviteurs obéissent, à l'exception de Mardochée. Les serviteurs s'étonnent, s'indignent même et lui en demandent la raison ; il dit son appartenance juive et son refus de se prosterner devant tout autre que son Dieu. Dénoncé à Aman, il assiste impuissant aux conséquences tragiques de son attitude car Aman, jugeant indigne pour lui de faire payer à la seule personne de Mardochée cette insolence, décide d'anéantir tous les juifs du royaume.

Aman focalise en sa personne la haine que suscite le peuple juif, au point que l'effronterie d'un homme à son égard devient pour lui prétexte à l'extermination du peuple entier. Au-delà des différences de culture et des heurts psychologiques inhérents à toute différence, une présence insolite habite ce peuple, que les autres nations ne connaissent pas encore et qui le marque d'une étrangeté beaucoup plus fondamentale. Le peuple juif est à l'humanité de cette époque ce qu'est un homme conscient à son entourage resté quant à lui dans l'état d'inconscience : il lui est insupportable. La différence est d'ordre ontologique. Je nuance : ce n'est pas que le peuple juif exilé en Perse soit plus conscient que les sujets d'Assuérus, mais il est l'espace d'élection de la croissance messianique, donc de cette montée de conscience qu'est « JE SUIS en devenir d'être », le Saint Nom, révélé à Moïse, au cœur des autres peuples. Qu'il le vive consciemment — comme Moïse et quelques êtres avec lui — ou non, le peuple juif est habité de cette dynamique de croissance encore étrangère à l'humanité dans sa dimension collective. « Ça » se fait en lui, et « ça » se sent ! Son éthique de vie liée à la Loi révélée dérange ; ses rites dérangent ; tout dérange. Par rapport à lui, le monde de la plaine de Shinéar est celui d'une âme-groupe humaine qui ne supporte pas un élément étranger à ses critères collectifs ; le peuple juif est sorti d'Egypte, ce qui signifie qu'il a tourné le dos à la plaine de Shinéar pour aller vers la Terre promise, son orient. La situation d'exil qu'il vit en Perse est comme une reconduction de celle qu'il vivait en Egypte, situation de servitude et de souffrance d'une élite de ce peuple pour que ce rappel fasse aller plus loin encore en lui-même le « reste » (qui, en hébreu, est aussi le « levain ») d'Israël et que croisse en lui JE SUIS. C'est pourquoi, même en situation d'exil, dans la profondeur de sa vocation, le peuple hébreu croise les autres peuples mais ne va pas avec eux, dans le même sens qu'eux. Aussi « les ronces et les épines » se dressent-elles sur les terres incultes des autres peuples contre celui-là qui les heurte de toutes parts et qui de plus siège au milieu d'eux ; fussent-ils esclaves, les juifs sont là, insupportables. Porteurs de « JE SUIS qui tend à être », dont la plupart ne sont pas encore conscients, les juifs se hérissent à leur tour contre ceux qui les refusent ; ils sortent leurs propres griffes et aiguisent l'intolérance que l'on a d'eux !

La situation se tend à l'extrême, et Aman soudain la brise. Il « tire au sort » *(Pour*[15]) afin de consulter ses oracles et de savoir quel serait le jour propice à cette extermination. Ceci se passe dans le premier mois de l'année. Le sort tombe sur le douzième mois, Aman a donc le temps de mijoter l'organisation de son acte criminel. Il persuade le roi Assuérus de la nécessité de faire disparaître ce peuple indocile à ses lois et dangereux pour l'Etat. Le roi, que ce puissant seigneur impressionne, ôte l'anneau de son doigt et le donne à Aman en remettant au pouvoir de ce dernier le sort du peuple infidèle. Comme Pilate, plus tard, qui se lavera les mains au procès de Jésus devant JE SUIS Lui-même, le roi retire son anneau devant « JE SUIS en devenir d'être » que porte le peuple juif et livre l'accusé à Aman. Et de même que la femme de Pilate sera secrètement avertie en songe de la gravité de la condamnation de Jésus et le fera savoir à son époux, de même Esther, épouse du roi, est présente au cœur d'Assuérus qu'un pressentiment sans doute avertit mais qui n'a d'autre moyen d'action que de se démettre de son pouvoir royal par rapport au peuple juif. Assuérus comme Pilate doivent laisser s'accomplir JE SUIS.

Aman est désormais celui qui détient la puissance ; il se révèle être le seul réel ennemi, la bête féroce qui se tapit en terre étrangère à Israël. Il prépare sur-le-champ son projet meurtrier : un message écrit au nom du roi, rédigé selon l'idiome et l'écriture de chaque peuple et scellé du sceau royal, est alors envoyé dans toutes les provinces, ordonnant d'anéantir tous les juifs le treizième jour du douzième mois de l'année, et de faire main-basse sur leurs biens.

Mardochée prend connaissance de l'édit ; il déchire ses vêtements, se couvre d'un cilice et de cendres et parcourt la ville en hurlant de douleur. Là est le « cri ». Dans chaque province les juifs prennent le deuil, prient et jeûnent. Les suivantes d'Esther et les eunuques viennent raconter la chose à la reine.

Bouleversée, elle fait demander à Mardochée plus de détails sur l'événement. Mardochée les lui donne et lui enjoint de se rendre chez le roi pour lui présenter la supplique du peuple juif et le dissuader d'un tel crime. Mais Esther lui fait dire que « toute personne, homme ou femme, qui pénètre chez le roi, dans la cour intérieure, sans avoir été convoqué, est passible de mort ; celui-là seul à qui le roi tend alors son sceptre d'or a la vie sauve. Or moi, dit-elle, je n'ai pas été invitée chez le roi depuis trente jours ». Mardochée lui fait porter cette réponse :

> « Ne t'imagine pas que seule d'entre les juifs tu échapperas au danger, grâce au palais du roi ; car si tu persistes à garder le silence à l'heure où nous sommes, la délivrance et le salut pour les juifs surgiront d'autre part, tandis que toi et la maison de ton père, vous périrez. Et qui sait si ce n'est pas pour une conjecture pareille que tu es parvenue à la royauté ? »

Sans trahir le discours de Mardochée, on pourrait le faire suivre du chant du psalmiste écrit cinq cents ans plus tôt :

> « Ecoute ma fille, ouvre les yeux, tends l'oreille,
> oublie ton peuple et la maison de ton père
> que le roi s'éprenne de ta beauté,
> il est ton maître, incline-toi vers lui [16] »

car derrière Assuérus est le roi des rois, celui d'Israël.

L'affection de Mardochée pour sa pupille — dont un midrash propose même qu'elle ait été son épouse — et son amour pour son peuple avaient ciselé au cœur de cet homme une vigilance aiguë et la perception subliminaire qu'un sens divin présiderait aux derniers événements de sa vie. Mais voici que sous l'épreuve la perception devient connaissance et que la connaissance de Mardochée acquiert force de communication à Esther. Dans le souffle puissant de cette nouvelle conscience, Esther prend alors sa décision et la fait connaître à Mardochée :

> « Va rassembler tous les juifs présents à Suse et jeûnez à mon intention. Ne mangez ni ne buvez pendant trois jours, nuit et jour ; moi aussi avec mes suivantes je jeûnerai de la même manière et j'irai vers le roi, bien que ce ne soit pas selon la loi, et si je dois périr, je périrai ! »

Au-delà de la loi ! Oser transgresser ! Traverser les lois du monde pour s'immerger en celles de l'orient, dont rien ne prouve concrètement qu'elles joueront en faveur de celui qui transgresse et qui n'a pour seul repère que l'ordre intérieurement reçu... Ces lois inconnues appartiennent à un registre du réel totalement inexpérimenté jusque-là, à un « concret » divin qui, immanent pour celui qui y accède, transcende toutes les réalités sécurisantes du connu ; elles obligent celui qui y est appelé à briser ses installations, ses certitudes, ses peurs, ses défenses, à mourir dans le « je » premier de son être pour renaître dans le souffle de JE SUIS. Pour Esther cela implique d'encourir la mort. Et c'est déjà mourir que d'encourir la mort !

En sa décision Esther meurt. En la réalisation de sa décision elle renaîtra et donnera vie à son peuple. Mais rien ne le lui assure, si ce n'est le Rien ! Suspendue à l'échelle des divers degrés du réel, au-dessus du gouffre de l'abîme de l'âme, elle va dans sa prière vers « Celui qui se cache » en elle, dans le Rien auquel son être se sent encordé. Elle ne pourra Le trouver que là, en ce « Point », espace sans dimension de l'amour total, aux confins de la vie et de la mort où le non-savoir devient connaissance. La connaissance est amour, de cette seule qualité d'amour capable de briser l'Ennemi.

YHWH qui se cache en Esther focalise en elle le cœur de la « rose », *Shoushan. Shoushan* est le nom de la ville appelée Suse où se déroule le drame. Shoushan est la rose du Cantique des Cantiques :

« Telle une rose au milieu des épines
Telle est mon amie au milieu des jeunes filles [...] »

Telle est Esther au milieu de ses compagnes qui ont rivalisé de beauté avec elle, et maintenant au milieu des ennemis d'Israël ! Telle est Tipheret, toute beauté, chambre nuptiale, lieu secret où le Roi déploie l'ardeur de Ses amours, où Il enlace de Sa force celle qui, à ses pieds, répand la splendeur de ses parfums ; mais elle doit aussi affronter les épines.

Le troisième jour, après le jeûne, Esther revêt ses habits de noce et se présente devant le roi. Assuérus, assis sur son trône, la voit toute resplendissante de sa parure royale que secrètement elle exècre sans savoir qu'elle brille aujourd'hui de la grandeur d'une autre royauté. Et le même psalmiste de poursuivre son chant d'amour « *sur les Shoshanim* » :

> « Toute resplendissante est la fille du roi dans son visage ; sa robe est faite d'un tissu d'or, couverte de broderies ; elle est introduite auprès du roi, suivie d'un cortège de jeunes filles, ses compagnes venues avec elle ; amenées avec des cris de joie et d'allégresse, elles pénètrent dans le palais du roi. »

Esther, illuminée de l'Esprit-Saint de Dieu dans la force de son audace et la faiblesse de sa transgression, enlace alors la faiblesse du roi. Elle garde le silence. Le roi se lève, dit un midrash : « Reine Esther, pourquoi trembles-tu ? Cette loi n'est pas pour toi. Tu es ma bien-aimée. » Et le récit biblique de le confirmer :

> « Le roi tend son sceptre à Esther, le sceptre d'or qu'il tenait à la main. Esther s'approche et en touche l'extrémité. »

Elle ne fait qu'effleurer le signe du pouvoir qui écrase le peuple de Dieu, cependant que le roi bouleversé s'inquiète :

> « Qu'y a-t-il, reine Esther ? Que demandes-tu ? Quand ce serait la moitié du royaume elle te serait accordée.
> — Si cela plaît au roi, répond-elle, qu'il vienne ce jour, lui et Aman avec lui, au festin que j'ai préparé pour lui. »

Le roi accepte et les choses vont alors très vite. Au cours du festin il renouvelle sa promesse : « Quand ce serait la moitié du royaume, tu l'obtiendrais. » Esther requiert la présence du roi au nouveau festin qu'elle donnera le lendemain, et la présence d'Aman. Ce dernier se retire tout joyeux de la fête mais sa joie devient colère lorsqu'aux portes, une fois de plus, Mardochée ne se lève ni même ne bouge devant lui. Il décide sa mort immédiate. Avec sa femme et ses amis, Aman fait dresser une potence haute de cinquante coudées, à laquelle sera pendu Mardochée dès le lendemain, après qu'au festin donné par Esther il aura parlé au roi.

Cette nuit-là le roi ne peut dormir et, pressentant qu'Esther va lui demander quelque chose de grave, il tente de se remémorer les faits passés susceptibles d'en être la cause ; il ne le peut, une fébrilité l'agite. Au petit matin, il se fait apporter les annales de ces événements : on y trouve consigné le fait que Mardochée avait dénoncé le complot ourdi par deux eunuques contre le roi. Assuérus s'enquiert : quel honneur et quelle dignité ont été décernés à Mardochée ? Rien n'a été fait.

Au même moment Aman se présente et le roi de lui demander aussitôt : « Que convient-il de faire pour l'homme que le roi désire honorer ? » Aman se croyant être l'objet de cette haute distinction sollicite alors dans les moindres détails les insignes royaux les plus éclatants. Et le roi de donner à Aman l'ordre d'exécuter tout ce qu'il a dit pour son serviteur le juif Mardochée. Aman ne peut qu'obéir. Fou de rage, il revêt Mardochée des habits royaux, le fait monter sur un cheval du palais et le promène dans toute la ville en proclamant très haut la volonté du roi d'honorer ainsi cet homme qui l'a sauvé. Accablé de honte, Aman se sent menacé ; lorsque les eunuques viennent le chercher pour le conduire au festin de la reine, il a peur.

A ce second festin, Assuérus presse Esther d'exprimer clairement sa demande : « Quand ce serait la moitié du royaume, elle te serait accordée », affirme-t-il pour la troisième fois. Cette fois Esther parle :

« Ô roi, si sur toi est la lumière de ton cœur, fais-moi don de la vie et, à ma requête, le don de vie pour mon peuple. Je te le demande, s'il te plaît, car nous avons été vendus, moi et mon peuple, pour être exterminés, tués et anéantis. Si du moins nous avions été vendus pour être esclaves ou servantes, j'aurais gardé le silence ; assurément l'oppresseur n'a aucun souci du dommage causé au roi ! »

Et sur la demande du roi douloureusement affecté, elle ajoute :

« Cet homme oppresseur et ennemi est Aman ; il est cet homme abominable ! »

Aman est atterré ; et pendant que le roi, très en colère, s'est écarté du festin pour aller respirer au jardin, le misérable, espérant encore trouver grâce auprès de la reine, s'est affaissé sur le divan qu'elle occupait. C'est en cette posture qu'Assuérus le trouve en revenant auprès d'Esther. « Comment, s'écrie-t-il, il va jusqu'à faire violence à la reine, en ma présence, dans mon palais ! » Ordre est donné de voiler le visage d'Aman. A ce moment un eunuque avertit le roi qu'une potence a été dressée dans la maison d'Aman pour y pendre Mardochée. « Qu'on l'y pende lui ! » ordonne le roi. L'ordre est aussitôt exécuté. Le méchant tombe dans le piège qu'il a lui-même dressé pour son ennemi ; et la colère du roi s'apaise.

Ce même jour Esther dit au roi qui est Mardochée pour elle. Et le roi remet à Mardochée son anneau royal repris du doigt d'Aman ; à la reine, la maison d'Aman sur laquelle elle établit Mardochée.

Esther se jette alors aux pieds d'Assuérus et, en pleurs, le supplie d'annuler le funeste dessein d'Aman. Assuérus pour la seconde fois lui tend le sceptre d'or. Elle se lève et, droite devant le roi, lui demande de révoquer formellement les lettres envoyées par le traître dans tout le royaume, qui donnaient l'ordre d'exterminer le peuple juif. Esther et Mardochée, munis du sceau royal, reçoivent l'ordre d'écrire eux-mêmes au nom du roi la mission que nul ne peut annuler et qui renverse le contenu de celle qu'avait envoyée Aman.

Le retournement de la situation est tel qu'une liesse folle s'empare du peuple juif ; un chant d'action de grâces s'élève de son cœur vers Dieu et un grand nombre de gens du pays adoptent la religion de ceux que maintenant ils redoutent, tant le pouvoir de Mardochée est grand et tant est grande aussi la liberté d'action que le roi donne à Israël, le peuple d'Esther.

On ne peut que difficilement achever ce livre. Il exalte la vengeance du peuple juif qui, dans ce retournement, retourne aussi le massacre dont il devait être victime contre ceux qui complotaient sa perte. Notre sensibilité, plus de deux mille ans après ces faits, a beaucoup de mal à entendre les détails de ce carnage et à voir entre les mains du peuple de Dieu, dont la loi centrale est « Tu ne tueras pas », le glaive et le sang. Mais si nous restons plaqués au sens littéral du récit, n'est-ce pas avec la même difficulté que nous entendons Isaïe clamer la vengeance de YHWH Lui-même en l'année de rédemption qui était alors venue pour son peuple :

> « Alors je les ai piétinés avec colère, dit YHWH des ennemis d'Israël,
> Je les ai foulés avec fureur ;
> leur sang a giclé sur mes vêtements.
>
> J'ai écrasé les peuples dans ma colère
> je les ai broyés dans ma fureur,
> faisant ruisseler à terre leur sang[17]. »

Le Dieu vengeur qui prend parti dans les guerres, qui extermine et tue par l'Epée, qui est-Il donc si ce n'est encore une fois le Dieu de l'intériorité, l'Epée elle-même, qui tranche le pouvoir du Satan-Ennemi et en écrase les « armées » ? Le sens profond de l'histoire d'Esther n'est soutenable qu'à ce niveau de lecture. L'histoire du peuple hébreu n'est que celle des fils d'Abraham luttant avec les fils de Lot pour les convertir à Israël, celle de la lumière allant quérir une plus grande lumière au cœur des ténèbres. Ici un grand nombre des sujets d'Assuérus entrent dans le camp d'Israël, ce qui veut dire que non seulement Dieu caché au cœur d'Esther sauve son peuple mais plus encore qu'Il y grandit au sein du féminin.

3. *Judith*

Autour du VIe ou Ve siècle avant notre ère, Nabuchodonosor, roi des Assyriens, décide de conquérir la terre entière ; il convoque tous les peuples, leur enjoignant de se soumettre à lui et écrase ceux qui s'opposent à sa folie. Avec lui sont les Moabites, les Ammonites et autres descendants de Lot ; parmi les opposants, on le devine, Israël. Comme au jour de Sodome, l'épreuve est là, mais les anges sont là aussi, invisiblement, pour faire croître Israël et faire reculer les frontières de Lot.

Holopherne, général en chef de Nabuchodonosor, est à la tête de l'armée et s'avance vers Israël. Il menace maintenant la Judée. La panique s'empare de tout le pays qui tremble pour Jérusalem et pour le Temple du Seigneur YHWH, leur Dieu. Décidés à se défendre et guidés par Joakim, le grand prêtre, et le conseil des anciens, les Judéens postent des garnisons au sommet des montagnes, dans les défilés les plus étroits ; ils fortifient les villages, préparent des vivres, se regroupent dans la prière et jettent vers Dieu des appels fervents tant ils sont alarmés ; ils s'humilient, jeûnent, couvrent leurs reins de sacs et leurs cheveux de cendres et supplient leur Dieu de ne pas les abandonner au massacre.

« Alors le Seigneur YHWH entend leurs cris et jette ses regards sur leur affliction[18]. »

Holopherne, apprenant la résistance des Fils d'Israël, entre dans une violente colère ; il fait convoquer les princes de Mo'ab et tous ceux de la côte pour leur demander qui est ce peuple qui a l'audace de résister au maître de toute la terre. Achior, commandant des Ammonites, le lui apprend ; il lui conseille même de ne pas attaquer Israël dont le Seigneur YHWH est seul maître et protecteur redoutable. La colère d'Holopherne ne fait que croître et se retourne contre Achior qui a osé proférer de telles paroles et supposer seigneur tout autre que le roi des rois, Nabuchodonosor. Sur son ordre, Achior est conduit dans la montagne, au pied de Béthulie où il sera gardé avant d'être mis à mort à la fin des combats. A la vue des soldats d'Holopherne, les habitants de la ville jettent sur eux des pierres et les forcent à abandonner Achior qu'ils recueillent. Achior informe Israël de ce qui l'attend et le peuple, affolé, implore plus que jamais YHWH son Dieu.

Cependant, sur le conseil de tous les princes qui l'entourent et qui ont entendu le discours d'Achior, Holopherne décide de ne pas attaquer Israël mais d'encercler la ville de Béthulie, qui ouvre sur la Judée, après en avoir coupé toutes les sources d'eau ; dans ces conditions, elle ne pourra que se rendre. Terrifiés, les habitants de Béthulie se retournent cette fois contre Ozias, leur chef, et se révoltent de ce qu'il ne se soit pas rendu comme les autres peuples aux fils d'Assur plutôt que de les laisser dépérir chaque jour davantage.

Ozias, serviteur de Dieu, leur demande de prendre courage et de patienter encore cinq jours dans la prière :

« Si, passé ce délai, Dieu ne nous a pas porté secours, je ferai comme vous le dites[19]. »

Chacun regagne alors qui son poste, qui sa demeure, dans un profond abattement.

C'est à ce moment précis que Judith, de la tribu de Siméon, se dresse au milieu de son peuple. Veuve depuis trois ans, « belle et gracieuse », elle dispose de grands biens que lui a laissés son mari et demeure dans une vie irréprochable tant elle est dans la crainte de Dieu. Judith apprend ce que vient de dire Ozias ; elle le fait appeler avec les anciens de la ville et leur dit :

> « [...] Qui êtes-vous pour tenter Dieu en mettant à l'épreuve le Seigneur Tout-Puissant [20] ? »

Elle leur explique longuement en quoi ils n'en ont pas le droit et elle poursuit :

> « Il nous faut prendre nos frères en charge, car leur vie dépend de nous ; les objets sacrés, le Temple et l'autel ne peuvent subsister que grâce à nous [21]. »

Elle leur rappelle la vie de leurs pères et les avertissements que Dieu n'a cessé d'envoyer à son peuple, comme Il le fait aujourd'hui, non par punition, mais pour leur purification.

Ozias s'incline devant la haute sagesse de cette femme et devant son intelligence connue de tous, mais il justifie sa décision et demande à Judith de prier plus que toute autre, elle, la femme pieuse, que certainement le Seigneur exaucera. Ces paroles de bon prédicateur étant entendues, Judith se lève. Tel un navire perçant la tempête et soudain saisi par une puissance inconnue qui fait surgir en lui un mât princier et lui donne un axe de route sûr et implacable, elle se dresse au milieu de ces hommes liquoreux et leur déclare :

> « Ecoutez-moi : j'accomplirai une action dont l'écho parviendra de génération en génération aux Fils de notre peuple. Vous vous tiendrez à la porte de la ville cette nuit, et moi je sortirai avec ma servante.

Dans le délai que vous avez fixé pour livrer la ville à nos ennemis, le Seigneur visitera Israël par ma main. Pour vous, ne cherchez pas à savoir ce que je vais faire ; je ne vous le dirai pas avant d'avoir accompli ma tâche[22]. »

« Va en paix », lui disent Ozias et ses amis, qui s'inclinent cette fois devant l'incroyable fermeté de la décision de cette femme, semblable à une forteresse inexpugnable tant sa force est terrible et ne peut avoir d'autre source qu'en Dieu. Ils s'éloignent d'elle en promettant de se tenir aux portes de la ville en temps voulu.

Restée seule, en tenue de grande pénitence, Judith se prosterne devant Dieu et prie longuement. Soudain, elle saisit en son cœur transpercé d'Elle l'Epée de son père Siméon qui châtia autrefois les auteurs du déshonneur de Dinah. Elle est de cette race de la Rigueur qui ne laissera pas déshonorer Israël. Elle prie avec la force de cette même colère sainte qui anima le père de sa Tribu et, brandissant l'Epée, l'Epée à double tranchant, elle clame :

« Ton Nom est YHWH ! Ecrase la force de l'Ennemi par Ta puissance et, dans Ta colère, abaisse leur pouvoir, car ils ont décidé de profaner Ton sanctuaire, de souiller la tente où repose le Nom de Ta Gloire et d'abattre à la hache les cornes de Ton autel. Regarde leur orgueil, fais fondre Ta colère sur leurs têtes ; mets entre mes mains de veuve la fermeté dans l'accomplissement de mon dessein [...]
[...] Fais que *ma parole et ma ruse* blessent et meurtrissent ceux qui ont tramé la violence contre Ta sainte demeure [...][23] »

Judith continue encore longtemps sa prière, une prière qui monte de son cœur vidé de tout amour humain, mis à nu par la douleur et dont l'Epée a coupé tous les prépuces comme en une radicale circoncision. Visionnaire désormais, ce cœur sait que l'intervention divine — car YHWH a jeté son regard sur l'affliction d'Israël — ne se fera pas sans le concours d'Israël.

Le Seigneur n'opère pas par magie en l'Homme, mais exige de lui qu'il œuvre au cœur de ses ténèbres où l'Ennemi se tient mais où Lui-même, le Seigneur YHWH, se tient aussi. L'Homme ne peut Le rencontrer que dans la profondeur du Verbe, non dans son verbiage, si religieux soit-il. Job le sait, qui a dû traverser tous ses animaux intérieurs avant d'atteindre au Liwiatan au cœur duquel est YHWH. Moïse, que YHWH a fait Elohim afin de lui permettre de rencontrer le redoutable roi d'Egypte, Pharaon, n'a pas reçu cette force sans que lui-même y concoure ; sur la route qui le conduisait vers Pharaon, YHWH s'est dressé devant lui pour le faire muter, dans une circoncision du cœur symbolisée par celle de son fils dans le rituel extérieur, et tout aussi radicale que celle de Judith aujourd'hui. L'Homme est infantile tant qu'il n'entre pas dans l'intelligence de ces choses : il se croit oublié de Dieu lorsqu'il prie de ses lèvres, lorsqu'il s'humilie dans son corps mais sans pénétrer sa chair ni entrer dans l'humide de ses profondeurs où Dieu l'attend.

Ozias et les chefs de la ville, eux, attendaient Dieu dans les cinq jours, au rendez-vous fixé par eux ! Risible, si la situation n'était aussi dramatique ! Car l'Ennemi est ici redoutable et exige une autre dimension du cœur que celle de l'Homme religieux mais non mort à lui-même. Il n'est pas celui d'autrefois, fait remarquer Judith, lorsque leurs pères s'étaient détournés de Dieu pour aller vers de vaines idoles ; celui-là leur valut de s'effondrer pitoyablement devant lui qui objectivait leur propre idolâtrie. L'Ennemi d'aujourd'hui se tient dans des ténèbres abyssales ; il est celui de l'orgueil insensé de l'Homme qui se croit Dieu, maître de l'univers, dont Israël, avec l'aide de YHWH, s'est détourné en partie, mais qui, telle une hydre se reconstituant indéfiniment de nouvelles têtes, atteint le peuple d'Israël dans les recoins les plus insoupçonnés de son être. On ne rencontre devant soi que l'Ennemi qu'on a *en soi*.

Dans le cœur de Judith qui voit ces choses, Dieu bande

l'arc d'un amour prêt à toutes les audaces car Lui-même y a décoché ses flèches. C'est en ce cœur qu'Il a entendu les cris d'Israël, en lui qu'Il répond. La puissance de l'Eros se déploie en ce tabernacle du Dieu vivant d'Israël, puissance d'un Eros infini pour Israël et son Dieu ! Judith, *Yehoudith*, qui n'a cessé et ne cessera de « chanter la louange » de Celui, YHWH, qu'elle porte en son nom, saisit alors dans son carquois les flèches divines de la ruse et de la séduction ; l'Ennemi ruse, mais YHWH sait le déjouer par la main de celui ou de celle qui s'abîme en Lui.

Judith appelle sa servante. Elle ôte ses habits de veuve, se baigne et se parfume abondamment ; elle peigne sa chevelure, y dépose un diadème et revêt ses habits de fête ; elle met à ses pieds des sandales, se pare de tous ses bijoux et se fait très belle pour séduire tout homme qui l'apercevrait. Elle remet à sa servante une outre de vin et de fines nourritures et se rend avec elle aux portes de la ville. En la voyant transfigurée, Ozias et les anciens qui se tiennent là s'émerveillent de sa beauté et la bénissent. Judith se prosterne et demande qu'ordre soit donné d'ouvrir les portes. Les portes de Béthulie s'ouvrent. Judith sort avec sa servante. Avec l'ange de YHWH, elle va vers le Satan des profondeurs d'Israël. Un poste avancé d'Assyriens l'arrête.

> « Qui es-tu ? D'où viens-tu ? Où vas-tu ?
> — Je suis une fille des Hébreux, dit-elle, [...] je viens pour rencontrer Holopherne et lui donner des renseignements véridiques afin qu'il puisse s'emparer de toute la région sans que nulle âme périsse[24]. »

Stupéfaits de sa beauté, les hommes l'accompagnent chez Holopherne. Les gardes du corps sortent de la tente et, subjugués, la font entrer. Holopherne se lève, précédé de flambeaux d'argent. Judith, dont le visage resplendit de la lumière d'Israël, se prosterne devant lui ; des serviteurs la relèvent Holopherne pris au piège la félicite chaudement.

Judith déploie un discours d'adroite flatterie à l'adresse de Nabuchodonosor et lui, puis lui montre l'égarement des gens de son peuple qui, depuis qu'ils sont privés d'eau, contreviennent aux lois les plus sacrées. Cela sera compté pour leur perte. Je viens d'apprendre, poursuit-elle, qu'ils ont demandé autorisation à Jérusalem de porter la main sur les prémices du blé, sur les dîmes de l'huile et du vin consacrés. Lorsqu'ils la recevront et qu'ils en useront, le feu du ciel descendra sur eux par tes mains.

> « Quand j'eus appris cela, dit-elle encore à Holopherne, je m'enfuis de chez eux et Dieu m'a envoyée accomplir avec toi les hauts faits devant lesquels la terre entière sera stupéfaite quand elle les apprendra[25]. »

Judith donne encore de précieux détails concernant le plan de ces hauts faits qui lui ont été annoncés, dit-elle, par une divine prescience.

Emerveillé de la sagesse de cette femme, non moindre que sa beauté, Holopherne donne des ordres pour qu'elle soit gardée, protégée, entourée de luxe et d'honneurs et qu'elle puisse sortir du camp chaque nuit afin de se rendre à la prière, comme elle l'a demandé. Judith vit ainsi pendant trois jours, trois jours où elle ne cesse de prier.

Au quatrième jour, Holopherne décide de donner un grand festin à ses serviteurs proches et d'y inviter Judith, pensant que ce serait là l'occasion de la séduire car depuis le premier jour il éprouve le violent désir de s'unir à elle. « Qui suis-je pour contrarier mon seigneur ? » dit-elle et aussitôt de se parer de ses habits les plus féminins. Lorsqu'elle entre dans la tente du festin, le cœur d'Holopherne reçoit un choc et son âme bondit de désir. Il l'invite à boire et à partager la gaieté de tous !

> « Certes, je boirai, mon seigneur, car depuis ma naissance jamais la vie ne m'a paru aussi exaltante[26] ! »

Exaltante, certes, car Judith sent venir l'heure du face-à-face ; les enfers se referment sur elle et le monstre d'Israël. Le monstre, sous le charme, boit une énorme quantité de vin. Lorsque le soir tombe, tous les serviteurs disparaissent et Judith reste seule avec Holopherne affalé sur son lit, complètement ivre.

C'est alors que l'Epée frappe, l'Epée à double tranchant, l'Epée flamboyante, l'Epée d'Israël :

> « S'approchant de la colonne du lit, du côté de la tête d'Holopherne, Judith en décroche son cimeterre et, se penchant sur le lit, elle empoigne la chevelure d'Holopherne et dit : Rends-moi forte en ce jour, Seigneur YHWH, Dieu d'Israël ! Par deux fois elle frappe de toute sa force sur la nuque et lui tranche la tête [...]
> Peu après elle sort et remet la tête d'Holopherne à sa servante qui la jette dans le sac à provisions. Et elles s'en vont toutes deux pour la prière, selon leur habitude. Une fois traversé le camp, elles contournent la vallée, gravissent la montagne de Béthulie et se présentent aux portes[27]. »

La fin de l'histoire que rapporte le Livre de Judith n'est que débandade, totale défaite des Assyriens et victoire d'Israël ; elle est prières d'actions de grâces d'Israël, chants d'allégresse qui préfigurent le Magnificat, et bénédictions offertes à Judith.

Mais on ne peut quitter celle qui annonce Marie sans entendre l'essentiel. Judith donne l'ordre de poursuivre dans leurs retraites et de frapper tous les Assyriens ainsi que leurs alliés, Moabites, Ammonites, etc.

> « Mais auparavant, dit-elle, appelez-moi Achior, l'Ammonite, et qu'il voie. »

Achior arrive et voit la tête d'Holopherne dans la main d'un homme, au milieu de l'assemblée du peuple ; il tombe le visage contre terre et perd connaissance. Quand on le relève, il se précipite aux pieds de Judith, se prosterne et lui rend grâce. « Raconte-moi, maintenant », dit-il. Elle lui raconte.

> « A la vue de tout ce qu'avait fait le Dieu d'Israël, Achior acquiert une foi vive en Dieu ; il se fait circoncire et s'unit pour toujours à la maison d'Israël[28]. »

Les ténèbres d'Achior l'Ammonite sont devenues lumière d'Israël. Achior est le symbole de la nouvelle conquête de la lumière sur les ténèbres. Comme au temps d'Abraham, les frontières de Lot ont reculé. Le Fils croît en Israël.

Parmi toutes les femmes de son peuple, Judith est sans doute une de celles dont la parole a été, elle aussi, forgée au creuset du feu de Tipheret et « sept fois épurée » en autant de morts-résurrections nécessaires. Avec les Chérubins, elle est proche de l'Un, proche du Nom ; sa parole est Verbe-Epée ; parce qu'elle a fait le travail avec elle-même pour atteindre à cette proximité du Verbe, elle en connaît le chemin et son incontournable rigueur pour Israël.

Devant elle, Ozias et les anciens de la ville profèrent des paroles qui lui sont insupportables. La naïveté de ces hommes relève d'un infantilisme criminel et, si responsables en titre qu'ils soient pour la ville de Béthulie, leurs critères de décision appartiennent à la logique de l'Ennemi, à celle du monde de l'exil dont celui-là est prince, non au Logos, au Verbe de Dieu auquel Judith atteint.

Aussi Judith s'insurge-t-elle contre ces hommes de pouvoir qui, si religieux soient-ils, sont dénués de puissance libératrice. Le grand prêtre qui n'a pas atteint à la dimension sacerdotale de son intériorité est un enfant de chœur devant celle qui a saisi l'Epée ! Et le chevalier qui saisit l'Epée est saisi par Elle d'un sens absolu de ses responsabilités ; il n'agit alors ni par devoir ni par sens de l'honneur, encore moins en héros, mais en serviteur. Parce qu'il est dans le souffle du Nom, il connaît, il aime et il obéit. C'est à cette obéissance que Judith répond :

> « Maintenant frères, il nous faut prendre nos frères en charge, car leur vie dépend de nous ; les objets sacrés, le Temple et l'autel ne peuvent subsister que grâce à nous. Et maintenant rendons grâce à YHWH notre Dieu qui nous met à l'épreuve comme Il l'a fait pour nos pères. »

La responsabilité est la « chose » qui a du « poids » *(pons)* et qu'alors on « épouse » *(sponsa)*. La « chose » d'Israël est le Verbe de Dieu ; Judith la fait sienne et, si redoutable soit la rencontre avec l'Ennemi, celui-là, elle le sait, n'est qu'un Adversaire devant le Verbe-Epée, l'Adversaire au cœur duquel se tient YHWH, le Dieu d'Israël. Dans son Nom, Judith craint Dieu mais n'a pas peur de l'Adversaire.

> « Qui me résisterait en face ? » dit YHWH

célébrant devant Job la beauté cuirassée du Liwiatan dont la peau ne peut être transpercée que par l'Epée divine[29].

Seule l'Epée conquise par Judith dans sa personne peut libérer celle d'Israël tenue cachée au cœur de l'Ennemi. Judith sait cela, que le Christ révélera historiquement plus tard, mais qui s'ouvre depuis toujours au cœur circoncis de Tipheret :

> « Tout ce que vous demanderez à Mon Père, en Mon Nom vous sera accordé ; mais jusqu'à aujourd'hui vous n'avez encore rien demandé en Mon Nom[30]. »

Ozias et les siens, au temps du Christ et plus tard, auraient entendu : « demander de la part de YHWH » ou encore : « par les mérites de Notre-Seigneur Jésus-Christ ». Aujourd'hui encore, nos prêtres « responsables » n'entendent souvent pas autre chose que cela des paroles divines rapportées par l'apôtre Jean. Alors que Judith entend : « *Être dans le*

Nom » pour demander, devenir capable d'entendre le Père, et obéir ; être replacé dans le Jardin de jouissance où se fait la Rencontre et là, avec le Christ, oser trancher la tête des monstres intérieurs, ouvrir le cœur du Liwiatan, devenir le Nom !

4. Sarah, épouse de Tobie

Tobie déporté à Ninive reste fidèle à son Dieu, à sa Loi et aux rites qu'exige cette Loi, autant que faire se peut en cette terre d'exil où il se sent étroitement surveillé. Il a déjà fait de la prison pour avoir osé enterrer ses morts ; il est cependant prêt à reconduire ce geste et attend que la nuit soit tombée pour accomplir sa *mitsvah*[31].

Il se repose alors sous un arbre et reçoit dans les yeux la fiente d'un oiseau, qui le rend aveugle. Aucune médecine ne peut le guérir. Seul son Dieu, il en est certain, le délivrera de cette épreuve. Avec sa prière monte celle d'une jeune femme, Sarah. Exilée elle aussi avec ses parents mais dans une contrée plus lointaine, elle a perdu sept maris, morts les uns après les autres sitôt les noces célébrées ; elle demande de toute son âme à Dieu d'être délivrée de cet opprobre. Les deux prières, nous dit le texte biblique, sont reçues ensemble dans le cœur divin.

De son côté, Tobie, profondément atteint, sent sa fin proche et règle ses affaires ; il demande à son fils, appelé du même nom que son père, d'aller recouvrer une dette qu'un certain Gabaël a contractée envers lui en Médie. Le pays est lointain et le jeune homme a peur ; il ne sait comment s'y rendre, mais il obéit à son père et cherche un compagnon. C'est alors qu'en ouvrant la porte, il trouve devant lui un homme d'une grande beauté, qui a les sandales aux pieds, la ceinture aux reins, une robe relevée sur elle et le bâton à la main, prêt à partir.

> « Qui es-tu ? demande Tobie.
> — Je suis Azarias, fils d'un notable de tes frères. Je connais la Médie, j'en ai parcouru tous les chemins et j'ai déjà séjourné chez Gabaël notre frère. »

Tobie, émerveillé, reçoit la bénédiction de son père et part avec Azarias et leur chien, laissant sa mère en pleurs ; mais celle-ci est rassurée par son époux qui semble n'avoir aucune crainte sur l'issue de ce voyage.

> « Mais où allons-nous passer cette première nuit ? s'inquiète Tobie.
> — Ici, près de ce fleuve, le Ḥideqel ; nous allons y camper », dit Azarias.

Soudain, alors que Tobie fait dans le fleuve ses ablutions rituelles, un gros poisson se dresse devant lui, qui le terrorise. Azarias le rassure et lui dit :

> « Prends de ce poisson le cœur, le foie et le fiel qui seront d'une grande utilité pour la guérison de ton père. » Tobie obéit.

La nuit suivante survient et Tobie reconduit sa question. « Où allons-nous dormir ? » Azarias informe son compagnon qu'ils demanderont l'hospitalité à des parents de son père qui habitent non loin. « Ils ont une fille, ajoute-t-il, une fille nommée Sarah qui a déjà eu sept maris, tous morts dans la chambre nuptiale. C'est à toi maintenant de l'avoir pour épouse. » Le jeune homme a peur. Mais Azarias le rassure encore :

« Quand tu entreras dans la chambre nuptiale, prends le foie et le cœur du poisson ; mets-en sur les cendres de l'encens ; l'odeur s'en répandra et le démon qui atteint la jeune femme s'enfuira pour ne plus jamais revenir. Et lorsque vous voudrez vous unir tous deux, levez-vous et priez tout d'abord le Seigneur du ciel en lui demandant d'avoir pitié de vous et de vous protéger. Ne crains rien... »

Les choses se déroulent alors comme l'a dit l'étrange guide. Ils sont reçus dans la joie chez les parents de Sarah ; Tobie demande la jeune femme en mariage et Raguël, père de Sarah, la lui accorde en disant :

« Prends donc ta sœur car dès à présent tu es son frère ; elle t'appartient aujourd'hui pour toujours. Le Seigneur du ciel vous accordera ce soir ses faveurs ; Il vous comblera de grâce et de paix. »

Après la présentation des deux époux, le contrat de mariage signé, un repas de fête partagé, les jeunes gens sont conduits dans leur chambre. Tobie exécute scrupuleusement ce que lui a recommandé Azarias et s'unit à Sarah. Raguël fait creuser une fosse... puis il envoie une servante chercher le cadavre ; mais celle-ci trouve dans la chambre les deux jeunes gens enlacés et dormant profondément. Le lendemain matin Tobie prie son guide de poursuivre seul le voyage, d'aller quérir les dix talents d'argent de son père et de ramener Gabaël à ses noces. Ainsi est-il fait.

Après les deux semaines de noces, Tobie demande à Raguël de le laisser repartir avec Sarah bien sûr, Azarias et le chien ! Il a hâte de rejoindre son père qui, pense-t-il, doit s'inquiéter. Lorsque la petite troupe arrive auprès du vieil homme que le chien rejoint le premier, Tobie exécute aussitôt ce que lui a recommandé Azarias : tenant à la main le fiel du poisson, il souffle dans les yeux de son père et applique sur eux le remède. Après l'avoir laissé agir, il tire délicatement de ses deux mains des petites peaux du coin des yeux. Alors son père fou de joie se jette à son cou en pleurant :

> « Je te revois, mon fils, lumière de mes yeux !
> Béni soit Dieu ! Béni soit Son Grand Nom ! »

Et les deux hommes ne cessent de louer leur Seigneur.

Tobie raconte à son père cet inoubliable voyage, tous deux vont à la rencontre de Sarah qui suivait à quelque distance avec ses servantes. Elle entre dans la joie de la maison, comblée de bénédictions et de bonheur. Mais lorsque les deux hommes veulent remettre à Azarias son salaire, ce dernier leur révèle sa véritable identité :

> « Je suis Raphaël, un des sept anges qui se tiennent devant la gloire de Dieu et font pour Lui toute démarche. »

Effrayés, les deux hommes tombent face contre terre et l'ange poursuit :

> « Ne craignez pas, soyez dans la paix [...] je remonte maintenant vers Celui qui m'a envoyé. Ecrivez tout ce qui vous est arrivé. »

Lorsque les deux hommes se relèvent, l'ange s'est effacé ; ils ne peuvent le voir. Mais un cantique s'élève de leur cœur, un chant de gloire qui donne sens aux événements :

> « Béni soit Dieu qui vit éternellement et Son règne qui dure à jamais [...]
> Il conduit au plus profond de l'enfer et en ramène ceux qui étaient perdus. Rien ne peut échapper à Sa puissance,
> Proclamez-le, enfants d'Israël, à la face des nations,
> Car Il vous a dispersés parmi elles mais c'est pour vous faire voir Sa grandeur [...]
> Sa miséricorde vous sauvera de toutes les nations où vous avez été dispersés [...] »

Un chant de gloire qui perce les cieux et prend dimension de prophétie :

« Jérusalem, cité sainte,
Dieu t'a châtiée pour les œuvres de tes mains [...]
En toi une vive lumière brillera
jusqu'aux extrémités de la terre.
Des peuples viendront de loin en grand nombre
des points les plus reculés de l'univers
pour habiter auprès de ton Saint Nom [...] »

L'histoire de Tobie est celle d'une descente aux enfers. Par son nom, Tobie est promis au *Tob̲* (lumière-accompli de l'Arbre de la connaissance *Tob̲ WaR'a)* ; il devait faire l'expérience du pôle *R'a* (ténèbres, inaccompli). Son fils Tobie est le « fils de l'Homme », intérieur à lui, qui vit son grand voyage nocturne dans les profondeurs du *Guiḥon* (sa Géhenne). Accompagné de l'ange, il a passé le Ḥideqel[32] ; arrivé auprès de *Sarah*, son « principe », il est au cœur de la matrice de feu.

Sept fois déjà il était mort et ressuscité à lui-même en de premières épousailles avec Sarah. Ce n'est qu'aveugle à la lumière extérieure qu'il peut entrer dans ses ultimes ténèbres et célébrer ses noces, se libérer de ses derniers démons, « payer sa dette ». « Payer la dette » est le mot *Shalom* que nous traduisons couramment par « paix », mais celle-ci est la paix divine, non celle des quiétudes humaines ; elle est le repos donné à celui qui accomplit son Nom et qui pour cela investit toutes ses énergies à le devenir. Les énergies dispersées auparavant par lui et dirigées vers d'autres réalisations que le Nom sont autant de dettes contractées envers le Saint Nom. Dans son voyage intérieur Tobie va recouvrer une dernière dette — le dernier « démon » est enchaîné.

Raphaël est l'ange qui « guérit », c'est lui qui enchaîne le démon ; mais le nom sous lequel il se présente est non moins signifiant : *'Azarias* est construit sur la racine *'Ezer*, l'« aide », le féminin 'Ishah que Dieu fait découvrir à tout Adam voulant s'accomplir (« faisons une aide, son face-à-face[33] ») ; il désigne l'ange conducteur vers l'épouse des profondeurs, qui le guide vers elle et qui, présidant à ses noces, guérit l'homme jusque-là tant exilé de lui-même !

Le chien, d'une façon plus voilée encore, est un autre ange : *Keleḇ*, il « tient en main le cœur » de l'Homme, où se joue la transformation des ténèbres en lumière ; il accompagne l'aveugle dans son errance extérieure, mais c'est l'Homme intérieur qu'il conduit dans ses ténèbres. Avec Raphaël, il mène l'Homme vers son « principe », sa sœur-épouse !

Tobie, semblable au Bien-Aimé du Cantique des Cantiques, avait encore une petite sœur... celle qui maintenant est sa une !

Ainsi en est-il de chaque personne humaine qui, tel Israël exilé dans le monde, est à la recherche de l'« autre » sa « une », son « principe » et sa finalité.

5. *La femme de Job*

La femme de Job n'est pas moins que cela pour l'homme si rudement éprouvé par Dieu. Excédée de la grandeur d'âme de son époux, Ḥawah en elle s'écrie : « Maudis Dieu et meurs[34] ! » mais 'Ishah, elle, dit : « Bénis Dieu et mute. » Les deux lectures sont justes, encore que la première soit plus douteuse.

Il est certain que si tout être humain peut se laisser emporter sur le premier registre, il doit un jour ouvrir l'oreille du cœur à ce que lui dit le second. Et toute femme, plus précisément encore, incarne Ḥawah ou 'Ishah.

CHAPITRE VI

Les prostituées

Ces quatre grandes figures de femmes de la Bible, avec celles des matriarches, nous ont révélé quelques aspects de l'identité féminine des profondeurs de tout être, plus spontanément co-naturels à la femme : la beauté, l'ouverture d'un cœur visité de Dieu, rendu capable ainsi de véritable amour, la rigueur, la force, l'audace, l'engagement... toutes vertus auxquelles j'ajouterai l'exigence du désir d'unité et de fécondité. Souvent rabattues à l'étage très ordinaire de la vie inconsciente, elles conduisent à la sainteté lorsqu'elles sont vécues sur le registre ontologique.

On n'ose plus prononcer ce mot « sainteté » tant il a été réduit à d'insupportables mièvreries, voire identifié à une faiblesse d'esprit où batifolent sentimentalisme et naïveté... d'ordre féminin, cela va de soi !

Or la « sainteté », *Qedoushah* en hébreu, est le même mot que celui qui désigne la « prostituée », *Qedeshah* ! Que veut donc nous dire cette langue ? Construite, comme le monde, en obéissant aux lois ontologiques du Logos-Verbe qui légifère en toute chose, elle est, plus que toute chose, dans l'intime proximité du Verbe. Le substantif *QDShH* partage sa valeur numérique 409 avec *'Aḥat* qui signifie « sœur » ou « une ».

La « sœur », dans le langage intérieur, nous nous en souvenons[1], est la Adamah-'Ishah en tant qu'elle est l'autre avec laquelle l'Homme, en l'épousant et naissant tout nouveau d'elle, fera son « unité ». On peut alors deviner que toutes les énergies qui la composent sont investies par cet être ou bien pour célébrer ses épousailles intérieures et alors construire la sainteté — l'unité —, ou bien pour édifier son seul royaume extérieur aux exigences duquel il se prostitue. En ce dernier cas, l'Homme jouit d'une considération d'autant plus grande dans le monde qu'il y acquiert de la puissance. Mais sans aller jusqu'à cette parfaite « réussite », dans la mesure où il ne construit pas son Nom au-dedans de lui, inconsciemment il se prostitue à tous les objets de sécurisation, de jouissance et de puissance qui sont aussi objets de compensation à son vide ontologique ; à la place de son Nom, il cherche la renommée ! « Ou bien, ou bien » : cette alternative est, sous ma plume, beaucoup trop catégorique ; je la laisse filer dans son outrance pour mieux discerner les deux pôles que définit le même mot hébreu *QDShH.* Mais il est certain que si je dépiste une forme de prostitution liée à une peur devenue consciente en moi et si je travaille sur elle pour en construire mon Nom, je laisse certainement encore d'autres misères inconscientes dans mes ténèbres ! Ayant commencé ce travail je suis seulement beaucoup plus vigilante.

Ce que la Bible va nous apprendre, me semble-t-il, c'est que, dans l'optique que nous venons de prendre, la prostituée, celle qui fait commerce de son corps, n'est peut-être pas la plus méprisable. Qui, d'ailleurs, est méprisable ? Personne ! Il est sans doute préférable de dire que *le type* de prostitution de cette femme n'est pas le plus méprisable. Il en est de plus subtils, de moins spectaculaires, qui se jouent sur nos trottoirs intérieurs où nous nous vendons insidieusement ; on ne songerait ni à les qualifier de « prostitution », ni même à les absoudre tant ils sont de mise, mais ils s'insinuent plus gravement dans le cœur de l'Homme ! Ils relèvent de tous nos calculs ; ils nous cuirassent devant l'amour et gèlent tout vrai don.

La prostitution d'un corps qui n'a pas encore fait jonction avec la « chair » des profondeurs n'est qu'animale ; avec l'hébreu je dirai qu'elle est celle d'un « cadavre ». Le corps ne prend réelle valeur de corps humain et n'a vie, dans le langage biblique, que lorsque l'Homme se retourne vers son orient et qu'alors il entre en résonance avec le Germe divin, fondateur de son être. A ce moment son corps commence à vibrer de la lumière de la « chair » libérée aux plus grandes profondeurs de lui.

L'hébreu n'a pas de mot pour dire le « corps », seulement le substantif *Goph* qui désigne le « cadavre ». Il signifie par là que le seul corps vivant est celui qui est devenu « chair », non pas la chair que dénonce l'apôtre Paul lorsqu'il l'oppose à l'esprit chez l'Homme en exil, mais la chair telle qu'elle est révélée en l'Homme ontologique et dont j'ai parlé plus haut[2]. Le corps qui devient chair porte en lui, en chacune de ses cellules la présence du Fils et de l'Esprit de l'Homme, celle du Germe de son Nom croissant dans la puissance de l'éros alors rendu à l'Epoux divin ; il irradie de Sa Présence et s'illumine de Sa lumière.

L'interdit moral de la prostitution chez l'être en exil est l'ombre portée de ce que serait la prostitution d'un corps devenu chair chez l'être éveillé, mais il veut aussi certainement dénoncer en cette objectivation nos prostitutions intérieures laissées à la dérive de l'inconscient. Cet interdit moral ne résiste pas à une plus haute réalisation de l'être, lorsqu'elle exige sa transgression. Tamar, belle-fille de Judas, quatrième fils d'Israël, nous le prouvera. Il n'est aucunement lié à une quelconque disgrâce chez l'homme qui a recours aux services d'une prostituée, tel Samson par exemple[3], juge en Israël, doué d'une force morale aussi légendaire que sa force physique ; celle-ci tout entière contenue dans ses cheveux témoigne de la puissance amoureuse de cet homme, puissance qui monte des talons jusqu'aux reins èt des reins jusqu'aux cheveux en lesquels elle « fleurit »[4]. Cet interdit n'est pas davantage pris en compte par celui qui détient le secret de la plus haute sagesse, le roi Salomon, lorsque son jugement tranche entre les deux fameuses prostituées de Jérusalem qui se disputent un enfant[5]. De son côté Josué — du même nom que Jésus, ici voilé (mais quelles prémices !) —, après la mort de Moïse, n'hésite pas à envoyer ses espions dans la « fosse profonde[6] » qu'est la maison d'une prostituée, Rahab, pour négocier l'entrée du peuple hébreu en Terre promise. Si les espions ne touchent pas la femme, c'est qu'ils attendent d'elle un autre don que l'ivresse d'une nuit : un don gratuit, que ne savent pas souvent distribuer les femmes dites légitimes... La loi serait-elle toujours meurtrière de l'éros ?

1. Tamar[7]

Judas, quatrième fils d'Israël, avec tous ses frères (à l'exception de Benjamin), vient de vendre l'un d'eux, Joseph, à des marchands faisant route vers l'Egypte. Pour vingt pièces d'argent, Judas a livré son frère aux ténèbres ennemies. Que ce nom est redoutable !

Il épouse une Cananéenne qui lui donne trois fils : 'Er, 'Onan et Shelah ; il choisit pour 'Er, son aîné, une femme nommée *Tamar.* 'Er meurt sans avoir donné d'enfant à son épouse ; 'Onan, selon la loi, est prié par son père de susciter une descendance à Tamar à la place de son frère, mais il préfère ne laisser que son nom de solitaire à la mémoire humaine plutôt que d'accomplir son devoir... et Dieu le reprend ! Quant au troisième fils, il est encore trop jeune pour répondre à l'exigence de cette loi et Judas renvoie sa belle-fille à Timna, dans sa famille, en attendant que Shelah soit capable d'assumer cette postérité. Mais Shelah devenu adulte n'est pas donné à la jeune femme pour époux ; elle en ressent une vive affliction.

Ayant appris que son beau-père devait monter à Timna,

Tamar, au jour dit, ôte ses vêtements de veuve, se couvre d'un voile et s'assied à l'entrée de la ville, telle une prostituée. Judas est séduit et, ne la reconnaissant pas derrière son voile, s'approche d'elle.

« Que me donneras-tu ? lui dit-elle.
— Je t'enverrai un chevreau de mon troupeau.
— Soit ! Mais alors laisse-moi un gage jusqu'à ce que tu l'envoies.
— Quel gage veux-tu que je te laisse ?
— Ton sceau, ton cordon et le bâton que tu tiens à la main. »

Il les lui remet et la suit. Après le départ de Judas, Tamar ôte son voile et reprend ses vêtements de veuve ; elle est enceinte.

Lorsque Judas fait envoyer le chevreau, le serviteur ne trouve pas la prostituée à la porte de la ville ; il se fait même dire qu'il n'y en a jamais eu à cet endroit. Ne voulant pas courir le risque du ridicule, Judas s'en tient là ; mais lorsqu'il apprend trois mois plus tard que sa belle-fille s'est prostituée et qu'elle est enceinte, il l'envoie chercher pour la faire brûler vive. En voyant son beau-père, Tamar lui montre les gages que lui a laissés l'homme, père de son enfant !

« Examine bien, précise-t-elle, à qui sont ce sceau, ce cordon et ce bâton. »

Judas comprend ; il est confondu ·

« Elle est plus juste que moi », dit-il, et il se retire.

Le temps de l'accouchement arrive : des jumeaux sont dans le sein de Tamar ! L'un d'eux sort une main du ventre de sa mère ; la sage-femme y fixe un fil rouge écarlate et déclare : « C'est lui le premier-né. » Puis son frère sort faisant une large « brèche », ce qui lui vaut d'être nommé *Parets*. Enfin naît à son tour celui dont la main est maintenant ornée du fil écarlate ; il est nommé *Zeraḥ*, la « splendeur ».

Parets, la « percée », est l'ancêtre du Christ qui, selon la prophétie d'Israël[8], est appelé « Lion de la tribu de Judas ». Avec Parets, le Fils-Verbe fait en Israël une « percée » fulgurante que la main de Zeraḥ, la « splendeur », a préparée. *Yad*, la « main », est le *Yod* qui annonce YHWH. La main est alors entourée, comme couronnée du fil écarlate, *Shani*, qui est signe de la lettre *shin*, signe de l'Esprit-Saint dont la couleur emblématique est le rouge écarlate.

C'est l'Esprit qui précède et annonce la venue du Verbe et qui, de son fil écarlate *(Shani)*, promet aussi le « changement » fondamental, car telle est la racine de ce même mot. *Tamar* est le « palmier » qui se dresse « comme le juste » que chante le psalmiste[9] :

« planté dans la demeure de YHWH,
qui s'épanouit dans les parvis de Dieu
et qui, jusque dans la vieillesse, porte ses fruits ».

Il n'est pas moins célébré par le Bien-Aimé du Cantique des Cantiques[10] qui parle de l'Epouse en disant : « montons au palmier pour en saisir les fruits » !

Tout en Tamar clame la fécondité, la bénédiction et le triomphe de ses palmes. En dépit des interdits, sa sève fuse drue et, tel un ciseau affûté, tranche au passage les prépuces des cœurs incirconcis pour faire éclater le fruit. Elle n'a plus rien à faire de la loi devant l'exigence de l'éros ; en elle sombre toute logique quand le Logos frappe à sa porte. Plus rusée que le serpent de mort et capable de jouer souverainement les prostituées, Tamar est de la plus haute noblesse. Son histoire sertie comme un diamant au cœur de celle de Joseph vendu par ses frères, puis retrouvé dans les prisons de Pharaon, est celle de la lumière cachée dans les ténèbres, que nulle noirceur ne saurait définitivement éteindre. Elle est celle de la montée messianique en Israël

2. *Rahab*[11]

Et voici venir Rahab. Elle ne joue pas les prostituées, elle en est une réellement. De sa maison, si ce n'est de son ventre, va jaillir cette fois encore la sève de YHWH.

Le peuple d'Israël a quitté l'Egypte et vient de cheminer quarante ans dans le désert lorsqu'il arrive aux portes de la Terre promise. Comment pénétrer cette terre et en conquérir l'un des derniers bastions, la ville de Jéricho, celle qu'on appelle justement la « cité des palmiers » ? Qui pourra abattre cette « force triomphante » que laisse présager Jéricho ?

Après quatre cent trente ans d'esclavage en terre d'Egypte où Joseph *(Yasoph)* l'avait précédé, le peuple hébreu s'est retourné vers son orient. Avec Moïse *(Moshe* dont le nom retourné est *Hashem*, le Nom !) il a passé *Yam Soph*, la « mer de la limite », appelée couramment « mer Rouge », rouge du sang des Egyptiens engloutis en elle lorsqu'ils tentèrent de poursuivre les Hébreux. Entre ces deux « limites » *(Soph)*, dans cette matrice que fut l'Egypte, le peuple de Dieu a « augmenté », ce que signifie le verbe *Yasoph* : on ne peut croître intérieurement qu'en acceptant ce temps d'enfermement dans un lieu qui, s'il n'est fait matrice, devient prison, voire tombeau. C'est à l'Homme de surmonter l'épreuve dans le sens de sa croissance ; et lorsqu'il entre dans le souffle divin de son accomplissement, il va de naissance en naissance en lui-même, jusqu'à ce qu'il atteigne à la « terre promise ». La Palestine est pour les Hébreux la Terre promise qui doit ponctuer à l'extérieur d'eux l'accès à celle tout intérieure d'où naîtra le Fils-Verbe, le Messie. Pendant quarante ans ils ont traversé le désert, éprouvés au feu de l'Epée, « jusqu'à l'extinction de cette masse d'hommes de guerre échappés d'Egypte et infidèles à la voix de YHWH [12] ». Ce sont leurs enfants qui se présentent aujourd'hui avec Josué devant les murs de Jéricho.

Comment vaincre cette ville au peuple redoutable « que nous ne sommes pas en mesure d'attaquer [13] » avaient déjà dit les explorateurs envoyés par Moïse pour reconnaître le pays. Moïse maintenant est mort ; c'est Josué *(Yeshou'a*, le « sauveur ») que YHWH a choisi pour lui succéder. Josué, pré-figure du Sauveur-Messie, est désigné pour donner à Israël l'accès à la « terre promise », la terre du Nom. Nul ne peut entrer dans cette terre intérieure où « JE SUIS en devenir d'être » atteint à la Ressemblance de JE SUIS, sans que JE SUIS préside à la tombée de cette « peau », à l'effondrement de cette ultime résistance [14].

Josué, symbole du Messie dans la terre extérieure, est devant les murailles de Jéricho. Il envoie secrètement deux espions pour examiner le pays et notamment cette ville. Après qu'ils ont reconnu les lieux, les deux hommes entrent chez Rahab, la prostituée ; le roi de Jéricho somme immédiatement sa police de renvoyer ceux dont il a appris qu'ils étaient chez cette femme et qu'il soupçonne être des espions. Mais Rahab cache les deux hommes, assurant qu'ils sont repartis avant la fermeture des portes et qu'il est prudent de les poursuivre dans telle direction. En réalité Rahab les a dissimulés sous des tiges de lin étendues sur sa terrasse. Elle a appris que le Seigneur YHWH est avec eux ; elle connaît l'épopée des Hébreux depuis l'Egypte et ressent la splendeur de leur Dieu grand et redoutable. Telle Ruth reconnaissant en Naomei le chemin de la lumière et la suivant, avec la même détermination Rahab aidera ces hommes. Elle n'a pas peur, rien n'arrêtera ses projets, elle entre dans la crainte :

> « C'est YHWH, votre Dieu, qui est Dieu », leur affirme-t-elle.

Elle devient ange pour ces hommes.

Leur faisant promettre d'être épargnée avec sa famille quand ils prendront la ville, elle fait descendre les espions pendant la nuit, au moyen d'une corde, par la fenêtre qui s'ouvre dans le mur d'enceinte de la ville, du côté de la montagne. Mais pour s'acquitter de leur serment et pouvoir reconnaître la maison de Rahab, les deux hommes lui demandent de fixer un cordon rouge cramoisi à la fenêtre par où ils se sont échappés, ce qu'elle fera, promet-elle.

Les espions retrouvent Josué et lui rendent compte de leur mission. Alors Josué, sur l'ordre de YHWH, fait lever le camp des Hébreux et tous, avec l'Arche sainte en tête, traversent à pieds secs le Jourdain à hauteur de Jéricho. Comme Moïse fendant les eaux de la mer Rouge, Josué trouve sous ses pieds le lit desséché du fleuve qui, sur ses côtés, dresse une muraille d'eau en amont du passage, alors qu'il descend paisiblement en aval vers la mer de Sel. Les deux moments sont inséparables ! Le Seigneur lui-même les unit :

> « Aujourd'hui j'ai roulé loin de vous l'opprobre de l'Egypte », dit YHWH à Josué.

Celui-ci, après la traversée du Jourdain, peut enfin circoncire le peuple, car au milieu du désert, le rite n'avait pu être accompli pour les hommes de cette nouvelle génération. Maintenant circoncis dans leur chair, ces hommes avec Josué vont pouvoir achever la Pâque de leurs pères et procéder à la coupure de la dernière « peau » qui sépare Israël de la ville sainte de Jérusalem. *Jéricho*, ville « lunaire », est cette « peau », cette nuit obscure, avant la conquête de la lumière.

On connaît les circonstances admirables dans lesquelles Josué prend Jéricho : pendant six jours, sur ordre divin et sous la direction de l'archange Micaël, chef des armées de YHWH, les guerriers font le tour de la ville avec l'Arche sainte en tête et sept prêtres portant chacun un shoffar retentissant. Le septième jour ils font sept fois le tour de la ville, les prêtres sonnent alors du shoffar et, au son de la « corne jubilante », le peuple hébreu pousse une immense clameur : les murailles de Jéricho tombent ! Le Verbe lui-même est ici le ciseau qui taille ! La ville est entre les mains des Hébreux.

Grâce *au fil écarlate*, les espions entrent alors chez Rahab où s'était rassemblée sa famille. Ils la mettent en sûreté, avec tous les siens, loin du camp d'Israël ; et Josué leur laisse la vie sauve cependant que toute la ville est brûlée, telle Sodome, pour que ses ténèbres deviennent lumière d'Israël.

C'est ainsi que le « sauveur » fit entrer Israël en Terre sainte, mais avec la complicité de Rahab, la prostituée. Une idée de « force » est dans le nom de *Rahab*, non seulement une idée, mais une *présence* de « violence » capable de « soulever » les poids les plus lourds et d'extraire des plus graves situations le « secret » de leur sens et donc la solution à leur donner. *Raz*, de même valeur numérique que *Rahab* (207), est le « secret », ce qui se tient dans le « verbe » de la « chose ».

Si prostituée qu'elle soit, et peut-être parce qu'elle l'est (!), Rahab a senti le souffle divin qui fonde l'événement. Sans doute plus que les espions eux-mêmes qui, dans leur être immédiat, obéissent aux ordres, elle a perçu l'ordre profond de leur visite. A-t-elle vu derrière eux les deux anges qui allèrent autrefois vers Lot alors réfugié à Sodome avant la destruction de la ville ? Elle semble avoir ceci de commun avec l'ange qu'elle participe de tous ses sens à une réalité inconnue des êtres « à règles et à calculs » : son mental n'est encombré de rien ; elle accueille tous ceux qui se présentent à elle pour un petit moment de bonheur dérobé à leur misère, à la nuit de leur solitude, à leurs systèmes savamment édifiés, à leurs prisons constituées — un moment de vie prélevé sur leur durée de mort ! Elle accueille le seigneur et le clochard, celui qui pue intérieurement et l'autre à l'extérieur ; elle connaît et accepte sa propre puanteur sous ses parfums, sa laideur derrière ses chatoiements séducteurs !

Elle en a tant consolé de ces êtres en rupture de morale, de confort religieux et social, quelques-uns paniqués ! Elle a reçu tant d'affronts, tant d'insolence de ceux qui projettent sur elle le refus de leur corps qu'ils font alors plus animal que celui du manant. Elle a tout reçu et son métier l'a obligée à une égale ouverture, sa couche devenant lit de mort ou berceau de naissance nouvelle ! Elle a appris ce qui se cache derrière les oripeaux somptueux ou laids du monde ; elle a laissé s'en retourner celui qu'elle aimait et retenu qui lui répugnait ; elle a pleuré et essuyé des larmes. Elle a tant aimé !

Alors tous ses sens se sont affinés, percevant un « elle ne sait quoi » au-delà des êtres, qui joue en résonance avec une part privilégiée d'elle-même, à la façon des songes... à la façon dont le Jourdain, là-bas, joue de ses ondes avec la lumière du ciel, pressentant déjà dans ses frémissements qu'un jour « il reviendra en arrière et qu'avec lui les fleuves applaudiront et les montagnes exulteront » sous un souffle neuf[15]. Ce souffle, elle l'a soudain reconnu en ces deux hommes. Quel bouleversement l'a saisie ? Ils ne venaient pas chercher leur plaisir, eux, mais cette « chose » qu'elle savait avoir de commun avec eux, qui relève d'un autre amour, d'une autre étreinte, toute subtile celle-là. Et ce fil rouge écarlate, qu'ils lui ont demandé d'accrocher à la fenêtre comme un signe extérieur de reconnaissance, n'est-il pas celui qui les relie dans l'au-dedans depuis si longtemps, depuis que la sage-femme l'avait entouré autour du poignet de Zeraḥ et depuis qu'il courait aussi sur les lèvres de la Shulamite, offertes à celles du Bien-Aimé [16] ? De quel autre baiser est-il l'annonce, ce fruit cramoisi de l'amour, qui presse son jus depuis si longtemps, en sève montante, promise au peuple d'Israël ?

Rahab la sent couler, cette sève, dans son propre sang, nourrir sa moelle la plus intime ; ses entrailles en sont émues plus que par les cascades amoureuses qui parfois ont fait chavirer son ventre. Elle participe d'une gloire qu'elle ne sait pas nommer mais qu'elle sent déjà se déverser en parfums sur des pieds enserrés du fil rouge cramoisi de ses baisers...

La Tradition fait de Rahab la mère de Bo'az, époux de Ruth et ancêtre du Christ. Peut-être aussi, dit un midrash, aurait-elle épousé Josué.

Le Messie vient au cœur de la prostitution du monde ; l'Esprit-Saint qui l'annonce, l'Esprit de « splendeur », pose sa marque écarlate le long de l'Histoire « dans le pays qui se prostitue loin du Seigneur YHWH [17] ». Il la pose dans la voix du prophète, une voix prête à éclater comme une outre de vin fermenté qui dénonce le détournement d'Israël, loin de YHWH, vers de faux époux :

> « C'est pourquoi je vais barrer sa route avec des épines,
> je l'entourerai d'un mur, elle ne trouvera plus d'issue et ne pourra rejoindre ses amants qu'elle cherchera sans les trouver [...].
> comme si elle ne savait pas que c'est moi qui donne le froment, le vin et l'huile et qui prodigue l'argent et l'or que ceux-là idolâtrent [18]. »

Et Jérémie d'ajouter :

> « Israël la révoltée est allée sur toutes les montagnes élevées, sous tous les arbres verdoyants, pour s'y livrer à la prostitution [19]. »

Le prophète pleure les larmes de la ville sainte, Jérusalem, dévastée par son péché :

« Elle pleure tout le long de la nuit
les larmes inondent ses joues
De tous ses amants, nul ne la console,
tous l'ont délaissée,
ils sont devenus ses ennemis[20]... »

Mais, aurait-elle oublié son Seigneur,

« Moi je ne t'oublierai jamais », dit YHWH par la bouche d'Isaïe qui poursuit :
« Te voici gravée sur les paumes de Mes mains [...].
car ton Epoux, c'est ton Créateur,
Il se nomme le Seigneur des armées ![21] »

Gravée sur la paume de Ses mains, elle enlace aussi le cœur divin qui n'est que désir d'elle. C'est dans sa boue qu'Il cherche à établir les racines de son Nom, dans les ténèbres de ses adultères qu'Il travaille sa terre et qu'Il la purifie de ses larmes ; c'est en elle, sa bien-aimée, que vibrent ses propres entrailles et dans ses mains de glaise qu'Il pose les siennes toute brûlantes du feu de leur Alliance. Alliance oubliée d'elle, mais que Lui n'oublie pas :

« C'est pourquoi je vais l'attirer, la conduire au désert et parler à son cœur [...]
En ce jour-là tu m'appelleras "mon Epoux" [...]
Je te fiancerai à moi pour toujours,
Je te fiancerai à moi dans la justesse,
dans l'ordre, dans la miséricorde et la tendresse.
Je te fiancerai à moi dans la fidélité
Et tu connaîtras YHWH[22]. »

Appelée par Lui au désert, encore faut-il qu'elle soit prête à entendre Sa Voix ! Ses résistances sont si grandes et ses forteresses si puissantes ! Six fois l'archange Micaël, chef des armées célestes, en a fait le tour sans que rien semble ébranlé de ses certitudes, de ses peurs et de ses prostitutions. A la septième ronde, la Voix divine tonne et la « brèche » enfin taillée dans l'effondrement de ses murs livre passage au nouvel être lourd de JE SUIS.

Comme *Parets* naissant de Tamar, le peuple hébreu de Rahab, tout être appelé de Dieu vers son orient entend un jour cette Voix qui le bouleverse, qui fait s'effondrer ses résistances et qui l'appelle à naître.

CHAPITRE VII

Marie et les femmes des Évangiles

1. Marie

Le fil rouge écarlate de l'Esprit-Saint continue de tendre sa trame sur Israël, dont l'histoire inéluctablement prise au piège de l'amour divin s'enchaîne à elle. Ce tissu bariolé d'émerveillements et de tendresses, de trahisons et de peurs, d'orages et de frémissements d'ailes, d'épopées guerrières et de chants amoureux, se déroule jusqu'au pied des montagnes de Galilée, dans la bourgade de Nazareth où l'ange Gabriel vient visiter Marie. Les icônes de l'Annonciation dessinent ce fil rouge sur les lèvres de l'ange et le font danser au-dessus de la vierge ; l'Esprit-Saint maintenant pénètre la jeune femme élue du peuple élu, bénie entre toutes les femmes, en qui soudain « Dieu fait les grandes choses » qu'annonçaient les Doudaïm[1].

Dieu fait de grandes choses en celle qui, de son côté devenue fleur de l'Arbre de la connaissance, va en donner au monde le fruit, en toute justice cette fois. Elle a été germée depuis l'aurore de l'humanité, à travers prostitutions et saintetés de ses ancêtres, jusqu'à Anne et Joachim, ses parents.

Le couple est stérile, nous confie l'évangéliste Jacques[2].

Accablé de chagrin, Joachim se retire au désert et y jeûne pendant quarante jours et quarante nuits ; il n'ira boire ni manger avant que le Seigneur l'ait visité ; la prière sera sa seule nourriture. De son côté, sa femme Anne pleure sur sa stérilité mais aussi sur son veuvage, croyant son mari mort. Sa servante Judith la réprimande et l'incite à sortir de son désespoir. Alors Anne ôte ses habits de deuil, se lave la tête et revêt ses habits de noces ; elle descend dans son jardin et s'assied à l'ombre d'un laurier. Levant les yeux au ciel elle aperçoit un nid de passereaux dans le laurier. « A qui se compare mon sort ? gémit-elle. Pas même aux oiseaux du ciel qui sont féconds devant Ta face, Seigneur ! Las ! à qui se compare mon sort ? Pas même aux animaux stupides qui eux aussi sont féconds, Seigneur ! Las... Las ! » et Anne d'énumérer toutes les félicités de la terre, dont elle-même est privée. Sa prière est ardente ; et voici qu'un ange du Seigneur vient lui promettre une postérité dont on parlera dans la terre entière ! Anne, réjouie, promet alors de faire don de son enfant au Seigneur. L'ange la prévient que Joachim, son époux, a reçu le même message d'en haut et qu'il vient maintenant vers elle... C'est alors qu'Anne conçoit et enfante une fille qu'elle appelle Marie.

Quand l'enfant atteint ses trois ans, Anne et Joachim décident d'accomplir leur vœu. Ils conduisent Marie au Temple. Le prêtre accueille la petite fille, l'embrasse et la bénit en disant : « Le Seigneur Dieu a exalté ton nom parmi toutes les générations. En toi, au dernier jour, le Seigneur manifestera la rédemption aux fils d'Israël. » Il la fait asseoir sur le troisième degré de l'autel ; le Seigneur Dieu répand sa grâce sur elle. Ses pieds esquissent une danse et toute la maison d'Israël l'aime... Marie demeure dans le Temple jusqu'à l'âge de douze ans. A ce moment on la fiance à Joseph qui la prend dans sa maison.

Un jour les prêtres décident de faire tisser un voile pour le Temple du Seigneur et réunissent sept jeunes filles de la ville afin de tirer au sort laquelle filera l'or, l'amiante, le lin, la soie, le bleu, l'écarlate et la pourpre véritable. La pourpre véritable et l'écarlate échoient à Marie qui se met à filer. Certaines icônes placent l'écheveau de pourpre dans les mains de la « toute pure ». En vérité Marie continue de tisser un voile plus précieux encore, l'étoffe messianique qui l'unit à Tamar et Rahab à travers toutes les femmes d'Israël...

En cette année-là (elle a alors 15 ans), dans le sixième mois de l'année, un jour qu'elle sort pour puiser de l'eau, Marie entend une voix : « Réjouis-toi, pleine de grâces, dit cette voix, le Seigneur est avec toi, tu es bénie parmi les femmes. » Pleine de frayeur Marie rentre chez elle, pose sa cruche, s'assied sur une chaise et se remet à filer la pourpre. Voici qu'un ange se tient debout devant elle et dit :

> « Ne crains pas, Marie, tu as trouvé grâce devant le Maître de toute chose. Tu concevras de Son Verbe. »

Ces paroles jettent Marie dans le désarroi :

> « Concevrai-je, moi, du Seigneur le Dieu vivant, et enfanterai-je comme toute femme ?
> — Non Marie, dit l'ange, car la puissance de Dieu te prendra sous son ombre. Aussi le saint enfant qui naîtra de toi sera-t-il appelé Fils du Très-Haut. Tu lui donneras le nom de Jésus car il sauvera son peuple de ses péchés. »

Et Marie dit alors :

> Me voici devant Lui Sa servante. Qu'il m'advienne selon ta parole. »

Et elle reprend son travail de pourpre et d'écarlate.

Puis Marie se rend chez sa cousine Elisabeth qui l'accueille en toute hâte et dit :

> « Comment se fait-il que la mère de mon Seigneur vienne à moi ? Car, vois-tu, l'enfant a tressailli dans mon sein et t'a bénie. »

Elisabeth alors enceinte de six mois donnera le jour à Jean Baptiste.

Jean Baptiste dans le ventre de sa mère rencontre en Marie Celui qu'il nommera plus tard avec certitude « l'agneau de Dieu[3] » car il l'aura déjà « vu » et nommé ce jour-là, en ce sixième mois de sa vie intra-utérine.

Dans le sixième mois de toute vie intra-utérine, où l'enfant est construit dans son anatomie et sa physiologie, un nouveau souffle jaillissant de son Nom fondateur édifie alors en lui, pendant les trois derniers mois de gestation, la part la plus subtile de son être ; celle-ci concerne, j'en ai déjà parlé, l'identité première qu'il aura à mettre en place dans la plaine de Shinéar, après sa naissance, et qu'il aura plus tard à effacer devant l'instance du vrai « Je » de son intériorité, lorsque le Nom l'appellera au retournement vers son orient.

Pour Jean Baptiste, en ce sixième mois de vie intra-utérine, le souffle qui jaillit du JE SUIS en germe de son être le fait tressaillir violemment dans sa rencontre soudaine avec JE SUIS vivant dans le ventre de Marie, YHWH de l'Adam total, cosmique, dont lui-même est l'étincelle et le « tout possible » ! Rencontre fulgurante que l'enfant, puis l'adulte, mémorisera d'autant plus que lui-même est représentatif d'une humanité arrivant à son sixième mois de gestation dans la matrice cosmique. C'est donc dans la personne de Jean Baptiste, et dans l'Adam total qu'il représente, que cette rencontre avec YHWH, au sixième mois de gestation, est bouleversante. L'événement que l'Eglise fête sous le nom de « Visitation » n'a de sens réel que là. Les deux femmes en sont les entrailles : l'une de feu, Marie ; l'autre d'eau, Elisabeth. Elisabeth met alors au monde celui dont Jésus dira plus tard qu'il est « le plus grand parmi les fils de la femme[4] ».

Marie donne naissance à Jésus qui est Fils de l'Homme et Fils de Dieu. C'est dans le tissu animal de l'humanité que Jésus fait « brèche », dans une mangeoire qu'il est déposé, par le bœuf et l'âne qu'il est réchauffé, mais par sa mère qu'il est allaité. Et Marie née dans ce tissu animal, inexorablement liée à lui comme tout être humain si évolué soit-il, appartient aussi, et plus que tous maintenant, à une autre race ; ne s'est-elle pas haussée à la dimension de l'Adam primordial qui, en amont de l'exil, dans la pure Image du Verbe, est de race divine, celle qui a vécu neuf ans dans le Temple du Seigneur ? Car on est en droit de se demander ce qui s'est passé là, pendant ces années de silence et de prières que nous révèle l'apôtre Jacques. Le Temple signifie le sanctuaire intérieur, hors de quoi il n'est rien. En celui-ci qui est matrice de feu de tout être, Marie a dû être « fondue de ses scories de plomb » ; sa « chair » *(Basar)*, sous la puissance amoureuse de son esprit quêtant l'Esprit divin, a dû déployer d'une façon somptueuse la croissance du Fils *(Bar)*. Toutes les jeunes filles appelées au service du Temple travaillaient le voile de l'autel de la couleur qui reflétait leur qualité de cœur ; brodant la pourpre, Marie brodait sa robe nuptiale et préparait sa rencontre avec l'Esprit-Saint de Dieu.

Pénétrée par Lui, fécondée de Son Sperme, Marie met au monde Celui qui, dans ce mystère ineffable, est Fils de Dieu, mais aussi Fils de l'Homme car en ce vase d'élection celui-ci avait atteint à un tel degré de réalisation que sa nature déifiée était devenue capable de participation à la nature divine. Espace d'union de tous les opposés, Marie est réceptacle, en Jésus, de l'antinomie la plus fondamentale, celle de deux natures radicalement transcendantes l'une à l'autre et qui se trouvent en Lui unies sans confusion, distinguées l'une de l'autre sans séparation. Dans sa finitude Marie met au monde Celui qui n'a ni commencement ni fin...

J'aimerais me taire devant l'ineffable, tout au moins marquer un silence et me prosterner avant de reprendre mon étude.

L'humanité atteint là, en Marie, au plus haut degré de sa réalisation. L'humanité entière y est appelée. Les femmes vers lesquelles je vais aller maintenant sont, qu'elles le sachent ou non, sur ce chemin. Ne quittons cependant pas Marie ; elle a encore beaucoup à nous dire. Elle va surtout ouvrir nos oreilles pour nous parler de sa maternité et ôter nos œillères animales pour nous apprendre à regarder ce que rapportent les Evangiles :

« Le Verbe se fait chair. »

Que ce soit le Fils de l'Homme devenu Verbe ou le Verbe de Dieu s'incarnant en l'Homme, ce double et unique mystère se joue en Marie, dans sa chair qui prend alors dimension cosmique car celui (ou celle) qui fait l'expérience du Un atteint à celle de l'universel. Mais pour le monde qui vit dans la dualité, la naissance divine en cette chair intérieure se manifeste aussi dans le corps virginal de Marie, chair et corps ne faisant plus qu'un en elle.

Celui qui rit et se moque de cette naissance virginale encourt le risque d'être séparé du Fils, comme le fut Ismaël d'Isaac, et envoyé comme lui au désert. Mais celui qui rit et chante avec Marie l'alléluia de ce mystère — le plus grand des mystères —, celui-là contemple et voit l'actualisation dans tous les temps de l'éternel dessein de Dieu en l'Homme théophore !

Dans cette profondeur contemplée, Marie n'est que très secondairement mère biologique d'un petit enfant né dans une crèche à Bethléem ; bien sûr, cette maternité est une réalité, mais une réalité dont le concret immédiat manifeste le concret ontologique, seul Réel absolu, qui s'incline à notre mesure, dans notre espace-temps historique où vont s'accomplir les mystères d'éternité. C'est pourquoi Jésus est allaité par Marie, comme je viens de le dire, mais surtout nourri par son Père à qui, dans cette force, Il ne cessera d'obéir. Il reçoit d'elle une immense tendresse, une tendresse que beaucoup d'icônes font même passer jusqu'à nos cœurs tant sa puissance semble nous être personnellement octroyée, mais Il reçoit de Son Père l'amour infini en l'Esprit-Saint.

Cette relation « maternelle » au Père est d'ordre naturel pour le Fils de Dieu, mais elle l'est aussi pour le Fils de l'Homme dont le seul Père est Dieu. Le Fils de l'Homme, en tant que fruit de la croissance de l'Image qui fonde tout être, n'est qu'intérieur à l'Homme. Le « fils de la femme » désigné par Jésus en Jean Baptiste naît de l'union de l'homme et de la femme. Jésus n'est pas celui-là ; chez aucun des évangélistes le Christ n'appelle sa mère *Ima*, « maman », mais *'Ishah*, « femme », voire « épouse » ! Lorsqu'à un moment du récit évangélique les disciples de Jésus lui disent « combien sa mère et ses frères *qui sont là dehors* s'inquiètent de son absence », Il répond :

> « Qui est ma mère et qui sont mes frères ? »

et tout aussitôt d'affirmer en les regardant tous :

> « Vous êtes ma mère, et vous êtes mes frères ; celui qui accomplit la volonté de Dieu, celui-là est mon frère, ma sœur et ma mère[5]. »

Les disciples ne se tenaient alors avec les frères de Jésus que *dans le dehors* des choses ; ils n'en pénétraient pas l'intériorité. Et c'est de celle-là seule que Jésus, Lui, s'inquiète ! C'est à vous de me mettre au monde, veut-Il leur signifier, à vous qui êtes ainsi ma mère, et aussi mes frères en tant que Fils de l'Homme en puissance. Marie m'a enfanté de son Verbe, dans sa personne, pour que Dieu fasse *brèche* en elle, dans le monde, et qu'Il ouvre à l'humanité la voie de ses mutations et de son accomplissement total. Mais c'est à vous maintenant d'assumer ces mutations, dans chacune de vos personnes, et de Me mettre au monde. Chacun de vous est « *Vierge d'Israël qui doit enfanter* » dans votre 'Ishah-Adamah intérieure. Et vous êtes mes frères dans le Fils de l'Homme qu'ainsi vous deviendrez.

C'est dans le même sens qu'au moment de l'accouchement de Marie, l'apôtre Luc dit qu'« elle mit au monde son Fils premier-né, puis elle l'emmaillota et le coucha dans la crèche[6] ». Rien de plus tangible et tendrement humain que ce geste maternel joué à un premier niveau de réalité. Mais combien de commentaires suscita ce « Fils premier-né » de la part de ceux qui eux aussi *restaient là, au-dehors, et peut-être riaient*, à ce premier niveau !

Or l'apôtre Luc se tient, lui, au-dedans : ceux qui vont devenir « frères » de Jésus, dit-il dans le sens qui vient d'être signifié par Jésus lui-même, sont les nombreux autres Fils qui vont naître de Marie, 'Ishah cosmique, en naissant chacun de leur 'Ishah personnelle. Le deuxième Fils ne tarde d'ailleurs pas à naître ; il se dresse au pied de la croix sur laquelle, dans un dernier souffle, Jésus dit à sa mère :

> « Femme, voilà ton Fils », en désignant l'apôtre Jean ; puis à Jean, en désignant Marie :
> « Voilà ta mère[7]. »

Jean, fils de la femme, est devenu Fils de l'Homme.

Il me semble devoir préciser que cette expression « fils de la femme » employée par le Christ n'implique en aucune façon de sa part une disqualification de la femme en soi. Lorsque la Bible décrit une humanité inconsciente, comme celle du temps de Noé, une humanité dans le pur état de sixième jour, rappelons-nous qu'elle nous dit ceci : « Quand les hommes eurent commencé à se multiplier sur la terre et qu'il leur fut né des filles[8]... » Le récit ne mentionne pas la « croissance » de l'Homme. Or Adam a reçu formellement l'ordre « de croître, de se multiplier et de remplir le sec [ses terres intérieures conquises][9] ». Dans son état d'exil, l'Homme n'entend cet ordre que dans le registre de l'audehors de lui où, pour se multiplier, il met au monde hommes et femmes, mais une humanité femelle dont chacun dans ce sens est « fils de la femme ». Ceux-là ne font pas « œuvre mâle » en eux-mêmes ; ils ne savent pas ce que cela veut dire, même s'ils atteignent à une perfection selon la Loi. Noé avant d'entrer dans l'arche, Job avant d'être anéanti dans son premier état, étaient de ceux-là ; Jean Baptiste lui-même est l'image du collectif dans sa capacité à atteindre au maximalisme de cette perfection ; mais il est « décapité » !

> « Jusqu'à Jean, dit le Christ, vous avez eu la loi et les prophètes ; depuis, le Royaume est annoncé et chacun pour y entrer doit pénétrer sa violence[10]. »

« Pénétrer sa violence », pénétrer l'« inaccompli » fait d'énergies redoutables pour les accomplir, telle est l'œuvre mâle de celui (ou celle) qui devient alors Fils de l'Homme, car dès l'aube d'un septième jour, entrant en résonance avec le JE SUIS de son être, il prend une véritable dimension d'Homme. Entre Jean Baptiste, homme du passé, et Jean l'Evangéliste, homme du devenir, est Jésus, l'Instant, JE SUIS.

Jean l'Evangéliste est l'image du collectif qui met sur ses épaules une nouvelle tête ; devenu Fils de l'Homme, « il prend Marie dans sa maison », précise l'Evangile. Avec elle il constitue l'Eglise, autre réalité féminine dont il est un pôle mâle. (Je parlerai plus loin de ce sujet si délicat compte tenu des sensibilités exacerbées — avec juste raison — par cette réalité féminine tant récupérée par un masculin qui sous maints aspect l'a rendue *femelle.*)

Dans la perspective de tout ce qui précède, Marie se révèle à nous dans l'infinie beauté de *Qedoushah*, la « sainteté ». Elle a été une femme au sens le plus simple du terme, une mère attentive, inquiète parfois, voire projetée vers « l'au-dehors », elle qui se tient si fermement dans « l'au-dedans », méditant « les grandes choses que fait en elle le Tout-Puissant » ! Dans sa faiblesse s'engouffre notre espoir, dans sa tendresse notre réconfort. Mais elle ira jusqu'à la sainteté.

Je ne peux conclure cette méditation sur Marie, car mon regard posé sur Marie, Mère de Dieu, a les limites de ma propre ouverture de cœur à ces mystères, et Marie, elle, est sans limites. Et c'est encore aller vers elle que d'aller vers les autres femmes des Evangiles qu'avec celles de la Bible elle récapitule toutes.

2. La Samaritaine et la femme adultère

En voyant le fil rouge écarlate courir en pointillés dans l'histoire d'Israël et, en vérité, la construire à travers prostitutions et saintetés, je ne suis pas étonnée de découvrir la compassion, voire la prédilection que manifeste le Christ envers ces femmes de mœurs légères dont le cœur n'a pas été bétonné par la déesse « loi », par ses prêtres et prêtresses aux jugements sans faille et sans recours.

> « Oui, je vous le déclare, dit-Il en s'adressant aux religieux et anciens de l'époque, les publicains et les prostituées vous devancent dans le royaume de Dieu [11]. »

Ces dernières en particulier ont su reconnaître en Jean Baptiste le précurseur du Messie annoncé par les Ecritures, mais pas ces hommes de la loi qu'un nouveau paradigme dérangerait. Elles ont de commun avec Jean Baptiste ce qu'elles partagent avec le prophète : une certaine folie ; folie déviée par leur statut d'« exilées » chez les premières, folie de la croix déjà présente dans la voix du prophète. L'une et l'autre de ces expressions de l'éros, nous l'avons déjà vu, ont fait s'effondrer les remparts de sécurités aliénantes et s'ouvrir le cœur au « tout possible » alors habité de Dieu. Aujourd'hui encore, celui qu'on appelle « fou » est souvent plus proche du mystique que l'homme de bonne conscience ou bien-pensant et « pensant biens [12] »...

Une des premières femmes que le Christ aborde dans les Evangiles est la Samaritaine [13]. Elle n'est pas prostituée de profession mais elle a eu cinq maris et l'homme avec qui elle vit maintenant n'est pas le sien, lui précise Jésus. Totalement hors la loi, elle est de plus samaritaine et, comme telle, méprisée de l'élite d'Israël. C'est à elle cependant que Jésus s'adresse pour lui demander à boire ; elle s'étonne de ce qu'un juif ait ce geste envers elle, un homme étrange qui lit en elle à livre ouvert...

Oui, Jésus voit comme la mouvance des eaux au-dedans d'elle, mais aussi les eaux plus profondes : elle transgresse la loi, c'est sûr, mais elle est fidèle à plus grand que la loi ; elle est fidèle à elle-même dans l'authenticité de l'éros si rarement partagé et dont elle quête la source pour y boire. Jésus Lui aussi a soif ; Il lui demande à boire ; Il incline le cœur de la femme vers la vraie source ; l'eau que Lui lui donnera deviendra en elle une source qui jaillira jusque dans la vie éternelle. La femme est émerveillée. Sans doute Le suivra-t-elle.

La Samaritaine est sœur de la femme adultère que les scribes et pharisiens amènent vers Jésus pour l'interroger au sujet de la loi qui, en cette circonstance, prescrit la lapidation [14]. Qu'en pense-t-Il, Lui ? Jésus, courbé vers le sol, écrit alors de son doigt sur la terre. Là est la loi, nécessaire à l'Homme rampant. Comme ils insistent, Il se redresse ; l'Homme verticalisé a peut-être une autre éthique ?

> « Que celui qui est sans péché lui jette la première pierre », dit-Il.

Et tous se retirent. Jésus reste seul avec la femme et s'adresse à elle :

« Moi non plus je ne te condamne pas ; va, et désormais ne pèche plus. »

Lui, le « sans péché », n'est que miséricorde envers celle qu'Il a dû voir plus miséricordieuse que ces hommes totalement étrangers à leur féminin ('Ishah intérieure) ; ceux-là méprisent la femme et, pour mieux l'avilir, se retranchent derrière l'imprescriptible de la loi.

3. La fille de Jaïre et la femme atteinte de perte de sang

La Samaritaine, comme la femme adultère, est représentative d'une humanité malade, profondément malade. Le serpent ne mange-t-il pas la poussière de son âme ? Toutes ses énergies qui devraient concourir à construire le Nom sont déversées à l'extérieur d'elle, comme aspirées par l'Ennemi qui les dévore et qui la mène, elle, « à bout de souffle », à l'épuisement même de son Germe divin fondateur, voire à « la mort du fils de la veuve[15] » !

L'une et l'autre de ces femmes vont vers la destruction et ne sont pas moins proches de la mort que la fille du chef de la synagogue, Jaïre[16]. Jaïre vient supplier Jésus de venir auprès de son enfant à l'agonie, pour lui imposer les mains et la guérir. Jésus part avec lui, mais dans la foule qui le suit, une femme tente de l'approcher. Depuis douze ans elle est affligée de graves hémorragies qu'aucune thérapie n'a pu guérir ; elle est à bout de forces et totalement démunie de moyens financiers maintenant qu'elle a tout investi à chercher la guérison auprès des médecins du dehors.

Dans cette vacuité absolue, projetée vers le Rien de l'au-dedans, elle est proche de son Nom ; proche de Jésus — le Nom —, elle touche son manteau.

« Qui m'a pris par mon vêtement ? »

demande-t-Il en se retournant, conscient de la force qui vient d'émaner de lui. La femme lui dit la vérité.

« Ma fille, ta foi t'a sauvée, sois guérie de ton mal et va en paix »,

répond Jésus non moins conscient du « toucher » intérieur qui est « foi » *(Amen)* chez cette femme.

Jésus poursuit alors son chemin vers l'enfant ; quand Il arrive auprès d'elle, elle a cessé de vivre.

« L'enfant n'est pas morte, elle dort »,

affirme-t-Il, mais nul ne veut le croire des pleureurs qui se sont attroupés là. S'écartant du vacarme de leurs lamentations, Il prend avec lui les trois apôtres témoins de la Transfiguration, Pierre, Jacques et Jean, ainsi que les parents de la petite fille, et pénètre dans la chambre où elle repose. Jésus prend la main de l'enfant et ordonne : *Talitha Qoum*, ce qui veut dire : « Petite fille, lève-toi. » L'enfant se dresse et se met à marcher. Elle a douze ans.

Ces deux récits imbriqués l'un dans l'autre en profondeur n'en sont qu'un. La petite fille âgée de douze ans, fille de *Jaïre*, le « fleuve », est l'enfant du fleuve de vie qui s'éteint comme s'éteint la vie par son flux de sang anarchique depuis douze ans, chez la femme.

La perte de sang est ritualisée mensuellement chez toute femme dans les limites du temps de procréation. Le rite n'a plus lieu d'être hors ce temps, lorsqu'une montée de sève se fait dans le printemps de l'arbre humain, comme se fait une montée de lait au moment d'une maternité. La maternité qui joue dans ce jubilé de l'âge[17] et dans les normes de la croissance est tout intérieure ; elle donne cours à un flux d'énergies créatrices qui nourrit l'enfant divin et fait exulter l'être ainsi libéré. Lorsque ce dernier bloque le flux, les énergies se retournent et traduisent de façons différentes chez l'homme et chez la femme leur perversité. Chez la femme de l'Evangile, les hémorragies signent l'état d'inconscience et d'infantilisme qui perdure malgré l'âge ! Au-delà, c'est l'humanité en exil d'elle-même et de son Dieu qui s'épuise en babillages de Babel au lieu de devenir Verbe et qui construit ainsi sa sénilité.

L'enfant âgée de douze ans est la personnification de cet infantilisme qui barre le chemin de la croissance vers une maturité de l'être dont le nombre 12 est le symbole (c'est à douze ans que Marie sort du Temple) ; la femme-enfant, elle, écoule sa sève en sang perdu depuis douze ans. La résurrection de la petite fille est la guérison de la femme, de celle-là qui, au plus bas de son dénuement et de ses désécurisations, redevient l'enfant abandonnée, consciemment maintenant, dans les mains de son Père à travers la personne du Christ. Elle a fait le retournement vers l'orient.

La petite fille est fille de Jaïre, chef de la synagogue, chef d'une institution qui, lorsqu'elle s'implante en terre d'exil s'exile si souvent de ses valeurs ontologiques ; elle se vide de l'Eros divin et de tout fleuve de vie qui jaillit de Lui pour frapper de sa loi stérilisante et cuirasser les cœurs ! L'enfant est l'objectivation du Fils intérieur mort chez cet homme.

Talitha Qoum
« Petite fille, lève-toi ! »

Tout homme (et toute femme) peut entendre cet ordre pour lui-même, chacun étant cette enfant, ou la femme courbée que Jésus verticalise[18], le paralytique qu'Il fait marcher[19], le sourd qu'Il fait entendre et parler[20], l'aveugle à qui Il rend la vue[21], etc. Quels qu'ils soient, ces êtres sont l'humanité malade, cette « fille, vierge d'Israël » qui meurt de ne pouvoir enfanter, cette épouse qui s'est donnée à l'époux dévoreur et qui dépérit de ses prostitutions, telle Marie Madeleine que nous allons visiter maintenant.

4. Marie Madeleine, Marthe et Lazare

Marie de Magdala est-elle cette « pécheresse » qui, à Béthanie, au cours d'un dîner que Jésus partage avec les siens chez Simon le lépreux, entre dans la salle de repas et se met à sangloter auprès de Jésus ? Nul ne le sait vraiment. Mais poursuivons le récit : cette femme non nommée par les trois premiers évangélistes Matthieu, Marc et Luc sanglote et mouille de ses larmes les pieds de Jésus, qu'elle essuie de ses cheveux et sur lesquels elle répand un parfum de grand prix. Les convives sont scandalisés de ce que Jésus se soit laissé approcher d'une telle femme qui, de plus, a fait gaspillage d'une somme considérable.

Profondément touché, Jésus reprend avec vigueur les contempteurs absurdes et oppose à leur jugement inique l'amour infini qui émane de la femme et guide son geste. Il oppose aussi — mais le comprennent-ils ? — à leurs misérables calculs d'intérêt immédiat l'« instant » vécu par elle dans l'éternité de JE SUIS, qu'eux n'ont pas su reconnaître et qui n'a pas de prix ; ce même « instant » où, du même parfum, Marie Madeleine embaumera le corps du Christ.

« Oui vous dis-je, ajoute Jésus, partout où l'on proclamera l'Evangile, dans le monde entier, on proclamera ce qu'elle a fait en mémoire d'elle. »

Ainsi parlent les trois évangélistes, avec quelques variantes[22]. C'est Jean qui, rapportant à son tour le même récit[23], nomme la femme : elle est Marie, sœur de Marthe et de Lazare, tous trois habitant Béthanie.

Rien cependant ne nous permet de confondre Marie avec Marie de Magdala que Jésus a délivrée d'un « esprit malin[24] » et qui le suivra tout au long de sa vie, étant même la première à être visitée du Ressuscité !

On me pardonnera de rapporter une tradition orale bien populaire et toutefois fondée elle aussi, qui semble lier Marie, sœur de Marthe et de Lazare, avec Marie Madeleine qui vient si douloureusement aux pieds de Jésus pour y être délivrée du démon de la prostitution. Cette simplification, eu égard à l'éventuelle rigueur historique, ne change rien au sens profond de la fonction féminine vécue par la fratrie Marie, Marthe et Lazare, trois êtres que Jésus aime et sur lesquels je désire maintenant méditer.

Tous trois sont un unique symbole de l'humanité-épouse. Vierge d'Israël qui doit enfanter Dieu ; l'humanité se dresse en effet en 'Ishah de Dieu dans la mesure où elle construit en elle le Fils divin. Rappelons ce que dit Paul :

« 'Ishah est la gloire de l'Homme et l'Homme est la gloire de Dieu[25]. »

Comme nous l'avons vu, l'Homme (humanité), image de Dieu, est féminine par rapport à Lui ; elle est son 'Ishah et devient épouse en même temps que, en miroir, elle assume dans une œuvre mâle ses épousailles avec sa propre 'Ishah intérieure. Et ceci est vrai pour chaque être humain, qu'il soit homme ou femme.

C'est pourquoi la présence de Lazare en tant qu'épouse de

Dieu, aussi surprenante que l'était celle de Lot pour Abram, n'en est pas moins réelle. *Lot* était le « voilé », Lazare *('Eli 'Ezer)* est l'« aide de Dieu ». Or ce mot *'Ezer* (« aide »), rappelons-le, est celui que Dieu emploie lorsque, constatant la stérilité d'Adam si celui-ci reste coupé de lui-même, Il dit :

« Faisons une *aide* capable de face-à-face[26] »

ou encore : « pour qu'il puisse communiquer avec lui-même ». Ce « face-à-face », cette « autre » avec laquelle Adam va pouvoir communiquer, est le « côté » encore inconnu de lui avec lequel il était jusque-là confondu, et dont Dieu le différencie ; ce « côté » est le pôle *R'a*, « inaccompli » de l'Arbre de la connaissance qu'est Adam ; autre aspect de la Adamah, mère, ce côté, appelé 'Ishah en tant qu'épouse, est l'« aide » d'Adam.

Mais il n'est pas exclu de lire aussi en ce verset qu'Adam, entrant dans ce processus de différenciation en vue de ses épousailles avec lui-même, entre du même coup dans celui de verticalisation en vue de ses épousailles avec Dieu. On pourrait paraphraser l'apôtre Paul et dire que si 'Ishah est l'aide-épouse de l'Homme, l'Homme est alors l'aide-épouse de Dieu. Le nom d''Eli 'Ezer ne se révèle donc pas comme étant l'aide que Dieu apporte à l'Homme, mais comme l'aide que l'Homme est pour Dieu ! En Dieu, tous nos concepts sont renversés ! Dans les idéogrammes des lettres qui composent le mot *'Ezer*, on est en droit de voir ce pôle inaccompli *R'a* que pénètre l'« arme mâle » (lettre *zaïn). 'Ezer* est d'autre part, rappelons-le aussi, l'anagramme de *Zer'a*, la « semence »[27].

Cette aide-épouse est lourde de la Semence divine qui la fonde. Voici pourquoi Lazare *('Eli 'Ezer)* dans la vocation de son nom est l'aide de Dieu, c'est-à-dire l'épouse de Dieu. Mais Lazare n'a pas fait croître sa semence ; en lui le « fils de la veuve » et la veuve elle-même meurent. L'épouse de Dieu n'est plus. Elle est mise au tombeau. « Seigneur, si tu avais été ici, mon frère ne serait pas mort », s'écrie Marthe en venant chercher Jésus. Elle est en pleurs et désespérée : Jésus n'est pas venu assez vite auprès de son ami malade, et maintenant c'est trop tard[28] !

Lorsqu'Il avait appris la maladie de Lazare, Jésus avait dit cette chose étrange :

> « Cette maladie ne causera pas la mort, elle va servir à la gloire de Dieu en ce que le Fils de Dieu sera grâce à elle glorifié. »

N'est-il pas juste d'entendre le mot « gloire » dans le sens que nous venons d'évoquer, et dans sa résonance au mot « aide », *'Ezer, d''Eli 'Ezer* ? La maladie est celle de la stérilité en ce malheureux monde de l'exil, et elle a bien causé la mort de celui qui aurait dû être la gloire de Dieu !

> « Si tu avais été là, Seigneur, mon frère ne serait pas mort ! »

Si Lazare avait rendu présent en lui, dans une croissance assumée de sa semence, le JE SUIS de son être, c'est vrai, il ne serait pas mort. Maintenant c'est trop tard, pense Marthe. « Non, il dort seulement, et je vais le réveiller », affirme Jésus, parlant ici comme il l'a fait auprès de la fille de Jaïre.

Comprenons que la mort du corps physique n'est que secondaire par rapport à celle de l'âme ; elle intervient au cours du processus d'épuisement de celle-ci, ou bien, à l'autre pôle, dans le souffle de l'accomplissement dont le corps physique ne peut plus supporter l'intensité. Dans ce sens, tout être stérile et inconscient de sa stérilité est comme mort ; en réalité il n'est que dans un non-éveil (souvenons-nous de ce que l'hébreu nous dit du « corps » qui n'est vivant que lié à la « chair » et qui, sinon, n'est que « cadavre »).

La mort de Lazare signifie ce non-éveil destructeur, et sur elle Jésus pleure. Il a versé des larmes sur Jérusalem, la ville sainte prostituée ; Il est aujourd'hui l'Epoux « qui frémit en son esprit et se met à pleurer » sur l'épouse adultère. Si apparemment Il arrive trop tard auprès de son ami Lazare, Marthe est pourtant certaine que Dieu lui accordera tout ce qu'Il demandera.

« Ton frère ressuscitera, lui confirme-t-Il.
— Oui, je sais, à la résurrection du dernier jour, répond-elle, ayant connaissance des Ecritures. Mais Jésus précise :
— Je suis la Résurrection ! Celui qui croit en moi vivra, fût-il mort. Et tout homme qui vit et croit en moi ne mourra jamais. Crois-tu cela ? »

Oui, Marthe croit. Elle l'affirme : « Jésus est le Christ, le Fils de Dieu » ; réalité au-delà de toutes réalités, « pierre d'angle » que Pierre a confessée et sur laquelle Jésus a fondé l'Eglise, objectivation de l'orient collectif. Marthe ne sait encore rien de ces mystères ; elle ignore dans son esprit que Jésus est de toute éternité le Ressuscité, mais sa confession de foi l'introduit par le cœur dans le temps divin où soudain elle accède au secret.

Bouleversée, Marthe court chercher sa sœur Marie qui, apprenant la présence de Jésus, s'empresse de le rejoindre au tombeau.

« Seigneur, dit à son tour Marie, si tu avais été là mon frère ne serait pas mort ! »

S'Il avait été présent au cœur de Lazare, au cœur de chacune d'elles, si l'humanité s'était retournée vers son orient, tant de souffrances ne ravageraient pas le monde ! Jésus frémit à nouveau en lui-même et ordonne d'enlever la dalle du tombeau. Marthe craint la puanteur du corps déposé là depuis quatre jours.

« Ne t'ai-je pas dit que si tu as la foi tu verras la gloire de Dieu ? » affirme Jésus qui, la dalle ayant été enlevée, s'écrie d'une voix forte :

« Lazare, sors ! »

Et le mort sort, les pieds et les mains liés de bandelettes et le visage enveloppé d'un suaire. Jésus dit alors :

« Déliez-le et laissez-le aller. »

Par le Ressuscité à qui Abraham avait obéi, Isaac avait été déligoté. Par Lui, dans le moment historique de sa mort et de sa résurrection, *Barabbas*, le « fils du Père », sera déligoté. Par le Ressuscité, Lazare, l'« aide de Dieu » et Sa gloire, est déligoté. Et tout être humain respirant de Son souffle est aussi délié des bandelettes paralysantes et aveuglantes qui le maintenaient mort dans le tombeau. En Lui, avec Lazare, nous sommes tous Son Epouse ressuscitée !

Marthe est active, voire dévouée ; elle court, « elle s'affaire aux soins du ménage ». Son nom, d'origine araméenne sans doute[29], signifierait « maîtresse ». Elle est maîtresse de maison et, comme telle, se fait servante de ses hôtes ; très consciente de ses responsabilités, elle s'inquiète de ce que sa sœur Marie ait aussi à les partager et à les assumer. Mais lorsque Marie, dit l'évangéliste Luc[30] rapportant une précédente visite de Jésus chez ses amis de Béthanie, « Marie s'assied aux pieds de Jésus pour l'écouter parler », Marthe s'en irrite et Jésus lui dit :

« Marthe, Marthe, tu t'inquiètes et tu t'agites pour bien des choses alors qu'une seule chose est nécessaire. Marie a choisi la bonne part qui ne lui sera pas ôtée. »

Dans la perspective du symbole de l'humanité-épouse qu'est la triade de Béthanie, Marthe me semble être remarquable par sa fidélité ; mais il s'agit d'une fidélité aux devoirs inhérents au monde extérieur de la terre d'exil. Marthe est « épouse » selon la loi. On l'imagine facilement mariée et soucieuse de « remplir son devoir conjugal » mais inconsciente de vider du même coup le foyer de son feu ! Jusqu'à la mort de son frère, l'éros est absent ; elle ne voit en Jésus qu'un hôte de marque qu'il convient de servir, mais ses yeux restent aveugles à la qualité de l'hôte.

Marthe a des mutations à vivre. Son nom rappelle l'« amertume » *(Marah)* dont elle fait preuve d'ailleurs lorsque les événements n'obéissent pas à ses schémas logiques et stéréotypés, et la « mort » (racine *MeT)* qui se révèle nécessaire pour briser ses sécurisations. La mort de Lazare inclut la sienne ; et si ses yeux n'entrent pas encore dans l'expérience du Ressuscité, son cœur la pressent. Sa fidélité à la loi l'y a préparée sans l'y avoir encore enfermée.

Marie dite « de Magdala » a choisi la meilleure part ! On ne la voit qu'aux pieds de Jésus, l'écoutant, l'aimant ! Elle est dans le Nom, dans le souffle du Nom : là est le seul espace où la respiration se fait large, immense, embrassant tous les mondes possibles qu'elle croyait étreindre autrefois dans sa sauvage liberté ; mais ceux-là soudain se sont ratatinés comme un ballon d'enfant, qu'une main a crevé.

Marie Madeleine n'a pas connu le devoir ; elle ne s'est nullement souciée de la loi. Au cœur de la plaine de Shinéar, à Babel, elle a construit sa « tour » (Magdala est *Migdal*, la « tour »), tour de séduction attirant à elle, dans la démesure de la jouissance et l'illusion d'un sens donné par elle à la vie, tous les frustrés d'amour. Elle a dressé, comme elle a pu, un « moi » radicalement réfractaire aux esclavages de la bonne réputation, aux prostitutions qu'implique l'état de bonne conscience et à la soumission inconditionnelle à toute autorité autre que la sienne. Liberté vertigineuse que celle-ci, affrontée au maître implacable des exigences du corps-cadavre. Et c'est lui, ce corps-cadavre, qui un jour a le dernier mot : soit qu'il sombre dans la fracture de la mort ; soit que, au cœur de l'orgasme, il touche un point de lumière vers lequel il se tourne et, dans l'embrasement de la chair soudain redonnée à sa beauté première, il prenne vie. Là où il cueillait son plaisir, à ras de terre, le voici qui s'élève comme une offrande, dans un désir fou, extatique, incommunicable. Et la tour s'écroule...

Marie de Magdala revient à Béthanie, sur les pas de Celui en qui elle a reconnu le point de lumière. De lui à elle, un fossé profond, fangeux se creuse, plein de débauches et de luxures ; il prend la dimension de l'abîme et l'attire en un vertige irrésistible ; elle y sombre et s'y abandonne en larmes, heurtant ses démons de toutes parts et, soudain, les pieds de Celui qu'elle ne croyait pouvoir atteindre. Il est là, dans le ravin de son repentir, glissant une aurore au cœur de sa nuit, posant Sa main bénissante dans l'oriflamme impur de sa chevelure et l'inondant peu à peu d'une tendresse qu'aucun de ses amants n'avait su lui prodiguer, tendresse d'un autre amour... Cet amour ne lui est cependant pas tout à fait étranger tant elle-même a aimé, tant elle a espéré pouvoir s'anéantir un jour dans la béance d'un vrai partage, tant elle a désiré un vrai désir !

Et voici qu'au-delà de tout ce qui se peut concevoir, Il est là ! Au milieu de ses larmes, son cœur chante. De ses lèvres sur lesquelles court, on le devine, le fil écarlate, elle baise les pieds de son Seigneur, et de son cœur brisé le nard s'écoule en un filet discret de liesse insoupçonnée. Ce baume n'a pas de prix : il est une onction de paix qui parfume d'une odeur exquise toute la pièce devenue sanctuaire de résurrection après la puanteur du tombeau ; il est prémices de celui qu'avec les femmes myrrhophores elle apportera au tombeau du Christ pour embaumer le corps de son Bien-Aimé. Et, comme au petit matin de ce jour de Pâques, elle s'entend nommer : Marie ! Le divin Jardinier a fait refleurir le jardin d'Eden, celui des délices sans lendemains amers ; elle ne le quittera plus : « Elle a choisi la meilleure part qui ne lui sera pas ôtée ! »

Marie ! Avant d'être « de Magdala », elle est Marie, *Miryam*, nom qu'elle partage avec tant de femmes de la Bible et des Evangiles ; nom qui peut contenir lui aussi l'idée d'« amertume » *(Mara)* mais qui est surtout celui des « eaux » *(Maïm)* lourdes du *Yod*, « principe » de toute vie (lettre *resh*). Les eaux seront stériles et amères ou source de vie, selon ce qu'en fera la femme qui porte ce nom. Marie de Magdala plonge dans l'amertume, voire la détresse de son péché. Précipitée au bas de sa tour de Babel, elle en détruit les fondations qui masquaient le *Yod* de son être et, de ses larmes, elle purifie ses eaux.

Tel le bâton jeté par Moïse dans les eaux amères de *Mara* au sortir d'Egypte et les adoucissant[31], tel le regard divin porté maintenant sur Marie Madeleine à l'extrême de sa prostitution et libérant les sources de son être ivres de sainteté. La femme rejoint alors toutes celles qui accompagnent Jésus autour de sa mère, elle-même nommée Marie !

Quelle admirable gerbe forment autour de la mère de Dieu ces femmes à la corolle offerte au « soleil de Justice » ! Elles vont et viennent, puis s'arrêtent pour écouter, contempler, comme Marthe et Marie ; elles servent et accompagnent l'homme de douleur, présentes à Lui alors que tous les apôtres se sont dispersés, sur le chemin du Golgotha. Leur amour est viscéral, « matriciant » ; il a l'audace du danger, connaît l'intimité de la mort et distille le parfum de la vie. Le baume aromatique qui emplit la paume de leurs mains, et qu'elles destinaient à l'ensevelissement, unit soudain son allégresse aux rayons de gloire du Ressuscité !

Marie Madeleine, au chant des matines de ce jour de Pâques, est 'Ishah, l'Epouse redonnée à l'Epoux divin. Jésus avait pleuré sur elle — sur Lazare — et savait qu'Il ne la sauverait qu'en allant au fond des enfers l'arracher à celui qui l'avait séduite et violée. Il est descendu là où se nouait son esclavage, là ou l'Ennemi tenait dans ses menottes de bronze, inébranlables, le souffle de sa bien-aimée. Il a brisé les menottes, ramené l'Ennemi à son seul rôle d'Adversaire, et repris dans les siennes les mains de son épouse.

'Ishah ! Femme ! lui dit-Il, premier mot du Ressuscité dans ces retrouvailles inouïes. Puis Il la nomme : « Marie ». Ce n'est pas la « toute pure » qui s'entend ainsi nommer. Celle-ci participait des enfers avec son Fils.

« L'Epée transpercera ton cœur[32] »

avait dit le vieillard Siméon prophétisant sur elle et sur l'enfant qui venait de naître de son sein. Marie, mère de Dieu, vit le mystère de toute chose dans l'intériorité de sa personne et dans l'intime proximité de JE SUIS. Elle est 'Ishah cosmique, purifiée depuis sa sortie du Temple, accomplie dans sa maternité portée jusqu'au Golgotha, transfigurée dans la résurrection. Marie est toute beauté.

Marie Madeleine est l'humanité à peine éveillée à son « JE SUIS en devenir d'être », émerveillée de s'entendre nommée par son nom, de se découvrir aimée, enfin aimée ! Elle aussi devra connaître l'expérience de l'Epée, « boire avec les apôtres et avec tout être humain relié à JE SUIS la coupe » à laquelle boit le Crucifié ; elle devra être baptisée de Son baptême dans la matrice du crâne[33]. Mais elle n'est pour l'instant que Léah devant Rachel, la femme aux yeux encore malades devant la « toute pure ».

CHAPITRE VIII

Marie et l'Église

1. Marie

Marie, la toute pure, est beauté ; elle incarne le plus profond mystère du féminin ; en ce mystère, elle est silence. Celle qui met au monde le Verbe est silence, un silence qui ne masque pas la lutte incessante avec l'Adversaire, mais qui la recouvre dans le secret.

Le Temple, dans un premier temps, avait été son espace de combat, qui continue dans le sanctuaire du cœur : lutte guerrière de celle qui, en Judith, coupait la tête du monstre, lutte kénotique * d'une nouvelle Esther, lutte amoureuse de Rachel. Marie est écoute du Verbe, acceptation de sa Parole.

« Que Ta volonté soit faite. »

A Qanah de Galilée [1] où se brise la joie du mariage banalisé dans l'habitude, rongé par le soupçon, hérissé de griffes camouflées, Marie est là, attentive, et fait un rapide diagnostic :

---

* *Cf.* ce mot p. 10.

« Ils n'ont plus de vin. »

Il faudrait un vin nouveau que seul le retournement des deux époux vers l'orient de leur être permettrait de tirer ; mais le peuvent-ils ? Historiquement parlant, l'heure à laquelle Jésus libérera *Barabbas*, le « fils du Père » encore prisonnier en l'Homme, n'est pas encore venue. Marie sait en son cœur que chacun des « instants » des heures de l'Histoire est lourd d'éternité, lourd de l'actualité brûlante de ce qui sera. *Barabbas* est déjà délié, libéré !

« Faites tout ce qu'Il vous dira »,

demande-t-elle aux serviteurs qui alors foncent dans cette fissure du réel forée par la Croix pour ceux qui savent voir. Ils apportent sur l'ordre de Jésus six jarres remplies d'eau — eau de l'inconscience ! — et Jésus se faisant septième jarre, dans un bouleversement shabbatique, change l'eau en vin : le vin nouveau est celui d'un nouvel amour puisé aux sources de l'Eros divin, étranger aux calculs de l'ego et à ses assurances comme à la bonne conscience des irréprochables, mais émerveillé de l'« autre » et riche d'un soleil sous lequel le maître de l'Ecclésiaste ne pourrait plus dire que « rien n'est nouveau », car tout l'est, et tout est libérant[2] !

A Qanah, « Faites tout ce qu'Il vous dira » renverse radicalement l'œuvre meurtrière de Qaïn. *Qaïn* et *Qanah* ont la même racine hébraïque signifiant l'« acquisition ». Qaïn, premier homme de l'exil après Adam, croit avoir acquis le *Yod* (YHWH) qu'il enserre avec des griffes en son nom et dans une volonté de puissance dont le fondement est la peur de l'autre. A Qanah, le mariage qui s'y célèbre renvoie au mariage intérieur nécessaire pour acquérir le Saint Nom, le devenir. Qaïn fait couler le sang du frère, Qanah donne l'ivresse qui fuse de « l'autre ». Le *Yod* de Qaïn se fait épée de mort, parole qui tue ; l'obéissance de Marie construit l'Epée en chacun des époux, le Verbe qui donne vie, dans le désir de l'un pour l'autre et de tous deux pour leur Dieu.

Tout mariage se joue dans la joie éphémère du premier vin ou dans la cantilation transparente du second qui prend alors goût d'éternité. Marie pénétrée de l'amour divin règne sur le secret du mariage, sur celui de l'éros que l'Eros divin en elle a porté au plus haut degré de sa réalisation. Sans doute n'a-t-elle pas connu celui de l'homme dans son anéantissement en elle, dans le « rien » d'une extase participant de l'ultime don de Dieu au Créé ; sans doute n'a-t-elle pas chaviré dans l'éboulement incendiaire de l'amour humain, mais certainement s'est-elle dressée dans l'embrasement du feu de l'Esprit-Saint, tel un « buisson ardent qui brûle mais ne se consume pas[3] », telle la Shulamite flamboyante du Cantique des Cantiques « quand elle entre dans la danse des armées de Dieu, belle comme Tirtsah, gracieuse comme Jérusalem, redoutable comme des troupes déployées[4] » !

On ne peut dire avec des mots, mais seulement avec leur essence dans le chant du Verbe divin, ce que l'on pressent du désir au-delà de tout désir ; son ardeur s'hypostasie en l'ardeur que nous pouvons connaître du tout éros vrai ; celui-ci relève du miracle d'une grâce infinie, mais l'ardeur du désir fou de Dieu se tait. Avec quelle discrétion Marie ne confie-t-elle pas son émerveillement sans nom à sa cousine Elisabeth :

« Mon âme magnifie le Seigneur
et mon esprit est ravi de joie en Dieu, mon Sauveur,
car il a fait en moi de grandes choses
Celui qui est Puissant [...][5] »

« De grandes choses » ! Marie est seule à embrasser la totalité du mystère de l'Homme, si toutefois le mot « totalité » peut s'appliquer à ce qui fait *brèche* dans la nature et qui pourtant la fonde tout en la dépassant infiniment !

Elle nous invite au silence pour recevoir la Parole et la goûter, la sentir, la palper au creux de l'expérience muette. Son âme s'éprend de notre âme et l'enlace pour la conduire à la forge du feu divin, puis à l'Epoux. Elle est, avec l'Esprit-Saint, force germinale de nos âmes dévastées, force capable de nous amener au retournement fondamental et de nous accompagner jusqu'à la chambre nuptiale ; elle a force d'enfantement et d'épousailles, car telle est sa maternité. Elle a participé du Temple et du Golgotha, telle est sa maternité.

Elle est déjà l'Arche en laquelle Noé, se détournant du déluge de Shinéar, construit son temple intérieur et assume ses naissances successives ; l'Esprit-Saint œuvre là, en son « ventre » si je puis dire, se manifestant corbeau pour accompagner Noé dans ses épousailles avec 'Ishah, colombe pour le conduire à la lumière, et cela autant de fois que nécessaire jusqu'à ce que « tout soit accompli ». Noé sortant de l'arche naît dans la dimension de Fils ; il connaît l'ivresse de l'Esprit-Saint, la folie du Saint Nom et dans cette totale nudité il entre dans la tente. Marie est aussi la tente, ultime matrice en laquelle sont célébrées les noces secrètes du patriarche avec son Dieu.

Arbre de la connaissance dont Noé devient le fruit, Arbre de vie maintenant, ces deux Arbres n'ont qu'une sève dont l'unique réceptacle est Marie. Elle est ventre d'eau en Egypte pour les Hébreux, matrice de feu dans le désert et Terre promise pour le peuple de Dieu. Elle est l'Arche d'Alliance. Elle est la crèche que pressentait Ribeqah, et le cénacle qu'annonçait Rachel. Dans son assomption, au-dessus de toutes les phalanges angéliques, Marie est la Jérusalem céleste.

> « Plus vénérable que les Chérubins, plus glorieuse incomparablement que les Séraphins »,

plus haute que toutes les Energies créées et les rassemblant toutes, elle est Reine et est emmenée dans la chambre du Roi. Arche d'Alliance, elle devient Epouse épousée de Dieu, couronnée de l'Esprit de Dieu.

La liturgie chrétienne du 15 août qui la célèbre exalte « la vierge toute brillante de lumière, belle comme la lune, resplendissante comme le soleil ; elle sort du désert couverte de riches étoffes, parée de l'or d'Ophir, appuyée sur son Bien-Aimé... » ; aucun terme humain ne peut décrire celle qu'un rapt divin transporte dans le tout autre, et qui cependant reste dans sa maternité si proche de l'Homme, totalement ouverte à sa misère (car c'est un rapt satanique que subit chaque jour celui-là et qui le meurtrit encore jusqu'à la mort).

Marie, la céleste, se tient aussi avec Rachel sur le bord de la route qui va de Bethléem à Jérusalem, dans la plaine de Shinéar. Souvenons-nous de ce qu'en dit le prophète Jérémie :

> « Là on entend une voix dans Rama, lamentations, sanglots amers, c'est Rachel qui pleure ses fils et refuse de se laisser consoler de ce qu'ils ne sont pas[6] ! »

Marie pleure avec elle au jour du massacre ordonné par Hérode, exécuteur inconscient de la loi selon laquelle meurt l'enfant dont les parents n'ont pas donné naissance au fils intérieur[7] !

Marie pleure sur ses enfants sourds à la voix divine, aveugles à la *brèche* incandescente de l'Histoire, à la *pourpre* de l'Esprit-Saint qui s'en écoule ; elle pleure sur ceux qui s'entre-tuent, sur leurs corps-cadavres incapables d'amour, sur leur âme qui se refuse à Son enlacement, et plus encore sur ceux-là mêmes dont la fonction sacerdotale est de construire le Fils de l'Homme et qui, ayant édifié leur pouvoir en compensation de leur puissance intérieure ignorée, ont anéanti l'éros : ceux-là, avec tous et plus que tous, sont responsables des massacres qui se perpétuent, des Eglises qui s'excluent et se déchirent, et de tant de veuvages au cœur desquels meurent les Fils ! Avec Rachel, Marie pleure sur « ses fils qui ne sont pas » car la souffrance est grande dans les ténèbres hurlantes de Shinéar.

Mais au-delà « du refus de toute consolation » de la part

de Rachel, au-delà de la mort du temps de l'exil, dans l'« instant » du Ressuscité, Marie exulte de joie. Son rire éclate comme celui de Sarah lorsque Dieu « ouvrit ses entrailles » et qu'elle mit au monde Isaac, le Fils. Son rire éclate car son ventre à elle est maintenant ouvert à l'enfantement de tous les Fils.

Elle était la chambre où Elie ressuscita le fils de la veuve de *Tsarephat* (la France !).

Elle était la ville où Jésus ressuscita le fils de la veuve de *Naïm* (la beauté).

Elle est le sanctuaire intérieur de chaque être humain dont le Fils-Germe attend qu'il s'ouvre à la fécondité, pour croître.

Elle est l'Eglise, union des sanctuaires intérieurs, où le Christ-Fils de Dieu convoque tous les appelés à l'enfantement de leur Dieu et à la Résurrection.

« Vous êtes ma mère »,

disait-Il, dit-Il toujours à ceux qui L'entendent.

2. L'Église-communauté

Qu'est donc l'Église si ce n'est ce ventre marial visité de Dieu et ouvert à l'essentielle fécondité de l'humanité entière ?

> « Allez, enseignez toutes les nations et baptisez-les au Nom du Père, du Fils et de l'Esprit-Saint »

dit le Christ avant de se retirer du monde et de laisser place à l'Esprit-Saint qui informera du Saint Nom le corps tout entier de l'Adam[8].

Nous sommes, à ce moment-là, à l'aube de l'Eglise naissante, comme à l'aube du sixième mois de gestation de l'humanité dont le corps, encore baigné dans les eaux d'une étape animale, vient de toucher au JE SUIS de son être. En ce temps radicalement différent des époques passées où les hommes, coupés de leur intériorité, adoraient les puissances divines qui leur étaient extérieures et leur sacrifiaient des animaux sur des autels ensanglantés, ils sont maintenant invités à se retourner au-dedans d'eux-mêmes, vers leur orient.

Déjà depuis cinq siècles les prophètes d'Israël avaient appelé à ce retournement, ils avaient supplié de mener désormais les combats avec l'ennemi du dedans, de transférer les sacrifices d'animaux sur les autels du cœur, de « couper les prépuces du cœur[9] » ! Israël, peuple élu pour cette montée messianique durant tout le cinquième mois de gestation[10], portait alors peu à peu son culte dans la synagogue, la « maison du midrash » où les érudits « scrutaient » *(Darash)* les textes sacrés de la pointe aiguisée de leur cerveau plus qu'avec un cœur ouvert à la pénétration divine ; où la plupart restaient sourds à l'« exigence » de transformation intérieure que ce même mot, *Darash*, dit fermement. Mais depuis le Christ, l'ordre est absolu :

> « Le Royaume des cieux est annoncé, et chacun pour y entrer doit pénétrer sa violence[11]. »

La violence animale qui est à l'intérieur de l'Homme avait été refoulée et jugulée par la loi ; maintenant elle doit être débusquée et transmutée. Elle habite 'Ishah devenue Lilith chez les habitants de Shinéar où l'on hurle et l'on crie. Mais en la part sanctifiée d'Israël, Lilith a redonné place à 'Ishah ; et Marie, dans sa dimension cosmique atteinte, est alors 'Ishah du grand Adam. En elle, l'Eglise, prolongement de la synagogue, est 'Ishah de l'humanité et comme telle :

> « Os de mes os et chair de ma chair[12] ».

L'os *('Etsem)* est la « substance », ce qui se tient caché sous les apparences et qui est plus mien que moi-même[13]. Il est fait d'une matière dure, structurante, et de la moelle très douce dont le mystère est grand !

L'Eglise structurée dans son institution recèle ce mystère. *Moaḥ*, la « moelle », est l'espace du « subtil », de ce qui va « s'effacer » dans l'alchimie de l'accomplissement ; elle est le lieu où se retire et disparaît le noyau du globule rouge du sang après que celui-là a vécu sept jours ; elle est le lieu de ce shabbat grandiose où Dieu, source de toute vie, s'efface — nouvelle kénose ! — pour laisser place et donner force au Fils-Germe dans le Saint Nom de l'être. Elle est le lieu de l'émergence et de la croissance du Nom, véritable identité de l'Adam et de tout Adam. Le nom d'*Adam* privé du *aleph* initial, dont la Tradition dit qu'il symbolise Elohim, n'est plus que *Dam*, « sang » : l'Homme qui rejette Dieu n'est que sang, un meurtrier. Mais si le retrait de Dieu est œuvre du *Aleph*-Elohim, c'est alors que croît YHWH. *Adam* tend vers *Damy*, le silence, le repos, l'accomplissement ! Le jeu qui sépare et unit le *Aleph* et le *Yod*, le Père divin, Elohim, et le Fils, YHWH, incarné en l'Homme, dans la puissance de l'Esprit-Saint, fait battre le cœur de l'Homme et celui de l'Eglise. L'archétype de la respiration est là, caché en Marie, véritable identité de l'Eglise.

'Ishah cosmique, Marie est aussi « chair de ma chair », *Basar Mibesari*. L'Eglise, « os de mes os », est aussi « chair de ma chair ». Bien que déjà lu à propos de l'étude sur 'Ishah, « l'autre côté » d'Adam [14], ce mot *Basar* impose une relecture en ce chapitre concernant l'Eglise. « Secret nucléaire » de mon être, ai-je alors dit ; je le redis fermement ici. Scellée par Dieu dans les profondeurs de 'Ishah, objet de l'extase d'Adam, la chair est l'Image divine qui fonde l'Adam.

A l'image de la divine Trinité, la chair détient le secret du Fils et de l'Esprit en l'Homme. *Bar* est le « Fils » qui sous la puissance de l'Esprit fait dire à l'Eglise *Abba*, « Père » ! La qualité de Fils n'est pas étrangère à celle de la partie dure de l'os : le Fils structure car Il est « pierre d'angle » de l'Eglise. De même que sur le Germe de JE SUIS, sur son Nom secret, tout être est créé, de même sur le Christ, Fils de Dieu, l'Eglise est bâtie. L'apôtre Pierre l'a proclamé :

« Tu es le Christ, Fils de Dieu !
— Sur cette Pierre je bâtis mon Eglise », répond Jésus [15].

Marthe et bien avant elle Jean Baptiste, tous ceux qui ont suivi Jésus tacitement l'ont dit en tant que Fils de l'Homme éveillés : ils se sont faits Fils, participant de la « pierre d'angle », Christ-Fils de Dieu. Laissant là les briques de la vallée de Shinéar avec lesquelles les hommes construisent Babel, ils se sont faits pierres, de même race que la « pierre d'angle » pour édifier l'Eglise. Ils sont entrés en résonance, dans leur personne, avec « JE SUIS en devenir d'être » en eux et ont suivi JE SUIS, Jésus. Les voici, les « convoqués » aux mystères de l'Homme et de Dieu, de « Dieu qui se fait Homme pour que l'Homme devienne Dieu » : *Qahal* est l'« assemblée » des appelés ; elle a donné son nom à l'*Ecclèsia* grecque, l'Eglise.

Il n'y a pas de demi-mesure. On est brique et l'on fonctionne détaché du noyau divin qui donne vie, dans une autonomie animale, dans une individualité qui n'est pas la « personne » et qui reste esclave du groupe (de l'âme-groupe animale) ; ou l'on est pierre reliée à la « pierre d'angle » dans une personne libre : celle-ci entre dans une relation amoureuse et transformante avec Dieu et dans une relation au monde qui a valeur créatrice, mais ô combien crucifiante parfois.

La dynamique de l'amour est donnée par l'Esprit. Comme l'os enchâsse la moelle, et comme la couronne de diamants sertit la perle, ainsi en est-il du « Fils » *(Bar)* autour de la lettre *shin* en ce mot *Basar*, la « chair ». La lettre *shin* dont l'idéogramme est une flèche retenue au plus profond de l'arc, lui-même tendu à l'extrême, est la puissance de l'esprit en l'Homme, puissance de l'éros, force amoureuse et germinatrice de l'être, ontologiquement vouée à Dieu. Le Fils et l'Esprit sont inséparables. Appelés « les deux mains du Père » au sein de la divine Trinité, ils œuvrent dans les profondeurs de l'Homme et de l'Eglise.

L'Eglise, en tant que 'Ishah, porte scellé en son orient le mystère de la chair ; elle est alors image de la divine Trinité : une en son essence, multiple en ses personnes dont chacune porte la plénitude de l'Eglise. Cela est vrai de toutes les « pierres » qui la composent, cela est aussi vrai de la personne des différentes nations dont chacune, dans sa langue propre, chante la langue une de l'orient — chacune représentée par l'évêque ou le collège des évêques successeurs des apôtres, aucune n'étant plus grande que l'autre. Sitôt qu'apparaissent autoritarisme et pouvoir, on retombe dans les catégories de briques étrangères au Fils et dans celles des vertus étrangères à l'Esprit.

Un autre des secrets de la « chair » *(Basar)* est, comme je l'ai dit plus haut, la « bonne nouvelle » *(Basorah)*, les Evangiles. Elle annonce que la chair dévoyée dans la terre d'exil a réintégré l'orient de l'être, que sa « flèche » reconnaît sa cible et là, sa fonction ontologique : celle qui préside aux noces de l'Homme avec lui-même dans l'Arbre de la connaissance, aux noces avec son Dieu dans l'Arbre de vie.

Cette réintégration en chacun de nous de l'Homme en ses normes premières subsisterait-elle si elle n'était soutenue, nourrie, remise constamment en place par les soins de l'Eglise ? Autrement dit : pourrions-nous assumer notre essentielle maternité, mettre au monde le Fils de l'Homme, répondre à cet appel du Christ : « Vous êtes ma mère ! » si notre 'Ishah personnelle n'était greffée à celle toute collective de l'Eglise ? Il est si subtilement facile, devant traverser la plaine de Shinéar, à l'intérieur comme à l'extérieur de nous, de s'y laisser glisser et fasciner par ses valeurs.

De plus, chaque personne humaine, unique dans son hypostase divine, mais image elle aussi de la divine Trinité, contient l'humanité tout entière. Cette communauté qu'elle trouve en l'Eglise est en elle. Rencontrerait-elle vraiment celle qui lui est intérieure si, coupée de son exigeante objectivation, elle marchait en solitaire ? Car en cette séparation d'avec « l'autre » extérieur, on est bien vite dans une illusion d'union à « l'autre » intérieur.

Chaque membre de l'Eglise est l'autre pôle de ce que je

porte en moi. Chacun est ma propre vie, si peu gratifiant soit-il. Mais chacun est aussi la gloire de Dieu. En tant que communauté de tous les convoqués à cet enfantement du Fils de l'Homme en eux, l'Eglise est la terre entière ! Et c'est dans cette conscience-là que peut être compris le véritable œcuménisme. Si l'Eglise est la terre entière, la plupart des êtres humains ne le savent pas encore et ne peuvent répondre à la convocation divine ; certains l'entendent et n'y répondent pas, ou croient y répondre alors qu'ils ne font qu'obéir par sécurité dite spirituelle à une loi religieuse réductrice dans ses catégories moralisantes, qui organise au moins mal la situation d'exil mais n'en fait pas sortir. Très peu encore savent y répondre et suivre alors Celui qui embrasse les prostituées et les exclus et qui se fait compagnon des criminels au Golgotha. Ceux-là sont des fous aux yeux du monde, mais l'Eglise véritable est une communauté de « fous » dans la mesure où la démesure en Christ est l'aune de leur vie.

L'amoureux seul peut deviner ces choses... ou le fou.

> « Lorsque, créateur, mon frère, tu peux faire de ton état duel une unité couronnée par la lumière universelle[16] »

dit le poète qui, avec le prophète, est dans l'espace intérieur des choses.

L'Eglise-'Ishah est la mère qui enfante l'impossible, et l'amoureuse épouse. Elle est un ventre sacré où l'on peut se perdre comme en toute matrice si on y vit dans un état de régression infantile, hors de toute conscience ontologique, ou si elle-même se présente à nous désinsérée de l'image juste qu'elle doit être par rapport au modèle divin ; mais l'on peut aussi y croître et atteindre à la Ressemblance. En elle on est appelé à travailler tous les objets de « prostitution » de l'Homme-brique qui nous colle à la peau, pour les intégrer dans la « sainteté » de l'Homme-pierre. Mais le simple fait du rassemblement des convoqués suffirait-il à la réalisation de ce Grand Œuvre ?

Le troisième jour de la Genèse, Dieu convoque les eaux. Pourraient-elles dans leur obéissance devenir du sec si Dieu ne les convoquait « vers un lieu un » ? *'El Maqom 'Ehad* sont trois mots hébreux dont chacun est un Nom divin. L'Eglise est aussi cela : « vers un lieu un ». Icône de la divine Trinité, elle a un infini pouvoir opérationnel de transformation et de reconduction à l'unité. Elle n'est que tension vers, jamais installation mais espace adimensionnel dont chaque étape vérifiée par le Verbe-Epée qui sculpte, tranche et structure, n'est ni contrainte ni laxisme mais terre de liberté où souffle l'Esprit-Saint de Dieu.

En elle jouent l'os et la chair, ou la partie dure de l'os et la moelle, ou bien encore la rigueur de l'Eros et sa tendresse infinie.

L'agnostique appelle « hasard et nécessité » ce qu'il ne peut contourner et que l'Eglise nomme Vie et Structures. Elle structure dans sa vocation de rassemblement autour de la « pierre d'angle » d'une communauté vivante mais vivant aussi dans le monde ; et la communauté serait vite engloutie dans le monde sans la part verticalisante de l'Eglise, celle de l'Esprit donateur de vie, inséparable du Verbe qui est Vie.

3. L'Église, puissance verticalisante

Au cœur d'une matrice, l'enfant est relié à sa mère par un cordon ombilical qui lui apporte nourriture et oxygène — Verbe et Esprit. Au sein de tout être, en son 'Ishah, le noyau fondateur constitué du Fils-Germe, YHWH en devenir, dans son souffle, est relié à Dieu par le « cordon d'argent[17] ». Au moment de la mort, le cordon d'argent est coupé, et l'Homme « rend le souffle », mais un autre lien plus subtil encore doit se dégager, qui l'unit éternellement à Dieu.

« Ô, toi à Moi encordée au cœur du Rien ! »

A l'orient de l'Eglise, 'Ishah cosmique, ce cordon est implanté avec force et lui apporte souffle et nourriture.

Sion, au centre de Jérusalem, était cet ombilic du monde pour les Hébreux qui, durant l'exil, ne cessaient de tourner leur regard vers la ville sainte ; à leurs oppresseurs qui leur demandaient de chanter des cantiques de Sion :

« Comment chanterions-nous l'hymne de YHWH en terre

étrangère, répondaient-ils ; si je t'oublie, Jérusalem, que ma droite m'oublie ; que ma langue s'attache à mon palais si je ne me souviens toujours de toi, si je ne place Jérusalem au sommet de mes joies[18] ! »

Sommet et source de vie pour les Hébreux ! Tout être pourrait dire cela de son orient ; et tous les « convoqués » de l'orient de l'Eglise.

L'orient de l'Eglise est dans la Personne même du Christ-Fils de Dieu, sa « pierre d'angle ». Il est un Espace sans rapport avec aucun espace, une Présence sans rapport avec aucune présence, qui murmure la langue une et les mots uns. A cette source la communauté vient puiser les énergies qui s'écoulent du fleuve un de la Genèse, dont nous avons vu qu'il est la réponse de Dieu, dans son amour infini, à la montée de désir de l'Homme vers Lui[19].

Ces moments de rencontre sont les temps liturgiques où la communauté se resserre dans le Temple. Chacun des membres de la communauté n'est conscient de ce qui va se jouer là que si lui-même puise à cette source, dans sa personne, par la prière, et s'il construit sa vie en fonction de ce que lui apportent ces deux temps de prière et de vie liturgique : l'un est personnel, l'autre collectif ; ils s'embrassent comme s'embrassent en chacun d'eux (de nous) l'unique et le multiple, le Saint Nom et l'humanité totale.

Il m'est difficile de séparer la vie liturgique (dont l'étymologie est l'« œuvre du peuple ») de la procession qu'elle implique dans les structures du rite en même temps que dans celles du Temple lui-même.

Le peuple, *Laos*, mot grec qui donnera son nom au « laïc », est un peuple royal. En entrant dans le Temple, il tourne le dos à la terre d'exil et, tels les Hébreux se souvenant de Jérusalem, sa droite et sa langue se délient ; il marche et chante.

Il s'avance dans la partie basse du Temple qui regarde l'occident pour progresser lentement vers l'orient où se tient le prêtre. Au niveau du corps cette partie du Temple correspond au ventre ; elle est une sorte de sas entre la terre d'exil que l'on vient de quitter en entrant dans le Temple, et la terre sainte de l'orient, la Terre promise. Elle est un espace où se prépare un *retournement* fondamental : *Teshoub̲ah* pour les Hébreux, *Métanoïa* pour les Grecs, *pénitence* pour les Occidentaux à condition que ces derniers ne mettent pas de connotation juridique en ce mot mais qu'ils y vivent leur « percée » vers l'orient, leur retour (comme celui de l'enfant prodigue) vers le Père[20].

Elle est symboliquement une matrice d'eau. Là, dans le Temple, est une coupe remplie d'eau bénite, en laquelle il plonge la main et se signe du signe de la croix. Sa main plongée dans l'eau est un rappel de son baptême où son corps tout entier avait été immergé pour être purifié, dépouillé de ses « tuniques de peau » (l'inconscient qui le recouvre en situation d'exil) et revêtu du Christ. Ce rite est un prolongement de celui de la circoncision chez les Hébreux, dont j'ai parlé plus haut[21]. Le baptistère est d'ailleurs en cette même « matrice d'eau ». Ses eaux sont celles qui, sous le symbole du sommeil et de la nuit, reçoivent Adam, lorsque Dieu lui fait découvrir son « autre côté » ; Il le met alors face à face avec son « inaccompli » afin de l'initier au processus de son accomplissement. En ces mêmes eaux, symbolisées par celles du Jourdain, le Christ, « second Adam », plonge pour en retourner les énergies vers l'orient.

« A cette vue, le Jourdain retourne en arrière[22]... »

Le Jourdain est de la même « eau » que le Ḥideqel. Comme je l'ai dit plus haut, le *Phrat*, quatrième étape du fleuve un à partir de sa source, donne sa « fleur » de vie *(Phrat)* à toute la vallée de Shinéar (ici, à l'extérieur du Temple) ; il alimente tout être qui, au cœur de sa « liturgie » nocturne la plus inconsciente, dans les phases du sommeil paradoxal, reçoit la grâce d'être amené, sans qu'il le sache, au contact de son Nom-Germe, contact dont il ne pourrait être privé sans mourir. Mais lorsque, devenu conscient de sa source de vie, il se retourne vers elle et commence le chemin de pénitence, ce sont les eaux du *Ḥideqel* qui coulent doucement vers lui. Cette part du fleuve un est celle d'une « force subtile » de Dieu, qui commence de lui « ouvrir les cieux » et de lui faire découvrir sa face d'ombres et de ténèbres. A ce moment liturgique sont chantés dans le Temple les psaumes de pénitence et les hymnes de supplications à Celui qui est toute miséricorde et qui donnera au peuple la force d'avancer dans son espace intérieur et, en voie de conséquence, de traverser les ténèbres extérieures.

Les larmes sont aussi les eaux de cette matrice ; elles sont, rappelons-le, *Dim'a*, le « sang de l'œil ». Elles jaillissent des yeux qui voient la distance qui sépare d'avec Dieu en même temps que la proximité tendre de Celui qui a le pouvoir du pardon.

> « Père, pardonne-leur car ils ne savent pas ce qu'ils font[23] ! »

Ayant acquis la certitude du pardon, le peuple passe les « portes royales » qui correspondent au tympan dans les églises d'Occident, au tympan de l'oreille qui sépare l'oreille externe de l'oreille moyenne, cet organe récapitulant le corps tout entier[24] ; elles correspondent aux hanches au niveau du corps humain — ces « portes royales » s'ouvrent au patriarche Jaqob blessé à la *hanche* après qu'il a lutté toute une nuit avec les démons de sa haine et de sa peur et qu'avec Dieu il a été vainqueur[25].

Le peuple qui passe ces Portes revêt une dimension royale ; il entre dans la nef du Temple et vénère l'icône du Christ et celle de Marie qui en sont les deux colonnes comme l'étaient chez les Hébreux *Yakin* et *Bo'az* « structure » et « force de vie » ! Il entre dans une nouvelle matrice ; celle-ci est de feu. Il a quitté le bavardage de Babel, le babillage de son mental ressassant problèmes et angoisses, pour commencer l'œuvre de transmutation de son être, image du Verbe de Dieu qu'il doit mener avec Dieu jusqu'à la Ressemblance.

Le prêtre, à l'autel, délégué de l'évêque sur le plan ecclésial, actualise le Verbe de Dieu. Il est la Parole créatrice. Le chœur composé de la pluralité des voix humaines dans l'unité du chant est le verbe de l'Homme intimement lié à la voix des puissances angéliques ; un incessant dialogue s'élève entre eux pour célébrer les mystères. La beauté y préside. *Tipheret*, « beauté », est au cœur de cette étape ; elle est marquée au centre de la nef par la présence de l'icône qui célèbre la fête du jour et que le peuple vénère. La beauté règne, dans un premier temps, dans la mesure où chaque détail de l'œuvre liturgique est icône de la Beauté céleste : les formes, les couleurs, les odeurs et les sons symbolisent « formes, couleurs, odeurs et sons célestes », objets incréés inconnaissables que je ne peux écrire qu'entre guillemets et dont pourtant la Tradition, dans le secret du cœur, connaît les correspondances exactes au niveau du monde créé. Ainsi en est-il des chants liturgiques : écrits dans le jeu des harmoniques du son fondamental, ils glorifient le Verbe au sein de la divine Trinité ; par leur qualité, ils percutent le ciel en même temps que l'orient de chaque être, qu'ils unissent l'un à l'autre pour transformer fondamentalement cet être ; par leur fluidité ils participent du feu de cette matrice, car nous sommes dans la forge qui seule, dans un second temps, fera la beauté de la Ressemblance. A ce moment-là, objets créés et incréés seront unis mystiquement dans la troisième étape liturgique.

Ce n'est plus la force douce du Ḥideqel qui alimente le feu, mais celle toute-puissante du *Guiḥon*. Le *Guiḥon* est un « ventre » *(Gaḥon)* lourd du *Yod*, YHWH-Christ, JE SUIS, dans son exigence de croissance. Le mot francisé du Guiḥon est la Géhenne ; il désigne les enfers où doit descendre tout être qui fait le chemin : tout « convoqué » doit pénétrer ses cieux intérieurs pour y rencontrer sa violence. Celle-ci, réprimée par la loi, est maintenant appelée à être assumée dans l'amour.

Le lieu de la Géhenne — et donc la nef du Temple — correspond, au niveau du corps humain, à la partie qui se dresse entre les reins et les épaules. Si l'Homme n'entre pas dans cette nef de lui-même, si verticalisé soit-il dans son corps physique, il n'en reste pas moins rampant ou sur quatre pattes, identifié qu'il est alors avec le monde animal et ses monstres intérieurs. Mais s'il pénètre sa nef, son 'Ishah, « sa feu », il commence ses épousailles qui seront aussi un vrai combat ; c'est pourquoi il est appelé à se ceindre comme un guerrier :

> « Ceins tes reins, homme vaillant... »

entendait Job alors mené par Dieu dans ses enfers.

> « De tous les animaux tu feras entrer dans l'arche deux par deux... »

était-il ordonné à Noé conduit de même dans la Géhenne de son arche ; car il s'agit de rassembler toutes les énergies autour de ce qui correspond à la ceinture et de ne pas les laisser se disperser à l'extérieur ; ce sont elles que le peuple va pénétrer et dont il devra retourner la peau en lumière.

Au niveau du corps commence à se dresser à cette étape la colonne dorsale. Cette partie de la colonne vertébrale laisse courir tout au long d'elle la moelle épinière. Sœur intime de la moelle osseuse, elle est une corde de feu, elle est le Guiḥon. Elle n'était pas présente dans les vertèbres liées à la matrice d'eau alimentée par le Ḥideqel, si ce n'est dans les deux premières vertèbres lombaires tendues comme un tapis de pourpre devant les « portes royales » ; mais en revanche elle s'épanouira dans la dernière matrice, celle du crâne, en une couronne éclatante. Ici, en la matrice de feu, elle est une présence divine que l'œuvre du Satan essaie de détruire mais que l'œuvre liturgique exalte pour éradiquer celle du Satan-Ennemi et rendre juste celle de l'Adversaire. Les « eaux » du Guiḥon alimentent la matrice de feu dans une intensité grandissante à la mesure de la verticalisation du peuple royal, pour devenir torrentielle lorsque celui-ci tend à la sainteté.

« Seul Dieu est saint ! »

clame le peuple dont la sainteté ne peut que participer de la sainteté de Dieu. Tout entier féminin par rapport à Dieu, le peuple fait alors œuvre mâle en lui-même pour épouser ses ténèbres, les retourner en lumière, et faire de sa violence une force divine — œuvre qui doit se poursuivre en chacune des personnes présentes, dans le quotidien de sa vie, œuvre qui inclut tous ceux pour lesquels on prie et que l'on nomme, tous ceux que l'on ne peut nommer... Durant ce temps liturgique l'Esprit-Saint fait fondre à son feu amoureux les « scories de plomb » de l'âme psychique ; celle-ci par le Verbe divin est frappée, martelée, ciselée pour en faire l'œuvre de beauté, l'âme spirituelle.

« Garde ton esprit en enfer et ne désespère pas »,

disait le Christ à saint Silouane. Cette nef de nos vies est le lieu de tant de doutes et de désespoirs durant nos nuits plus semées d'épreuves que d'étoiles ! En vérité, nous ne savons pas voir les étoiles, ces anges de Dieu qui veillent... car une autre puissance céleste est là aussi, dans la Géhenne, le Satan, et sa puissance est effrayante. Dans le principe, le Satan est vaincu en tant qu'Ennemi au Golgotha, et rendu à sa fonction ontologique d'Adversaire. Mais dans la Géhenne de nos vies, nous avons à rencontrer cet Adversaire nécessaire à notre croissance, sans lui réoctroyer son rôle d'Ennemi — ce que nous pouvons par la grâce du Christ vainqueur de l'Ennemi. Le temps liturgique nous donne de pouvoir saisir les étoiles et de vivre une telle beauté que nous en oublions nos souffrances d'accouchement. Et c'est pourtant là que 'Ishaḥ voit « se multiplier le nombre de ses grossesses et qu'elle enfante des fils dans la douleur », Fils intérieur du peuple parti de Babylone, comme Abraham, pour aller jusqu'au bout de lui-même...

Aurait-il la force de poursuivre le chemin, ce peuple, dans chacune de ses personnes si chacune ne venait faire « œuvre commune » là où

« deux ou trois étant réunis dans mon Nom, JE SUIS[26] » ?

JE SUIS est présent en chacun, mais avec combien plus de force dans la communauté : deux temps d'une même respiration, mais si précieux l'un et l'autre ! Une même respiration aussi pour mourir dans un expir et renaître dans un inspir. Telle est l'œuvre de beauté de la matrice de feu.

Rappelons-nous ces trois hommes ligotés, jetés dans la fournaise ardente que le Satan-Nabuchodonosor avait fait préparer[27] : « Et voici que les trois jeunes gens se promenaient dans la flamme, louant Dieu ! » Le feu, créature de Dieu, est celui de l'amour de Dieu ; il ne peut être autre et c'est lui, nul autre, que l'Ennemi pervertit et retourne à ses fins ; il détruit celui qui ne devient pas feu de cet amour, mais purifie qui en est embrasé. Avec les trois jeunes gens, le peuple royal loue Dieu dans la fournaise du Guiḥon. Avec toutes les œuvres du Seigneur chantées dans une hymne cosmique qui fait danser son cosmos intérieur, il glorifie son Dieu dont « la miséricorde est éternelle » ! Lèvres jubilantes, louanges fusant de son cœur, le peuple royal accompagne maintenant dans le silence celui qui, à l'autel, rend présent le seul Grand Prêtre, le Christ, dans l'accomplissement total des mystères divins en ce monde. Il quitte symboliquement sa matrice de morts et de naissances nouvelles qui n'ont été rendues possibles que par la Mort et la Résurrection du Christ, pour participer de celles-ci.

A l'orient du Temple, le sanctuaire est le Golgotha où,

dans le sang du Christ, prend source le fleuve un nommé *Pishon.* Le Pishon coule dans la terre du Saint Nom, « là où l'on trouve l'or et les pierres les plus précieuses », la « pierre d'angle ». « Ouverture de la lettre *shin* », le *Pishon* est, en même temps que le fleuve de la Terre du Nom, celui d'où la « flèche » de l'Eros divin jaillit de son arc soudain détendu pour épouser les cœurs prêts à le recevoir.

Au niveau du corps humain, le crâne est cette matrice habitée de la moelle épinière qui fait couronne et dont nous avons vu qu'elle irradie dans le Guiḥon pour disparaître subtilement au niveau du Ḥideqel et n'être plus qu'une « fleur » de souffle dans le Phrat. La moelle épinière, après l'eau et le feu, ne serait-elle pas symbole du mariage de l'eau et du feu ? Et dans ce cas présence « matriciante » des eaux d'en haut ? Le sang du Christ s'écoule au Golgotha, comme un feu mêlé d'eau. Il est source de la *pourpre,* présence de l'Esprit-Saint qui œuvre à ce point culminant de l'Histoire dont l'instant en JE SUIS-Verbe de Dieu est éternité.

Le prêtre à l'autel, tête de proue du peuple royal, Fils de l'Homme et Christ vivant, supplie l'Esprit-Saint de faire de cet instant l'Eternité. Sommet de la divine liturgie cet instant est l'*Epiclèse*[28]. En lui s'accomplit l'ultime sacrifice. Dans un cri de mort, contrepoint de celui de toute naissance, s'ouvrent les abîmes du Rien et se joue le renversement de la kénose divine créatrice. En ce Rien, le Fils de Dieu incarné dans le Créé livre le dernier combat au Satan-Ennemi et le consacre dans sa fonction ontologique d'Adversaire. Dans Sa Personne même, Il est vainqueur de l'Adversaire et c'est la Résurrection ! Tout en cet instant est un. L'Histoire est suspendue. Soleil et lune s'arrêtent comme ils se sont arrêtés devant Josué à l'entrée de la Terre promise[29]. Le temps devient éternité. Ciel et terre s'enlacent, le symbole rejoint son modèle ; la Torah donnée dans un baiser divin à Moïse *(Pé'al Pé,* « bouche à bouche »[30]) est le Verbe du Dieu vivant ; le « grain de blé » *(Bar)* devenu pain dans le pétrin de la matrice d'eau et dans le four de la matrice de feu est maintenant chair du « Fils » *(Bar)*, corps du Christ ; et le vin Son sang ; l'Instant est JE SUIS ; l'Incréé épouse le Créé, l'Homme entre dans la chambre nuptiale et « mange » son Dieu ; s'il ne devient son Nom, il en vit les prémices et reçoit la force de le devenir.

Extase de l'Eros ! Beauté !

Lorsque le peuple quitte le Temple pour retourner vers la terre d'exil, il a acquis la force de n'être plus terre d'exil au-dedans de lui ; il a reçu la grâce de pouvoir hisser quelques instants de sa vie quotidienne à la hauteur d'une Epiclèse, ou tout au moins de vivre de la respiration dont elle est l'apnée éternelle ; il a posé un cœur d'Homme-pierre au centre de l'Homme-brique que de nombreuses fonctions dans le monde l'obligent d'être. La vie prend la saveur d'une aurore que les peines et les épreuves peuvent assombrir, mais sans plus arrêter la lumière qu'elles promettent.

4. Le sacerdoce de la femme

La beauté liturgique impliquait la résonance exacte du symbole à son modèle : chaque « chose » *(Dabar)*, pour atteindre à son archétype dans le « Verbe » *(Dabar)* qui la fonde, devait être placée en correspondance rigoureuse avec lui au moment de l'Epiclèse. Faute d'être son harmonique, la « chose » devient *Deber*, la « peste », et l'œuvre tout entière est détruite.

Je me suis souvent appuyée sur ce mot clé qui préside à la cinquième plaie d'Egypte[31] pour dénoncer toute « chosification » des objets dont nous disposons et que nous manipulons comme des coques vidées du souffle qui les relie à leur être profond ; nous générons alors maladies et mort. Toute chose liturgique, désertée de son archétype fondateur avec laquelle elle ne respire donc plus, rend inopérante la puissance unificatrice de l'Esprit-Saint. Or ce n'est que dans le souffle de l'Esprit-Saint et dans la rigueur du Verbe — dans la justesse de leurs rapports — que peuvent se rencontrer le ciel et la terre, et que les divins mystères prennent alors corps dans le réel.

Dans cette perspective, formes, couleurs, odeurs et sons

doivent correspondre, nous l'avons vu, aux formes, couleurs, odeurs et sons célestes. Les créatures eau et feu ne peuvent être autres que celles-là. Les créatures pain et vin sont irremplaçables. Le pain non levé est sans souffle : il est le Fils coupé de l'Esprit. L'Occidental spirituellement dénutri en arrivera à ne voir dans le Christ que son « co-pain »... Dès la fin du premier millénaire, Constantinople condamne l'utilisation du pain azyme chez les Latins, les accusant de « judaïsme », mais oubliant peut-être que la *matsah* juive utilisée pour le Séder de Pâque signifie le pain de l'exil mangé avant la sortie d'Egypte et volontairement pur de toute « fermentation » liée à l'exil. Constantinople a cependant raison de dénoncer l'erreur latine, car le pain eucharistique est celui de la Terre promise où le Fils et l'Esprit-Saint, la divine Trinité tout entière est présente. Le pain ne peut qu'être levé.

Les textes dits ou chantés sont puisés dans la Bible et non chez nos poètes ou penseurs, fussent-ils les plus beaux, comme je l'ai quelquefois entendu dans certaines célébrations romaines. Chaque geste du prêtre, du peuple ou du chœur a sa dimension symbolique. Toute procession dans le sanctuaire, dans la nef et jusqu'au narthex a son sens. Rien ne peut échapper à cette vérification archétypielle.

A cette lumière, dans la nef, le peuple royal, matrice du Fils de l'Homme, est un incontestable pôle féminin ; mais le prêtre dans le sanctuaire, lui, est le pôle mâle : il est symbole de l'Incréé en Christ, Fils de Dieu et symbole de cette « parcelle d'Incréé » qu'est l'Image divine grandissante dans le Fils de l'Homme, au cœur du Créé. Il ne peut être « joué » que par un homme. Si en Dieu il n'y a ni homme ni femme, n'oublions pas que dans la relation qui unit Dieu à son œuvre créée, l'Incréé est archétype du pôle mâle, et le Créé celui du pôle féminin. Or la divine liturgie est essentiellement œuvre de relation. Dieu est inconnaissable dans Son Essence, mais Il Se fait connaître dans Sa relation au Créé, et en celle-ci il ne peut y avoir aucune confusion. De même, au niveau du Créé, la femme peut atteindre autant que l'homme à la déification : c'est alors le Fils totalement accompli que l'un ou l'autre devient, et donc un principe mâle. C'est de ce principe mâle que l'homme-prêtre est aussi représentatif dans une qualité symbolique où n'intervient aucunement une valeur de mérite ou de dignité. Le sacerdoce dont est investi Abraham par Melchitsedek, roi de Justice[32], et auquel se réfère toute ordination, est conféré par « celui qui fait toute justice », c'est-à-dire la terre comme le ciel. Melchitsedek est d'autre part appelé « roi de Shalem » (roi de l'accomplissement). On ne peut accomplir ces mystères que dans le souffle de l'Esprit-Saint et dans la rigueur du Verbe. Le pôle féminin est celui de la multiplicité qui *tend vers* l'unité, le prêtre *est* le un. La Tradition voit en Melchitsedek une épiphanie du Messie ; dans une intervention fulgurante, Il vient apporter le rite sacrificiel du pain et du vin à celui qui va mettre au monde, en son fils Isaac, la pré-figure du Fils.

Si l'exactitude rigoureuse des correspondances entre le ciel et la terre n'était pas observée, l'œuvre liturgique deviendrait la mémorisation d'un passé, l'évocation sainte d'un événement saint d'autrefois qui cependant perdrait la réalité de sa brûlante actualisation dans l'Instant de JE SUIS. Chaque instant ainsi ouvert à sa dimension d'éternité ne veut pas dire que le Christ meurt et ressuscite continuellement dans les temps ; ce noyau central de l'Histoire est unique mais il habite tout instant de l'Histoire en une profondeur que l'Esprit-Saint de Dieu fait surgir au moment de l'Epiclèse où le temps devient éternité. S'il n'en était pas ainsi et si l'acmé de la divine liturgie n'était que l'évocation d'un passé historique, nous serions alors conviés à entrer dans un musée dont la clé pourrait aussi bien être entre les mains d'une femme qu'en celles d'un homme, et il n'y aurait guère de raisons pour que la femme n'accède pas autant que l'homme au sacerdoce de l'autel.

Je crains que ce ne soit à cause de la banalisation de la

plupart des offices des Eglises occidentales et de la réduction de l'instant de l'Epiclèse (souvent inexistante) au temps linéaire de l'Histoire, que les femmes ont alors revendiqué la prêtrise. On peut aussi se demander pourquoi le pape de Rome pose en interdit cette revendication, dans une attitude autoritaire non éclairante ; or toute autorité qui ne fait pas participer de la connaissance se rigidifie dans un passéisme conservateur qui n'a plus rien de traditionnel. De nombreux prêtres de l'Eglise anglicane, hostiles au sacerdoce des femmes, ont fui en masse vers l'Eglise romaine apparemment traditionnelle dans ce comportement intégriste. Je crains que ce mouvement ne soit guère motivé par une conscience ontologique du problème : la plupart de ces hommes ne fuient sans doute qu'une situation qui leur est insupportable dans la mesure où elle vient briser leurs habitudes. Mais Tradition et habitudes ne relèvent pas du même plan et ne peuvent être confondues. Cette habitude religieuse n'était peut-être pas sans lien avec une intuition secrète des plus grandes profondeurs de leur inconscient, mais elle confortait davantage un schéma de vie masculinisée à l'extrême dans un milieu où, il n'y a pas longtemps encore, la femme, confondue avec 'Ishah, était enseignée dans les séminaires comme objet de mal responsable de la « Chute ».

Comprenons aussi que ce questionnement sur le sacerdoce de la femme s'insère dans la déstabilisation fondamentale qu'éprouve aujourd'hui l'homme devant l'émergence du féminin. L'homme voit ses prérogatives lui être arrachées, d'autres remises radicalement en question. Celle dont nous parlons semblait être inamovible et voici qu'elle lui échappe aussi ; cela lui est odieux. Mais cette compréhension d'ordre psychologique ne peut justifier notre aveuglement sur l'ontologie du problème. Si j'insiste sur la nécessité fondamentale de la présence de l'homme à l'autel en me référant à l'ordre archétypiel, je n'insiste pas moins au nom de ce même ordre sur une proposition de large participation de la femme à la vie de l'Eglise. Il me semble qu'il est temps de parler du « sacerdoce de la femme ».

Durant les liturgies, le service diaconal comme celui des sous-diacres et des autres ordres mineurs renvoient à celui des anges. Chez l'ange, il n'y a aucune distinction entre masculin et féminin mais, comme tout être créé, l'ange est féminin par rapport à Dieu. Ces ordres étaient conférés aux femmes et aux hommes dans les premiers temps de l'Eglise ; ils sont certainement à réintroduire aujourd'hui dans un cadre qui reste à définir, mais qui doit donner passage au souffle de l'Esprit-Saint : loin d'enfermer, l'Esprit-Saint ouvre à toutes les dimensions non encore atteintes de la Tradition, que les volontés de puissance et les rapports de force très masculins tiennent prisonnières.

La femme qui a tant entouré le Christ ne pourrait-elle baptiser, enseigner, voire recevoir les confessions ? Beaucoup dénoncent aujourd'hui avec justesse et rigueur l'incompétence navrante de la plupart des prêtres à recevoir les confessions. Ceux-ci ne sont nullement préparés à la rencontre avec les profondeurs de la psyché ; ils n'ont aucune connaissance réelle de l'âme psychique que les sciences humaines commencent à percevoir mais dans un dénuement spirituel réducteur. De leur côté les sciences religieuses, dans leur mépris de cet apport culturel, font souvent un « plaqué or » mortifère en de fausses sublimations derrière lesquelles beaucoup de prêtres sont eux-mêmes réfugiés et se cachent. C'est dans une synergie des sciences humaines et des valeurs spirituelles que la lumière se fera et éclairera ceux qui, ayant fait le travail pour y atteindre, pourront alors ouvrir l'oreille du cœur à la confession de leurs frères. Et, dans ce cas, autant la femme que l'homme est capable de cette ouverture.

L'absolution sera donnée par le prêtre car seul, dans une succession apostolique directe, il en a reçu le pouvoir ; ce temps du sacrement de pénitence doit être distingué de celui de la confession, sans en être séparé. L'inaptitude à recevoir les confessions dont nous parlions, qu'elle soit consciente ou inconsciente, induit souvent une recherche de puissance compensatrice dont cette fonction sacerdotale plus que toute autre offre le risque. Le prêtre identifié à sa fonction cache sa misère inavouée derrière son rôle de pasteur ; il se croit à la lettre « pasteur des brebis » qui, elles, composent le peuple royal et lui doivent alors obéissance. Il oublie que, dans la bouche du Christ, la « brebis » *(Kebesh)* est « celle qui est *soumise* à la volonté divine » ; elle est séparée du « bouc » *('Atoud)* qui, lui, « *s'oppose* à la volonté divine »[33]. Seul le Christ est Pasteur, et il y a dans cette appropriation du terme par le prêtre un abus de langage. Le vrai pasteur, icône du Christ, est celui ou celle qui, dans la plus grande « humilité » (c'est-à-dire conscient de l'« humide » de son inaccompli), prend le chemin de son intériorité et, se faisant brebis, reçoit de Dieu le don d'écouter l'autre. De nombreuses femmes, de haute qualité spirituelle, peuvent autant que les hommes atteindre à ce don.

Je ne suis pas sûre que les femmes qui demandent la prêtrise soient toutes de celles-là. La prêtrise appartient à l'ordre ontologique et la revendication des femmes à cette fonction me semble ressortir davantage aux catégories psychologiques qui bouleversent aujourd'hui notre société, qu'à cette qualité de conscience. Dans ces conditions, la femme se pose en rivale de l'homme, jouant avec lui dans des rapports de force, et ce jeu auquel l'Homme excelle est insupportable chez celle dont la vocation est d'être porteuse des valeurs spirituelles et de les vivre. Beaucoup d'hommes, dans les milieux d'Eglise, oscillent aujourd'hui entre un savoir théologique tout intellectuel et desséchant, et un investissement quasi « femelle » dans les marécages du social. Si, parmi ces femmes, l'intelligence des unes et la générosité des autres se veulent plus efficaces que celles des hommes, quelles ombres ne rapporteront-elles pas dans leurs filets qu'elles croyaient jeter en haute mer et qui n'auront fait que racler le rivage défiguré du monde ?

Le sacerdoce de la femme n'a pas à rivaliser avec celui de l'homme ; il est d'une autre essence.

Le sacerdoce est conféré à l'homme par voie divine à travers les apôtres et leurs successeurs dans un rituel d'Eglise. On pourrait dire qu'il s'agit ici de la voie d'Elohim, Elohim étant Dieu en tant qu'Il se manifeste à l'Homme par l'extérieur. Le sacerdoce de la femme est reçu de l'intérieur — voie de YHWH, voie de Dieu en tant que Dieu est ici personnel, fondement de l'être[34]. Le sacerdoce est alors co-naturel à celle qui redonne à l'intériorité de l'Adam son vrai visage de Adamah-mère et de 'Ishah-épouse. « Mère de toute vie », Ḥawah, dont la sacralité du sacerdoce a souffle d'Epiclèse, tend vers Ḥayah ; mais ceci se joue dans le sanctuaire intérieur, en silence.

> « Il a fait en moi de grandes choses Celui qui est puissant... »

Personne n'a besoin de le savoir, mais « la grande chose » est là, en celle qui n'a voulu rien d'autre que de faire Sa volonté.

Son sacerdoce préside à l'autel du cœur ; il n'a pas de fonction ; il *est.* Il irradie la ferveur de celle qui a mis au monde l'enfant de l'exil et qui accouche maintenant du Fils de l'Homme en Terre sainte.

Il s'efface dans le shabbat qui donne naissance à l'autre, non dans la spiritualisation satisfaite d'une frustration inavouée, mais dans le don amoureux de celle qui se sait aimée... de celle qui répand le parfum... de celle qu'une huile d'allégresse tient éveillée pour l'arrivée de l'Epoux !

Le sacerdoce de la femme éradique l'impossible, fait advenir l'inespéré dans un renversement des lois objectivantes et des sécurisations frileuses sur les sentiers de la vertu ; il déplace les limites, fait s'effondrer les certitudes, exhume les trésors enfouis sous les interdits de l'éros.

Il est maître des cérémonies pour introduire au « tout autre », depuis la simplicité de la sage-femme jusqu'à la sagesse connaissante de celle qui, fermant nos yeux, nous accompagne dans l'invisible.

Le sacerdoce de la femme est chair vivante, bouleversante de beauté et de fécondité que ne définit pas le statut biologique : sa fécondité est virginité.

CHAPITRE IX

Cerveau droit et cerveau gauche
La droite féminine

« Que celui qui a des oreilles pour entendre entende ! »

dit Jésus[1]. L'Evangile est semé de cette injonction divine que déjà Israël faisait sienne : « Ecoute Israël...[2] » Quelle est donc l'oreille qui peut entendre ? Quel œil, capable de voir ? Et quel est le cœur suffisamment ouvert pour comprendre ? Il semble que nos sens épris du réel immédiat, épris du connu, ferment leurs capacités détectrices de l'essentiel !

Lorsque j'interroge la Bible en portant sur elle le regard que je posais jadis sur l'être aimé dont le mystère me restait scellé, je me vois, femme du XXe siècle, obligée de me dépouiller du siècle pour entrer dans la verticalité de mon être et me couler dans l'axe de l'instant-éternité. Je sens que ce n'est pas en m'arrêtant au mot écrit dans sa représentation première que je peux appréhender le texte, mais en le pénétrant, en épousant le souffle qui l'attache au Verbe. Entre le mot et moi, le concept fait barrage ; le mot me demande d'entrer dans sa musique et devient alors un face-à-face. Je suis moi-même devant lui comme un Nom écrit dans l'histoire de l'Homme, dont les racines profondes plongent dans l'Image de Dieu, le Verbe que je suis. Dans cette relation, le mot qui me fait face me regarde à son tour et me fait savoir que je ne peux communiquer avec lui à l'extérieur que dans la mesure où je communique avec moi-même, au-dedans de moi. Il me fait savoir qu'il est l'objectivation de la Parole divine inscrite en mon orient, inscrite de l'unique plume qui nous sculpte tous deux en deux vies jumelles. La relation devient l'étreinte de deux mystères dont la révélation ne peut se faire que l'un par l'autre, comme deux amants ne deviennent leur réalité profonde qu'en pénétrant le silence l'un de l'autre, au plus dru de leur être. L'écrit biblique frémit alors comme craque au printemps la terre hivernale pour laisser jaillir la promesse d'une somptueuse récolte nourricière de chaque instant.

En tant qu'histoire du passé, la Bible a construit notre civilisation et fondé notre culture ; en tant que vie de l'instant, dans son exigence soudaine de verticalisation, elle est en train de bouleverser culture et civilisation, de détruire les schémas de pensée, les structures politiques, religieuses, sociales afférentes à ces schémas, et de dévaster les êtres que l'imminence d'un saut incontournable et vertigineux dans l'inconnu tient figés au bord du Rien.

Au cœur du Rien, l'audacieux sent soudain ses reins retenus par la corde divine — la « foi » *(Amen)* est cette audace. « Moi je te vois, ça suffit, saute ! » disait un père à son enfant que la fumée aveuglait et qui pourtant n'avait plus que cette issue de vie : sauter par la fenêtre de leur maison embrasée par le feu, sans aucun repère si ce n'est l'affirmation de celui qui dit être là. Le temps du saut n'est plus de ce monde bien qu'il lui appartienne aussi, il a la qualité d'une Epiclèse : il est l'instant lourd de JE SUIS cueilli au cœur de l'Histoire.

Qu'est donc l'Histoire dont le passé n'est plus et l'avenir pas encore ? Seul l'instant a réalité si nous lui donnons une âme. Entendons dans ce mot « âme » la richesse infinie que nous réserve notre retournement vers la Adamah-'Ishah : non plus les colorations humanistes de Lilith jouant sur les thèmes chromatiques de l'imaginaire, mais le réel de l'« imaginal » reçu dans la diversité de ses richesses comme des fruits dûment mûris sur l'Arbre de la connaissance, ceux-là mêmes dont je cueille, émerveillée, une part aux différentes étapes de ma relation d'« étreinte » avec la Bible.

Dans ce sens, peut-être abordons-nous aujourd'hui le rendez-vous de l'Histoire avec son âme. Osera-t-elle saisir la corde qui l'unit à son ontologie et qui, au cœur du Rien, donne à l'instant puissance d'éternité ; à l'impossible, ouverture sur tous les possibles ? Elle n'a pas le droit de manquer ce rendez-vous : l'instant lourd de JE SUIS est l'Epée dont le double tranchant, s'il n'ouvre sur la vie, donne la mort.

L'ontologie de l'Histoire ? L'orient de l'être, là où est parlée la langue une, là où, dans les profondeurs de 'Ishah, est scellée *Basar*, la « chair », le Verbe et l'Esprit. Dans l'actualité de la plaine de Shinéar, celle de notre Histoire, l'Homme a dissous dans les eaux de l'inconscience les restes disloqués de la chair une : la raison et le sentiment, avec leur cortège de dualismes (science et foi ; réel et irréel ; sagesse et folie ; etc.). Parmi ces frères ennemis viennent s'insérer le mot dit ou écrit et la résonance à l'écoute de laquelle invite le Christ-Logos mais que tue la logique.

Comment cheminer dans ce labyrinthe d'exclusions mutuelles et stérilisantes, voire oppressantes, si ce n'est en obéissant au désir fou, irrépressible de la nature qui exige l'au-delà de toute contradiction, de toute frustration, en élargissant nos poumons et en déployant nos ailes, non pas celles tout artificielles de Dédale et Icare, mais les ailes de l'amour que la tradition iconographique prête à Jean Baptiste. Celles-ci ressortissent aux terres nouvelles nées des cieux nouveaux que conquiert tout être humain se retournant vers son orient et faisant alors l'expérience d'espaces-temps propres à chaque champ de conscience acquis, ceci jusqu'à l'entrée en « terre promise ».

En cette terre-là, chœur du sanctuaire intérieur personnel, orient de l'être gardé par les Chérubins, est « l'Epée tournoyante et flamboyante[3] », le Verbe et l'Esprit, la chair. Ce noyau de l'être informe l'Homme depuis la part la plus secrète de ses profondeurs jusqu'à son corps physique le plus concret. Ce corps, dont nous avons vu qu'il n'est symboliquement que cadavre tant que l'Homme n'est pas entré consciemment en résonance avec la chair ontologique, est celui qui la chante le plus divinement lorsqu'il en est l'icône vivante. L'ADN, messager génétique qui a forme d'Epée, porte l'information fondamentale du Verbe et de l'Esprit, du plus subtil au plus immédiatement observable de nos organes. C'est pourquoi le « corps-cadavre » lui-même peut être, en des moments privilégiés, le vecteur de la chair évangélique *(Basorah)*, celle qui fait l'objet de la « bonne nouvelle » et que j'appelle aussi « ontologique » en tant que fondatrice : le corps devient alors l'éveilleur.

Ces « moments privilégiés », au cœur du temps historique et de l'inconscience de celui (ou celle) qui va rejoindre l'« instant de grâce », peuvent être ceux dont j'ai parlé plus haut[4], de même ceux d'une grande souffrance ou d'une exceptionnelle émotion ; ils peuvent se vivre au moment du choc libérateur de l'orgasme — je reparlerai de ce sujet trop important pour ne mériter que ces quelques lignes ; il était inclus dans la réflexion que je portais alors sur le sensoriel en général, mais je le développerai au chapitre suivant en mettant l'accent sur la sexualité si riche en soi, si douloureusement appauvrie aujourd'hui ! Je ne quitte cependant pas le corps, ce temple si précieux, même s'il est en attente d'être consacré (je dirais plus : en demande de l'être, d'où son langage[5]), pour contempler dans ses structures le message génétique de l'ADN porteur du Verbe et de l'Esprit. Les structures qui l'expriment au premier chef sont celles de ce que la Tradition chinoise appelle le « ciel de l'Homme », la tête.

« De la tête naît le Tao », dit cette même Tradition ; d'elle naît Pallas-Athéna toute casquée d'or après qu'elle a été mûrie derrière le front de Zeus, dit le mythe grec ; enfin, et dans le principe éternel dont ce qui précède est mémoire, c'est du Golgotha, lieu du crâne, que, dans le temps historique et l'instant éternel, le Christ ressuscite dans Son corps de gloire. En image directe des archétypes, cet espace de l'ultime matrice enveloppée de la pieuse-mère et de la dure-mère où l'Homme recouvre son unité et devient son Nom est celui qui détient le secret du Un qui se fait deux et du deux qui revient au Un.

Seul Dieu est Un dans le mystère insondable des trois Personnes divines « unies sans confusion, distinguées sans séparation ». Inconnaissable, retiré dans Son Essence, le Père agit de Ses deux Mains (le Verbe et l'Esprit) dans le Créé. Eux-mêmes inconnus dans leur Essence, le Verbe et l'Esprit se font connaître du Créé qu'Ils pétrissent comme une pâte appelée à la transfiguration. Leur puissance amoureuse et opératrice contenue dans le plus secret de la chair s'exprime d'une façon privilégiée dans le « ciel de l'Homme » dont nous avons vu qu'il est baigné de la moelle épinière. A cet étage, la moelle symbolise le *Pishon*, icône la plus proche de son modèle, les eaux d'en haut.

Par rapport aux deux hémisphères cérébraux qu'irrigue la moelle et qui expriment le deux, l'inconnaissable Unité, en tant qu'Elle se fait connaître, est symbolisée par le cerveau le plus ancien dit archaïque ou reptilien. Celui-ci gère l'instant, il semble traiter les instincts les plus primitifs de l'Homme et les informations fondamentales ; il serait le siège du *sensorium Dei* qui donnerait source au sensoriel pur, traité pour sa part au niveau des hémisphères cérébraux ; il serait la mémoire de l'orient, en laquelle viendraient puiser les activités du sommeil paradoxal, les instincts religieux les plus archaïques et les fonctions vitales élémentaires.

La prudence me fait parler au conditionnel puisque les derniers travaux de recherche scientifique sur ce délicat sujet ne font qu'avancer ces hypothèses et de plus dans un esprit encore totalement agnostique. Mais l'on sait d'une façon plus objective que le cerveau limbique qui recouvre le reptilien affine le rôle de ce dernier et joue en intermédiaire sensible entre lui et les deux hémisphères cérébraux ; tout particulièrement il gère les émotions et distribue les énergies mobilisées par l'orgasme.

1. Les deux hémisphères cérébraux

Les deux hémisphères cérébraux obéissent à la loi de formation archétypielle induite par le Tétragramme-Epée הוה ; ils sont les aspects dominants des deux *hé* ; je dis « dominants » car à d'autres niveaux du corps nous les retrouvons, en particulier à l'étage de la parole dans les deux poumons que prolongent les deux mains (de cinq doigts chacune, et la lettre *hé* a pour valeur 5), puis à l'étage de la procréation dans les deux reins et la formation symétrique des organes génitaux que prolongent les deux pieds ornés chacun de leurs cinq doigts.

Dans l'Arbre de la connaissance, l'un des deux *hé* est l'accompli-lumière qui construit peu à peu le *Yod*, le Saint Nom. L'autre *hé* est l'inaccompli-ténèbres, espace de tous les possibles. Le premier souffle est celui du Verbe, le second celui de l'Esprit « qui plane sur les eaux » de l'inconscient, mais aussi les pénètre[6], pour amener la lumière du Verbe ainsi construit à épouser les ténèbres latentes et à les transformer en une lumière plus intense. L'Esprit fait alors éclore un jour nouveau, émerger une terre nouvelle, apparaître du conscient.

Dans cette perspective, le *hé* du Verbe est le souffle construit, intégré ; la chose sue, connue, assimilée, conceptualisée ; la vérité de telle étape du réel advenu, les lois qui s'y réfèrent, la logique qui lui donne cohérence, l'éthique qu'elle détermine, les valeurs qui la fondent et qui président à toute institution nécessaire pour structurer la vie : ce pôle est mâle. Par rapport à ce *hé*, souffle du Verbe, l'autre *hé*, celui de l'Esprit, est une respiration qui fait pressentir toute chose potentielle et qui la fait émerger du confusionnel avec sa cohorte de résonances encore indistinctes mais riches de valeurs promises à la construction d'un Verbe plus densifié de Vérité : ce pôle est femelle.

Sur ce schéma traditionnel et encore inconnu jusqu'à aujourd'hui des sciences dites « positives », viennent s'appliquer d'une façon étonnante les récentes données de celles-ci.

Traitant des deux hémisphères cérébraux, elles nous disent ceci : « L'hémisphère gauche est surtout verbal, logique, analytique et *scientifique*, tandis que l'hémisphère droit est *muet*, spatial, analogique, synthétique et artistique ; l'hémisphère gauche régit l'orientation dans le temps, l'hémisphère droit dans l'espace[7]... » De son côté[8] le professeur Israël, en conclusion des plus récentes études faites sur l'asymétrie cérébrale, s'exprime ainsi : « Il y a bien une asymétrie de fonction entre les hémisphères cérébraux. Le côté gauche tient sous sa dépendance le langage, l'analyse, la mémoire verbale, les aspects numériques du calcul, la dissection logique des problèmes. Le côté droit perçoit et comprend les émotions, les relations visuelles, spatiales, il traite les informations de façon globale, synthétique et a une connaissance plus intuitive qu'analytique ; il est aussi sensible plus que le gauche à la musique » ; et toujours au sujet de la musique l'auteur ajoute : « le rythme et la mesure sont perçus par le cerveau gauche, la mélodie, le timbre, le ton, par le cerveau droit ».

En conclusion de sa très subtile analyse, le professeur Israël propose de penser que « la culture se loge plutôt dans le cerveau droit, celui de la perception globale intuitive, de l'imaginaire, des comportements émotifs sans contenu nécessairement verbalisable, tandis que la civilisation, cette entreprise de conquête du monde extérieur et en partie aussi de nous-mêmes, relèverait davantage de la puissance d'analyse, de la rigueur, de la méthode, de l'hémisphère gauche. Cerveau droit : unité avec le monde et son mystère. Cerveau gauche : prise de possession du monde visible en même temps que découverte des lois qui le régissent[9] ».

Mon cerveau droit se trouve très ému de la concordance du discours de cet éminent médecin avec les données de la Tradition. Le professeur Israël a d'ailleurs l'honnêteté de porter son étude, au-delà des catégories culturelles, vers celles qui relèvent des expériences de « transe-paranormal-surnaturel » ; il ne rejette pas dans le tiroir aux sorcières (facile alibi de tant de scientifiques !) la vie mystique et les valeurs spirituelles. Il constate alors que notre civilisation, ayant considérablement privilégié le cerveau gauche, a toujours considéré que « ce qui est passé en dehors du centre du langage et qui n'est pas verbalisé, analysé, expliqué, est fou » ; il dit encore : « la pulsion sexuelle est du système limbique, l'amour qui l'affirme et la sublime est du cerveau droit[10] » ; et enfin : « C'est par l'hémisphère droit que l'Homme parvient à la perception d'une transcendance[11]. »

Tout en proposant cet éclairage, le professeur Israël dit combien ces découvertes sont encore parcellaires et balbutiantes mais aussi combien les activités respectives des deux cerveaux, considérés jusqu'ici comme mutuellement exclusifs, devront être prises en compte l'une et l'autre dans leurs complémentarités lors de toute étude scientifique. Le Verbe et l'Esprit sont unis sans confusion, distingués sans séparation, affirme la Tradition. Et l'on devine facilement que j'associe le Verbe au cerveau gauche (qui d'ailleurs détient la fonction parolière) et l'Esprit au cerveau droit.

Je serais alors tentée de croire que le bouleversement qui saisit aujourd'hui notre civilisation, et qui risque de faire s'effondrer notre culture, est l'œuvre d'une formidable revendication du cerveau droit à dire le Verbe en passant non pas par la parole qui n'est pas son génie, mais par l'expérience de l'Esprit.

Le savoir acquis par l'extérieur et qui demande un grand effort de mémorisation est œuvre du cerveau gauche ; la connaissance acquise par l'intérieur et immédiatement mémorisée dans chaque cellule du corps qu'elle illumine est œuvre du cerveau droit. Je rejoins ici le début de ce chapitre en disant que le mot en tant que représentation simple d'une chose est du cerveau gauche, mais que la résonance de ce mot au Verbe qui fonde la chose exprimée est du cerveau droit. L'entrée en cette résonance où s'inscrit toute la musique du Verbe est œuvre d'amour.

Face à elle, le cerveau gauche radicalise à tel point sa primauté (pour ne pas dire son exclusivisme) qu'il récupère cette expérience des profondeurs en y faisant accéder les êtres par des techniques qu'il croit contrôler et dont il explique les bienfaits par une analyse d'ordre matérialiste. Nous avons assez de recul aujourd'hui pour savoir que l'expérience alors atteinte n'est pas pour autant intégrée et qu'elle conduit souvent à des névroses plus graves que celles qu'elle croit éradiquer. Je n'exclurai pas cette même récupération faite par un cerveau droit réactionnel, non moins exclusif et relativement « fou », aujourd'hui répandue dans les zones des milieux New Age les moins contrôlées par le cerveau gauche. Les risques de dégradations ne sont pas moins grands. Mais l'une et l'autre étaient prévisibles face à la sécheresse scientifique, à l'oppression exercée en Occident par une religion qui s'est voulue scientifique et qui, dans une masculinisation outrancière, s'est paradoxalement émasculée ; face aussi à l'exigence irrépressible de l'Esprit de faire croître le Verbe au cœur de l'Homme.

Les temps sont venus d'un mariage entre nos deux cerveaux, d'un mariage entre le masculin et le féminin respectivement prépondérant, dans l'hémisphère gauche et l'hémisphère droit...

2. La droite et la gauche

A ce moment de ma réflexion sur les deux hémisphères cérébraux, il est important de parler de la droite et de la gauche de l'Homme, côtés qui demandent la qualité d'analyse du cerveau gauche mais la subtilité du cerveau droit pour être distingués l'un de l'autre !

Car, dans la physiologie du corps humain, la perspective ontologique que je viens de préciser au niveau du cerveau subit soudain un croisement ; en effet, lorsque les faisceaux nerveux qui prennent racine dans le crâne passent dans le bulbe rachidien, ils échangent leur direction dans ce que l'on appelle la « décussation des pyramides ». Ainsi les fibres nerveuses venues du cerveau droit vont vers le côté gauche de la moelle pour commander la partie gauche du corps et vice versa.

C'est alors que le côté droit du corps exprime le masculin en correspondance avec le Verbe et la fonction parolière ; le côté gauche le féminin en correspondance avec l'Esprit. La tradition chinoise vient confirmer ces données : « Le Yang [pôle mâle], dit-elle, est à droite dans le ciel antérieur, à gauche dans le ciel postérieur[12]. » Elle parle du passage du ciel antérieur au ciel postérieur comme de « celui du non-manifesté au manifesté ou encore du sans-forme au ayant-forme ». Le non-manifesté est alors l'espace de tous les possibles ; le manifesté, dans le ciel postérieur, est celui qui reçoit le mandat donné d'en haut pour nous donner vie et nous permettre de nous accomplir. Sans doute ce mandat est-il contenu dans le Nom sacré qui, dans notre propre Tradition, fonde l'Homme dès sa conception et en lequel la Tradition chinoise rejoint alors la nôtre : en effet, un rituel bien précis fait donner secrètement ce nom symbolique par le père à l'oreille de son enfant dès sa naissance ; le « surnom » lui sera donné plus tard. Ce nom secret contient le destin de l'enfant et sa place dans l'univers.

Ces deux Traditions se rejoignent à plus d'un titre. J'en ai eu hautement conscience en écrivant *Le Symbolisme du corps humain* mais plus particulièrement en lisant ce que le docteur Kespi écrit : « Ce mandat donné du ciel antérieur au ciel postérieur est nécessaire à l'Homme qui incessamment se crée et se recrée *par la lumière et par le Verbe*[13]. »

L'Esprit et le Verbe de l'Homme contenus en son Nom — tels sont les termes de notre Tradition — sont ici bien présents ; ils sont l'image de l'Esprit de Dieu et de Son Verbe créateur que la Tradition chinoise ignore mais que symboliquement elle renvoie au « sans-forme » du ciel antérieur, source de l'incontournable mandat de vie de chacun. Au niveau corporel, le point de passage du ciel antérieur au ciel postérieur, et donc celui de l'entrée de ce mandat, se nomme dans la Tradition chinoise *Ming Men* ; il se situe en arrière entre les deux reins. Ce passage bien connu de notre propre Tradition est appelé par elle « porte des Hommes[14] ». En deçà de cette porte, l'Homme reste confondu avec le monde parental et les groupes humains auxquels il appartient ; il est confondu avec son 'Ishah, donc inconscient, et n'est tourné que vers l'extérieur, y compris vers un Dieu extérieur s'il a une pratique religieuse. Au-delà de cette porte, il se tourne vers son orient intérieur et entre en résonance avec son Nom secret, divin, lourd de ce que les Chinois appellent le « mandat », en fonction duquel maintenant il vit, choisit, décide, etc. On ne sera donc pas étonné de voir le *Ming Men* intimement lié à l'ombilic dans la Tradition chinoise ; tous deux correspondent aux « portes royales » du Temple dont j'ai parlé au chapitre précédent et qui laissent en arrière l'Homme enfant et adolescent matricié par l'eau, pour le faire entrer en adulte dans la matrice de feu où il commence d'assumer son mandat. La lumière du Christ transfiguré que les trois apôtres ont vue sur le mont *Tabor (Tabor* est l'« ombilic » en hébreu), celle qui a embrasé le Buisson ardent où Moïse a eu la révélation du Saint Nom, l'illumination du Bouddha, etc., sont le *Ming Men* de ces hommes.

Pour les deux Traditions, orientale et occidentale, la tête ou « ciel de l'Homme » dans le manifesté correspond au « ciel postérieur » où la droite est féminine et la gauche masculine. La Tradition chinoise suppose donc un premier croisement en amont de la décussation des pyramides, où le ciel antérieur livre passage au ciel postérieur. Il semble que la Tradition hébraïque, en d'autres termes, nous apporte le même message lorsqu'elle dit, parlant du « corps divin » vu par Moïse[15] et dessiné par lui dans l'Arbre des Séphirot, que « Dieu règne par son bras [ou côté] droit qui renferme sa clémence, par son bras [ou côté] gauche qui détient la mort et la rigueur, et par la colonne du milieu qui équilibre, harmonise et dissout toutes les oppositions dans son unité[16] ».

Il est bien certain qu'en Dieu il n'est ni gauche, ni droite, ni aucune dualité ; mais en tant que Dieu YHWH s'incarne dans Sa Création et pénètre la dualité du tout autre que le Un, Son bras droit qui est Clémence se révèle masculin et Son bras gauche qui est Rigueur féminin. Sans doute contemplons-nous dans cette vision le Saint Nom de la Tradition hébraïque d'où émanent tous nos Noms secrets. Entre ces deux plans se joue en effet un croisement en miroir, celui dont parle l'apôtre Paul lorsqu'il dit :

> « Nous réfléchissons comme en un miroir la splendeur du Seigneur — YHWH — et nous sommes transformés en cette même image de plus en plus radieuse par l'action du Seigneur qui est Esprit[17]. »

Le dernier des fils d'Israël, Benjamin, souvenons-nous, est le seul à être nommé par son père ; ses frères ont tous reçu leur nom de leurs mères respectives. A la naissance de Benjamin, sa mère, Rachel, meurt ; la « brebis » n'est plus. Elle avait nommé son fils *Ben 'Oni* (« fils de ma douleur »), mais après sa mort Jaqob, lui-même devenu Israël, change le nom de son enfant et l'appelle *Ben Yamin* (« fils de ma droite »). Rachel qui continue de pleurer sa douleur sur les enfants de l'exil a donné au monde celui qui symboliquement n'appartient plus au monde de l'exil. Benjamin naît d'un père qui a fait le retournement et dont la droite est devenue féminine ; il est le douzième, mais aussi le treizième des enfants d'Israël si l'on compte Dinah, et le nombre 13, ne l'oublions pas, correspond au mot *'Eḥad*, « un » !

Benjamin est l'ancêtre de l'apôtre Paul, treizième apôtre envoyé par le Christ lui-même au groupe des douze qui s'était empressé de remplacer Judas après la résurrection et l'ascension de leur Maître. Lui le treizième au milieu d'eux, le Un ! « Fils de ma droite » est, dans cette vocation ancestrale, l'« apôtre des nations » qui ne participera de la Pentecôte qu'avec elles toutes encore enchaînées dans la douleur, mais promises à l'unité dans la communion de l'Eglise, Pentecôte éternelle.

Dans la suite de l'histoire des Hébreux, le roi Salomon bâtit le Temple de YHWH en faisant placer les deux colonnes Yakin et Bo'az, respectivement masculine et féminine, la première à droite, la seconde à gauche de celui qui s'avance vers le Temple, ce qui veut dire que la colonne masculine est à gauche et la colonne féminine à droite du Saint des Saints. Lors de la Transfiguration du Christ sur le mont Tabor, Elie, le prophète, est à droite du Christ, Moïse, l'homme de la loi, à gauche. De même nos icônes chrétiennes de Déisis placent Marie à droite du Christ en gloire, et saint Jean Baptiste à gauche. Ces trois représentations appartiennent, comme le cerveau de l'Homme, à l'ordre du manifesté.

L'ordre archétypiel de la droite et de la gauche et, de ce fait, du féminin et du masculin se complexifie encore lorsque nous découvrons qu'une part féminine est dans le masculin et vice versa.

Nous l'avons vu au début de cet ouvrage : le Créé tout entier est féminin par rapport à l'Incréé masculin, mais l'Incréé porte de toute éternité le Créé comme un tout autre potentiel, en son sein, et le Créé n'a vie que par son noyau fondateur, l'Image divine, Germe d'Incréé. A tous les plans nous retrouvons cette union intime du masculin et du féminin qui fonde la dualité du Créé et conditionne sa vie ; elle nous oblige à relativiser considérablement nos affirmations mais ne justifie aucunement nos confusions.

Dans le Livre de Jonas le Seigneur YHWH dit au prophète qui lui tient tête :

> « Et moi n'aurais-je pas pitié de Ninive, la grande ville dans laquelle il y a plus de cent vingt mille êtres humains qui ne savent pas distinguer la droite de la gauche, et du bétail en grand nombre [18] ? »

Autrement dit, l'Homme encore identifié à l'animal est dans la confusion en ce qui concerne ces deux pôles de l'espace, la droite et la gauche. Jonas qui apprend la grande loi de mort-résurrection après être descendu pendant trois jours au fond des mers, dans le ventre du « grand poisson », est l'archétype privilégié de celui qui, ressuscité, entre dans le

« discernement » *(Habanah*, de racine *Ben*, le « fils »). Celui qui construit le Fils intérieur est capable de discernement, capable d'intelligence *(Binah)*. La Tradition hébraïque dit alors que l'Intelligence est Mère divine et la Sagesse, Père divin, selon l'Arbre des Sephirot, archétype du corps humain[19]. L'Intelligence préside à la Rigueur, la Force et la Gloire ; la Sagesse, à la Miséricorde, la Grandeur et la Puissance.

Dans le monde de l'exil où l'Homme s'est détourné de son orient, il a inversé les valeurs : Intelligence, Force, Rigueur et Gloire ont été masculinisées ; Sagesse, Miséricorde, Grandeur et Puissance, femellisées.

Dans notre situation d'exil, un même côté du corps voit alors se superposer des caractères contradictoires selon qu'il est vécu au plan ontologique — espace que symbolise le cerveau — ou dans le contexte psychologique ordinaire à l'exil que marque la décussation des pyramides. Ne nous étonnons donc pas, aujourd'hui où le monde a perdu toutes ses valeurs d'exil et tous les repères qui lui permettaient d'y survivre sans avoir pour autant opéré son retournement vers l'orient et retrouvé ses valeurs ontologiques, que les deux pôles masculin et féminin soient si douloureusement confondus : non seulement l'homosexualité règne et, pour se justifier, se réclame d'un ordre ontologique, non seulement l'homme s'amuse à revêtir des vêtements féminins et la femme ceux de l'homme, mais les fonctions de chacun se jouent dans un désordre d'autant plus regrettable qu'il destructure nos enfants et devient source de nombreuses souffrances, voire de troubles psychiques pouvant dégénérer en pathologies graves.

Pour sortir de la confusion, retrouver l'équilibre et tenter de « faire la terre comme le ciel » afin que les deux s'unissent — et les moindres détails de notre vie concourent à cela ou en bloquent la réalisation —, il nous faut nous poser, nous mettre à l'écoute de la Tradition, des mots qu'elle nous laisse entendre et de ce qu'ils murmurent lorsqu'ils commencent à frémir sous leur coque nécessaire mais insuffisante ; il nous faut ramasser, tel que le fait le Christ[20] pour le banquet méprisé des invités vertueux, tous les estropiés de la rue que nous sommes avec nos misères et nos manques : ceux-là ont droit au festin d'approche de vérité, à condition de revêtir la robe de noces que sont l'authenticité du désir et la transparence, au-delà de toutes les cachettes justificatrices. L'aventure vaut la peine d'être vécue car elle me semble détenir la clef de ce qui peut constituer notre identité d'hommes et de femmes aujourd'hui.

3. La Sagesse, Père divin et l'Intelligence, Mère divine

Si nous regardons l'Arbre des Sephirot nous voyons que, face à la Sagesse masculine, c'est l'Intelligence qui s'annonce féminine. Sagesse et Intelligence habitent respectivement et de façon privilégiée l'hémisphère gauche et l'hémisphère droit du cerveau de l'Homme. Ces deux archétypes sont ceux-là mêmes qui fondent la quête de l'Homme.

Job est le personnage biblique le plus représentatif de cette douloureuse recherche menée par poussées successives, comme un accouchement. Happé par JE SUIS de son orient qui demande à naître et, pour cela, détruit jusqu'au tréfonds de son personnage d'exil, il pose sa lancinante question :

> « Mais la Sagesse, d'où vient-elle ?
> Où est le gisement de l'Intelligence[21] ? »

comme pour les obliger à comparaître devant le tribunal intérieur qu'il dresse pour sa défense en même temps que dans une incontournable exigence d'absolu. Sa question comportait la réponse ; *Me 'Ayin* aurait pu être tout simplement *Me 'An*, mais ce qui est dit par Job est parole de JE SUIS jaillissant de ses ténèbres et connaissant la source de toute chose : toute chose vient *Me 'Ayin*, « du Rien », du point focal implanté en sa chair, où l'Incréé fait irruption dans le Créé, dans le « ciel antérieur » du Créé, que nul ne pourra rejoindre sans avoir fait l'expérience la plus totale du « ciel postérieur ».

Dans le récit biblique le roi Salomon incarne la Sagesse ; il est vérifié par la reine de Saba « qui vient lui poser des énigmes[22] ». L'énigme ou la ruse *(Ḥidah* en hébreu : la « vie » qui exige un passage de « portes ») joue un rôle très important dans un savoir-faire lié à une qualité d'intelligence bien connue des Orientaux mais bien étrangère à l'esprit aristotélicien occidental. La reine de Saba vient du Yémen *(Yamin* est la « droite ») ; elle est l'Intelligence féminine (qui correspond à celle du cerveau droit) ; elle vient vérifier la Sagesse (propre au cerveau gauche).

Pour « bâtir sa maison[23] » la Sagesse a besoin d'exercer une intelligente stratégie ; en tant que soleil des différentes « terres » auxquelles l'Homme accède peu à peu, elle est icône de la Sagesse divine. Mais « la Sagesse divine est folie aux yeux des hommes », folie si étrangère à nos sagesses — qui sont folie pour Dieu[24] — que Dieu a recours à des ruses pour y introduire l'Homme.

> « Dieu est le plus grand de ceux qui se servent de ruses pour arriver à leur but[25]. »

Le but de Dieu s'inscrit dans le souffle de Son Alliance avec l'Homme. Dieu désire l'Homme, Sa fille lourde de Lui, qu'Il appelle à s'unir à Lui et pour cela à dépasser peu à peu les sagesses ou soleils des différents champs de conscience acquis ; ces terres nouvelles sont alors comparées à des « palais » où la fille-épouse revêt des robes de plus en plus éclatantes jusqu'à celle d'« or d'Ophir ». A ce moment, devenue reine, elle est introduite dans le palais du Roi.

Sagesse ! Là est le secret des noces. La Sagesse divine est première et dernière.

Première car, dit-elle parlant d'elle-même :

> « Le Seigneur m'acquiert principe de son chemin, orient de Ses œuvres depuis toujours.
> [...] Lorsqu'Il pose les fondements de la terre je suis auprès de Lui, Son architecte et faisant Ses délices ; jour après jour... [26] »

Dernière car il nous faudra, tels les mages de l'Evangile[27], traverser nos déserts, y laisser peu à peu toutes nos sagesses humaines, nos robes successives, pour venir nous incliner devant ce qui peut paraître folie : un petit enfant dans une crèche... A dos de chameau, les mages ont passé des portes dont la dernière, dit le Christ, est le « chas de l'aiguille[28] ». Cette image renvoie à la lettre hébraïque *qof* dont le mot signifie le « chas de l'aiguille » ; elle a pour valeur le nombre 100 (valeur qui, renvoyant à l'unité, se rapporte à Dieu) ; elle symbolise la Sagesse divine[29]. La dernière « porte », la plus étroite que l'Homme ait à passer avant son retour au Rien, semble être celle de la Sagesse. Cependant, parmi les différentes homonymies relatives au mot *Qof*, il y a le « singe ». Dans toutes les traditions cet animal est symbole de sagesse ; mais il singe la vérité qui ne peut être reçue de l'extérieur, il la joue afin que l'Homme la devine et la reçoive alors de l'intérieur ; il est le parangon du clown, de l'humour et de toute facétie qui laisse couler dans le rire le message essentiel. Bousculé par le rire, l'Homme devient accessible à ce qui n'aurait pu être accepté froidement.

La dynamique du rire mobilisée par la contraction soudaine due à une différence inouïe de potentiel entre un impossible et son actualisation[30] rejoint celle de l'énigme ; dans l'énigme, la différence de potentiel se joue entre un inconnu qui frappe à la porte et l'énorme surprise lorsque la porte cède à ses coups ! Dans les deux cas la ruse atteint son but ; elle fait accéder l'Homme à la connaissance par une naissance nouvelle, au-dedans de lui. J'ai parlé d'un véritable accouchement.

« Je t'interrogerai, tu m'instruiras[31] »

dit le Seigneur à Job qui, avant la venue de YHWH, était tenu par ses amis de s'instruire de leur sagesse.

Mais la Sagesse divine renverse le mode de connaissance ; elle parle encore dans le Livre des Proverbes et dit :

« C'est la gloire de Dieu de cacher la Parole ;
C'est la gloire des rois de la sonder[32]. »

La Sagesse divine retient donc la vérité ! J'oserai ajouter que c'est faire œuvre royale que d'interroger la Parole biblique ; la Parole ne se dérobe au cœur de l'Homme que pour exercer sur lui son pouvoir de sculpteur et y dégager l'espace où elle trouve son écho. A l'écho seul elle délivre le message et le message achève la mutation de l'être, car la Parole est créatrice. Ici la connaissance-intelligence n'a plus rien d'intellectuel, elle est notre propre chair ; elle s'inscrit en nous en mémoire indélébile. La Sagesse dit encore :

« Moi, la Sagesse, j'habite la ruse
et je découvre la connaissance des projets[33]. »

Pour « bâtir sa maison » sur des fondements justes, la Sagesse doit habiter cette intelligence féminine, toute palpitante des profondeurs insoupçonnées de 'Ishah et donc toute prête à se reconnaître stupide devant l'émergence d'autres réels possibles. Nous comprenons alors pourquoi l'Intelligence qui siège dans l'hémisphère droit du cerveau et qui constitue « le bras gauche de Dieu détient la mort et la rigueur[34] ». Maternelle, 'Ishah oblige à muter ; elle connaît les lois ontologiques qui fondent la Sagesse et que nul ne peut enfreindre sans voir se refermer sur lui les règles du jeu divin, génératrices alors de souffrance. Seule la Sagesse divine qui est miséricorde peut faire lever ces lois.

De ce « jeu divin » la Sagesse parle encore et dit :

« Je joue sans cesse devant le Seigneur YHWH,
je joue sur le monde de Sa terre
et je réjouis les fils de l'Homme[35]. »

Pour disposer Son jeu, Dieu doit déjouer celui que trame l'Homme ignorant, quêteur de sécurisations mortelles. Là est la ruse. Et l'Homme dont l'intelligence entre dans cette ruse divine ne cesse de nous étonner. N'avons-nous pas vu Tamar jouer les prostituées pour assurer la descendance d'Israël ? Et bien avant elle Jaqob qui, ouvert à la voix de son 'Ishah, n'a cessé de ruser avec son frère Esaü, avec son père Isaac, avec son beau-père Laban, et Rachel avec ce même Laban, son propre père[36] ? Que dire des femmes de la Bible dont les ruses pour vaincre l'ennemi nous ont émerveillés ? Que dire des ruses de David ? Quelle intelligence n'ont-ils pas tous déployée pour « entrer dans la connaissance des projets divins » et se faire alors artisans de la Sagesse divine ?

Bien sûr la Bible nous rapporte les ruses perverses de ceux qui veulent tromper leurs frères pour les détruire, dont celle du serpent-Satan dès l'orient d'Adam, celles du Satan encore dans la triple Tentation de Jésus, celle des complots ourdis par les autorités en place au temps du Christ pour tenter de prendre Jésus en faute et de le perdre.

Mais Jésus loue la ruse de l'économe infidèle — non la malhonnêteté de son astuce mais son intelligence de la situation — et regrette que :

« les gens de ce siècle soient plus rusés que les enfants de lumière[37] ».

Car les enfants de lumière ont à naître à une intelligence capable de décrypter le sens de l'événement, si banal ou douloureux soit-il dans l'immédiateté du phénomène, pour deviner en lui le canal opérationnel de la volonté divine.

N'est-ce pas par ruse divine que YHWH, après qu'Il a renvoyé Moïse en Egypte pour en faire sortir son peuple, arrête cet homme sur le chemin « pour le faire mourir », puis exerce une résistance sur le cœur de Pharaon pour empêcher celui-ci de laisser les Hébreux quitter l'Egypte ? Ruse encore que cette sorte de complot tramé par YHWH et Satan — Dieu et l'Adversaire — apparemment unis contre Job ? Lorsque l'intelligence s'ouvre au dessein divin, elle voit et comprend que Moïse devait entrer dans une autre dimension de lui-même et donc « muter » avant de pouvoir se mesurer à Pharaon, l'adversaire ; que les Hébreux sortis trop tôt d'Egypte n'auraient pu assumer la désécurisation totale qu'impliquait leur libération ; que Job devait être détruit dans son état d'autosatisfaction mortel pour commencer son chemin intérieur, etc., et ceci s'applique au quotidien de nos vies. Un Père du désert, Zosime, fait dire à un vieillard :

> « Si quelqu'un garde le souvenir du frère qui l'a affligé, lésé ou insulté, il doit se souvenir de lui comme d'un médecin envoyé par le Christ et le considérer comme un bienfaiteur. Car si tu t'affliges en ces circonstances, c'est que ton âme est malade. En effet, si tu n'étais pas malade, tu ne souffrirais pas. Tu dois donc rendre grâces à ce frère puisque grâce à lui, tu connais ta maladie [...] [38]. »

C'est là voir l'adversaire non comme l'ennemi mais comme le « rusé », et devoir déjouer sa ruse !

Toutes les Traditions, sous des formes différentes, usent d'énigmes pour nous enseigner ; le Christ lui-même parle par paraboles et lorsqu'Il ajoute

> « que celui qui a des oreilles entende [39] »

Il laisse supposer les « soixante-dix » niveaux de lecture que proposent les Hébreux de leurs textes sacrés. Ces derniers abondent en paradoxes et ceux de la Tradition chrétienne qui les prolongent (comme l'écrit patristique cité) usent d'antinomies, voire de contradictions sans lesquelles le concept objectiverait vite l'inobjectivable et le détruirait. Nous retrouvons en eux les *koan* japonais, les *brahman* hindous, etc. Tous nous proposent un travail intérieur conduisant à une ouverture du cœur et à l'éveil d'une intelligence à laquelle celle de l'intellect peut rester totalement étrangère. La première est libérante, la seconde est bien souvent enfermante. La cohérence fondamentale qui dépasse toutes ces déstabilisations apparentes est au-delà, toujours au-delà, dans un silence capable de porter le Verbe. A Pilate qui Le juge et Lui demande :

« Qu'est-ce que la vérité[40] ? »

Jésus ne répond pas mais Il monte sur la croix pour mourir à toutes les contradictions et ressusciter en Gloire. Faire participer l'Homme à cette Gloire est le projet divin dont je parlais plus haut.

Dans la Tradition chrétienne la Sagesse divine est le plus souvent confondue avec le Christ lui-même. Une icône la représente sur son trône de gloire, entourée de tous les insignes propres à la divinité. Beaucoup de textes la contemplent aussi en Marie car l'Homme déifié, en ses noces divines, participe de la Sagesse et de celle qui lui est comme une épouse, l'Intelligence.

CHAPITRE X

Recherche d'identité pour l'homme et la femme

« Mâle et femelle Dieu crée Adam. »

S'il était indispensable de méditer ce verset de la Genèse dans l'acception ontologique du message biblique qui ordonne toute chose, il est temps maintenant d'accepter son ordre second, celui que nous vivons chaque jour dans notre situation d'exil et de laisser se réfléchir sur lui l'ordre premier afin de l'éclairer. Le situer dans le regard ontologique s'avère indispensable à la compréhension qu'on peut avoir de lui et de ses déviances par rapport à l'ordre premier et non moins nécessaire au but que nous nous proposons : la recherche d'une véritable identité de l'homme et de la femme aujourd'hui.

Dans l'ordre des archétypes, l'homme est à la femme ce que l'Incréé est au Créé, Dieu à l'humanité ; ce que chaque être humain est appelé à vivre par rapport à son 'Ishah intérieure ; ce que l'accompli tendant à l'unité est à l'inaccompli, multiplicité, poussière d'amoureux électrons rayonnant autour du noyau divin. La femme est liée au Créé, à 'Ishah, à l'immense potentiel de vie offert à l'amour, au mystère de ses eaux matricielles, à l'enfant divin œuvrant et œuvré au cœur de ces eaux, au laboratoire où Dieu sans changement n'a jamais fini d'enrichir l'infini...

Comme ces deux archétypes soutenant respectivement l'homme et la femme les rendent différents l'un de l'autre ! Et comme, à l'image du ciel et de la terre, ils n'ont de sens que dans leur embrassement ! Il n'est de beauté que dans leur union ; de souffle créateur entre eux que dans l'éros ! Le laboratoire divin prend place en 'Ishah pour tout être, et en la femme pour l'homme. Incontournable réalité qui fait fuir les paresseux du Royaume !

Pour ceux-là, l'homme qui réfléchit l'Incréé se prend pour Dieu, mais un dieu qui n'a nul besoin du Créé si ce n'est pour le manipuler ; étant le un, il a besoin du multiple et se l'asservit. La femme qui est « tout entière dans son ventre », selon l'expression des Anciens, se réfugie dans la maternité ou réduit son entourage à son phagocytage utérin, unique façon pour elle qui est liée au multiple d'exiger l'unité, et elle devient tombeau.

Ces cas extrêmes sont hélas ! avec toutes les nuances que nous leur connaissons, abondamment vécus ; ils sont, dans le désordre psychologique, les retombées du modèle ontologique oublié. Or, aujourd'hui où les temps sont venus d'un retournement à l'ontologique, où la femme y est plus immédiatement concernée que l'homme si solidement installé, lui, dans sa souveraineté, un fossé se creuse entre eux ; la communication ne se fait plus ; beaucoup, de chaque côté, se réfugient dans l'homosexualité, et les autres dans une solitude douloureuse, voire destructrice si elle n'est ouverture à la Présence. Comme Diogène qui parcourait les rues d'Athènes en projetant sa lanterne dans les recoins de la ville, « je cherche un homme ». La plupart, masculinisés à l'extrême, ne sont pas pour autant des hommes ; et la femme elle-même risque de n'être pleinement femme que dans la vraie rencontre avec l'autre qui suppose, au-delà de l'union corporelle, la communion du verbe dont l'exigence est plus puissante encore. Sexe et verbe sont dans la même résonance ; autrefois identifié au péché, le sexe « libéré » sans que soit rétabli le juste rapport à son archétype masque le déplacement de son aliénation ; il détermine le plus souvent un refoulement du verbe, une frustration affective maximale et un mutisme de l'Esprit.

Qu'est donc devenu cet enfant que fut l'homme ou la femme, bercé dans le flux et le reflux des eaux d'en bas du sein maternel, durant sa gestation, comme l'est la lettre *beit* amoureusement modelée au cœur des eaux d'en haut dans le *Bereshit* fondateur ? Qu'est-il devenu, lui que déjà, dans ces eaux, le Verbe et l'Esprit sculptaient autour du « son fondamental » (son Nom), dans la musique de son être et dans l'ébauche d'une mélodie inachevée mais à poursuivre, écrite mais à chanter ? Qu'est-il devenu celui qui tient gravée dans chacune de ses cellules la mémoire de cette écriture, nourriture essentielle, « pain » *(Leḥem)* qui lui sera servi sur la table des songes *(Ḥalom)*[1] ou sur celle des banquets sacrés ? Répondre à cette question est sans doute répondre aussi à l'interrogation de cet ouvrage. Car tout est inscrit dans ce petit être.

Poursuivons notre examen prénatal. Au rythme du bercement matriciel, les grands archétypes lourds de la langue une informent le développement de l'enfant qui ne pourrait vivre sans leur rappel dans l'exil de son arrivée au monde. Ils s'effacent et se cachent peu à peu dans la voix de la mère et dans sa langue qui, à leur tour, façonnent l'enfant dans un projet de parlant et de Verbe à venir.

Ainsi se constitue « en tête » *(Bereshit)* le « ciel de l'Homme », son crâne et ses deux hémisphères cérébraux. Les deux hémisphères s'enracinent, l'un du côté gauche, dans le rythme et la mesure de la musique du Verbe et de celle de la langue maternelle ; l'autre du côté droit, dans le timbre et le ton de la voix qui chante cette langue, elle-même enracinée dans la langue une[2]. Cette lente et fine élaboration du fœtus, dont la forme dans les eaux amniotiques est celle d'« une grande oreille prête à devenir Verbe[3] », l'amène dès les premiers jours de sa naissance, et dans l'union de ses deux hémisphères cérébraux, à reconnaître la langue maternelle au milieu de langues étrangères. Plus tard l'enfant pourra même la restituer dans la rigueur d'une syntaxe plus acquise de l'éros qui le lie à sa mère et du sourire qui monte des abîmes de la mémoire, que de tout apprentissage d'école[4] ! Si les premières années de l'enfant ne continuent d'être bercées de la voix maternelle, à laquelle s'associe le plus tôt possible celle du père dans la langue entendue pendant la vie fœtale, l'enfant risque d'être un handicapé du cerveau gauche, voire de devenir mutique. Si les archétypes en lesquels il baigne encore à sa naissance ne continuent d'être nourris par le récit des mythes ancestraux, par ceux des contes et des légendes, par le chant des mélodies qui font le lit de sa culture, et par la vie des rites religieux qui prolongent la langue une, l'enfant risque de connaître une débilité du cerveau droit. Cette fillette le sait bien qui, à l'âge de cinq ans, vient d'accueillir à la maison son petit frère nouveau-né ; elle demande à ses parents de la laisser seule dans la chambre avec le bébé. Les parents acceptent mais, un peu inquiets, font en sorte d'observer la petite fille. L'enfant s'approche alors du berceau et, à l'oreille du bébé, elle dit : « Parle-moi de Dieu parce que, moi, je suis en train de perdre le contact[5] ! » L'enfant vit Dieu comme relation ; ce sont les catéchismes du monde qui, posant sur Dieu les concepts masculinisés du cerveau gauche, font « perdre contact ». L'enfant respire l'Etre comme il respire sa mère, dans une proximité vitale ; il mange Dieu en « mangeant sa mère » ; il vit l'Un en vivant l'autre, continuant de recevoir de l'Un et de l'autre, par le même cordon ombilical subtil, l'information du corps, de l'âme et de l'esprit.

Mais le monde extérieur s'impose peu à peu à lui. La situation d'exil dans laquelle baignent en toute inconscience ses parents, si religieux soient-ils, ainsi que la société qui l'accueille, le pénètre, et il oublie. Grandir en notre monde, c'est oublier, perdre le contact... Nos textes sacrés seuls gardent la mémoire ; ils sont un lait maternel et maintiennent en nous la présence de l'enfant, que l'esprit fort dans son intelligence faussement mâle appelle infantile et déracine ! Et l'homme réfugié dans cette qualité d'intelligence dont il s'enorgueillit prend le relais du « façonnage » divin *in utero* et du bercement mémorisant de la mère pour introduire l'enfant dans le monde dur et décapant de l'école et de la société. Il prend l'*homo religiosus* qu'est naturellement l'enfant en tant qu'être créé personnellement dans l'Image divine, et héritier d'une humanité elle-même de souche historique religieuse, pour l'arracher à ses racines alors refoulées dans les marécages de l'inconscient et le désacraliser complètement.

Paradoxalement l'enfant ne rencontre alors le monde religieux, en parallèle à celui qui en a éradiqué les valeurs, que dans un contexte où le Satan a su se couler sous les formes les plus saintes pour dévier le sens des messages et attirer vers lui les désirs de l'humanité :

> « Tes désirs se porteront vers ton mari
> et lui dominera sur toi[6] »

dit Dieu à 'Ishah qui vient de prendre le fruit interdit. 'Ishah, nous l'avons déjà vu, a été confondue avec la femme, et le mari avec l'homme, son époux. Or 'Ishah est la Adamah-inconscient de tout être humain, et le « mari » est celui auquel Adam, masculin et féminin confondus, vient de se donner en se laissant séduire au niveau de l'inconscient par l'Adversaire. Le Satan-Ennemi a pris la place divine. Dieu, Epoux ontologique, nourrit son épouse ; le Satan la dévore ; et l'humanité se donne allégrement en pâture à lui ! Mais aveugle à cette loi ontologique, l'homme continue de se croire le maître absolu de la femme (il doit « dominer sur elle ») et de projeter sur elle aussi son inconscient coupable : elle est l'auteur de tous les maux, douée de faiblesse extrême, et beaucoup iront jusqu'à l'identifier au mal.

L'apôtre Pierre était le premier conditionné par cette

vision des choses ; l'un des Evangiles apocryphes, celui de Marie[7], rapporte « la désolation de Marie Madeleine de ce que l'apôtre ait cru impossible que le Sauveur se soit entretenu en secret avec elle, une femme, de choses peut-être trop subtiles pour eux, les hommes [...]. Alors, se levant, Lévi prit la parole et dit :

> "Pierre tu as toujours eu un tempérament bouillant, je te vois maintenant argumenter contre la femme comme un adversaire. Pourtant si le Sauveur l'a rendue digne, qui es-tu toi pour la rejeter ? [...] Ayons plutôt honte, et revêtons-nous de l'Homme parfait, engendrons-le en nous comme Il nous l'a ordonné et proclamons l'Evangile en n'imposant d'autres règles ni d'autres lois que celles qu'a prescrites le Sauveur [...]" »

Cette attitude de l'apôtre Pierre est rapportée par Thomas dont l'Evangile, apocryphe lui aussi, n'est pas moins authentique que celui de Jacques cité plus haut. En son dernier logion transmis, Thomas parle ainsi :

> « Simon Pierre leur dit : que Marie sorte de parmi nous car les femmes ne sont pas dignes de la vie !
> Jésus dit : voici, moi, je l'attirerai pour que je la rende mâle afin qu'elle aussi devienne un esprit vivant, pareil à vous les mâles ! car toute femme qui se fera mâle entrera dans le Royaume des cieux[8]. »

Le passage de l'intelligence toute primaire et extérieure des textes sacrés, liée à la situation d'exil, à celle de la connaissance ontologique, ne peut être mieux dite que par Lévi et Jésus lui-même dans ces deux Evangiles. J'ai cependant souvenir d'une parution de l'Evangile de Thomas antérieure à celle indiquée ci-dessus et dans laquelle Daniel Rops, théologien de l'époque, commentait ce logion par ces mots : « Phrase sans aucune signification ! » On comprend alors pourquoi le Christ aimait s'adresser plutôt à une femme au cœur ouvert pour s'entretenir de choses subtiles...

Les hommes devront recevoir l'Esprit-Saint le jour de la Pentecôte pour comprendre enfin ce que leur mémoire avait gardé de l'enseignement de leur Maître. Il ne semble pas qu'une femme ait été présente au milieu d'eux ce jour-là. Marie elle-même n'est pas nommée ; n'avait-elle pas été pénétrée de l'Esprit-Saint le jour de l'Annonciation pour mettre au monde le Verbe avant que les apôtres, dans cette effusion pentecostale, n'accèdent à la langue une ? Et les femmes qui entouraient Jésus durant les trois années de sa vie publique et qui l'ont conduit jusqu'au Golgotha n'étaient-elles pas remplies de la puissance de l'Esprit ? Au Golgotha, à l'exception de Jean, les hommes avaient fui.

La femme, liée à 'Ishah par nature, et à l'Image divine scellée dans sa chair *(Basar)*, est, par nature aussi, pneumophore. Son sacerdoce, nous l'avons vu, lui est intrinsèque. Lorsqu'elle rejette cette dimension qui lui est inhérente, sa perte ontologique se manifeste parfois avec d'autant plus de perversité que le Germe divin dont elle est si proche peut alors, plus que chez l'homme, se faire diabolique.

La femme réellement femme, initiée aux mystères de l'amour et de la maternité, à ceux de sa « chair » quel que soit le degré de l'éros vrai où ils sont vécus, engendre en elle les espaces ailés de l'Esprit-Saint ! Par son hémisphère droit ouvert dès l'aurore de sa vie, elle ne semble pas perdre totalement le contact ; elle reste si sensible à l'au-delà des choses, si rétive à leur enfermement dans les prisons du rationnel, si brisée lorsque claquent sur elle les menottes de la loi ! Quand la masculinisation des écoles ne l'a pas déformée... Mais il est vrai qu'elle est aujourd'hui si déformée !

Le char de la masculinisation, qui a emporté dans une même brassée le rationalisme religieux et le positivisme scientifique, a entraîné la désacralisation de la sexualité et la réduction de l'éros au seul festin corporel — si tant est qu'il soit encore festin ! Confusion, perte totale des repères, an-archie (coupure d'avec les archétypes), c'est le nom même du *Maboul* hébreu, le « déluge » !

Venant du fond des âges de mon orient, j'entends la voix divine dire aujourd'hui où, comme au temps du déluge, « tout n'est que violence, où les hommes ne mettent au monde qu'une humanité femelle » :

> « Je ne laisserai pas dans l'oubli mon esprit en l'Homme d'autant que lui est chair [...]
> Voici, l'accomplissement de toute chair arrive devant ma face [...] [9] »

Et dans les eaux qui se déchaînent, objectivation de l'anarchie des eaux de l'inconscient, les uns meurent, tandis qu'au-dessus des eaux et avec Noé, les autres construisent leur Arche (retournement vers 'Ishah et vers la « chair » ontologique) ; ils y traitent leurs eaux intérieures en lesquelles ils mutent.

La confusion qui règne aujourd'hui témoigne de l'actualisation de ce récit — car tel est le génie du mythe qui, s'il s'incarne dans l'Histoire, relève d'une autre histoire... La confusion règne en effet d'autant plus qu'un clivage se creuse au cœur de l'humanité ; il est en résonance quasi complète avec celui que j'exprimais plus haut, séparant l'homme de la femme : d'un côté se tiennent ceux, hommes et femmes, qui ne regardent encore qu'au-dehors, dans la plaine de Shinéar, à leurs yeux normative en soi ; de l'autre côté ceux qui se retournent vers l'orient. Les premiers se débattent dans un déluge de violence et ne savent qu'y survivre en radicalisant à l'extrême, dans la terreur d'une quelconque désécurisation, les vieux schémas masculinisés des éthiques religieuses, politiques, sociales, etc. ; les seconds, parce qu'ils acceptent de mourir à ces valeurs passées, commencent à vivre. C'est en se mesurant à leurs monstres marins que, tel Noé, tel Jonas aussi, ils remontent des ténèbres dans une intelligence neuve.

La confusion règne, c'est vrai, car l'intelligence neuve au cœur des vieilles valeurs n'a pas force suffisante de levain pour faire lever la pâte tout entière et ne peut faire valoir encore un autre paradigme, mais elle témoigne d'une aurore dans l'Arche. Face à elle, l'effondrement de ceux qui se réfugient dans le Déluge apparaît, si cruel soit-il, comme résistance puérile à l'éveil. Et l'on ne peut nier cet éveil ; il est lié à celui du monde féminin et à celui de l'inconscient qui commence d'être écouté. Tous deux jouent en synchronicité avec une 'Ishah qui se dégage des voiles noirs de Lilith.

Les sciences ont posé la loi de la relativité encore appelée celle de « l'Absolu que recouvrent les apparences[10]. » Le mur du son est dépassé ; celui de la lumière se fait transparent au monde des « tachyons », à JE SUIS, chemin des eaux d'en haut, à l'Absolu... Nos conquêtes de l'espace sont une inconsciente envolée vers l'infini des cieux dont nous découvrirons un jour qu'ils sont à l'intérieur de nous ! Car les ailes d'Icare et de Dédale sont encore plaquées de cire ; les vraies ailes sont en train de se déployer au-dedans de l'Arche ; elles naissent de la sève du bois de *Gopher*[11] qui construit l'Arche, bois de la fertilité *(Pher*, racine *Paro*, « croître ») et de l'ouverture (lettre *phe)* à l'« étranger » *(Guer)* ; bois de la libération de la « femme étrangère », non encore épousée, mais que la pénétration de l'Arche rend intime et féconde.

Et puis s'élève enfin de toute part l'exigence d'une authentique spiritualité, hors du moralisme et des carcans vertueux ; hors des sagesses codées et des rites dévitalisés, râlant sur les rives du sentimental et de l'émotionnel.

1. La femme, gardienne du foyer

A la lumière de cet éveil, je pose avec force le rôle ontologique fondamental de la femme comme étant celui de *gardienne du foyer*, gardienne des valeurs ancestrales ancrées dans la permanence divine de JE SUIS et se déployant au long des âges, à la mesure du travail intérieur, dans une intelligence toujours renouvelée.

L'homme n'a toutefois compris cette fonction féminine que dans le cadre de sa réalité extérieure, trop heureux de faire du foyer familial une prison dorée — car la femme y est reine —, mais une prison quand même où l'on a pu juguler la puissance redoutable inconsciemment projetée sur elle.

Intérieur et extérieur sont en effet les deux pôles d'une même réalité ; s'ils sont liés, ils ne sont cependant pas pour autant confondus ; et le rôle nécessaire de la femme au cœur de son foyer familial sera d'autant mieux vécu que la fonction ontologique sera assumée. Celle-ci l'amènera à prendre sa part non moins nécessaire dans le foyer de la cité, dans celui des Eglises et de toute institution dont, sans elle, les structures sont vite aliénantes.

La présence féminine qui a maintenu, voire caché, celle du Saint Nom au cœur du peuple d'Israël, si exilé fût-il, et qui a tracé de son fil pourpre le chemin d'accomplissement de ce peuple, détient aussi le secret de notre propre réalisation. Car la femme incarne d'une façon privilégiée les valeurs féminines propres à tout être humain. Plus naturellement que l'homme, elle se sent concernée par la maternité du Fils de l'Homme ! Connaissant « l'autre » en son enfant, et, pour lui, le don total du moi, elle sait se faire espace de relation amoureuse avec l'homme, beauté de l'espace, puissance vertigineuse de la beauté, accueil à la folie que l'hémisphère droit de son cerveau ne bâillonne d'aucune logique réductrice. Elle découvre le nécessaire dépassement des lois psychologiques qui lui refusent d'être mère infantilisante pour son époux tout en acceptant pour lui une maternité ontologique et libérante ; car l'amour n'est pas tant « plus fort que la mort », que « capable de mutations [12] ».

Ceci veut dire que la présence de la femme en son foyer familial est indispensable :

— pour elle-même comme lieu de ressourcement qui objective au plus haut degré son sanctuaire intérieur ainsi que le « laboratoire divin » où Dieu n'a jamais fini d'être infini ;

— pour tous les siens qui ont besoin de boire à cette même source ;

— pour ses enfants qui, plus que tous, ne peuvent faire l'économie de cette nouvelle matrice, encore extérieure à eux ; elle en est le placenta nourricier, et en fait l'antichambre incontournable de leurs futures matrices intérieures. L'enfant qui en sera privé recherchera toute sa vie ce ventre maternel dans une régression stérilisante car bloquante par rapport à l'appel des matrices intérieures, propres à lui, qui l'attendent [13] ;

— pour son époux qui, s'il ne rejoue pas l'enfant frustré d'autrefois et s'il ne donne pas dans le piège de vivre cette matrice en rivalité avec ses propres enfants, trouve alors en elle la résonance à son propre sanctuaire intérieur. Ceci implique qu'il ait pénétré son 'Ishah dans une véritable « œuvre mâle » — travail auquel la femme est elle-même appelée. Si tous deux ont atteint cette dimension, le foyer qui est lieu de rencontre privilégié pour leur relation et leur évolution est véritable matrice et non tombeau pour leurs enfants : si la mère en est le placenta nourricier, le père, image du ciel, est celui qui devrait apporter ce que sont en archétype les eaux d'en haut, à savoir : sagesse, miséricorde, puissance — nous étudierons plus loin ces dons libérateurs, mais rappelons dès à présent que l'époux de Ruth, son *Goël*, est le « libérateur » !

Dans le même sens est aussi libérateur le père de famille qui, image du Un, initie son fils (ou sa fille) au social, au multiple, à la loi du groupe et à la vie de l'au-dehors que l'enfant devra assumer, sans toutefois déraciner ce petit être de son intériorité. De même la femme épouse et mère de famille ne sera le vrai cœur du foyer que si ses propres diastoles et systoles s'harmonisent avec sa vie professionnelle et sociale ; aucun de ces deux temps de la vie ne doit comprimer l'autre, faute de quoi le cœur ne battra plus ! Il était près de s'éteindre lorsque, mise aux fers bien ciselés de son foyer, la femme en a soudain arraché les attaches dans un sursaut vital désespéré : cette réaction la fit chavirer et se désagréger cette cellule sociale irremplaçable dont elle était le noyau (d'où une génération éclatée qui se réfugia dans la drogue et autres régressions matricielles). Le temps du réactionnel appartient au temps de l'exil dont l'instant est privé d'âme. Si l'instant d'aujourd'hui se réfère à JE SUIS et s'il se fait cordon ombilical nous reliant aux archétypes, alors, recevant son plein flux de vie, le cœur de la femme battra le juste rythme du foyer.

Comme la femme, le foyer sera beauté car tous deux relèvent de Tipheret.

Dans ce juste rythme, la femme est attentive à la sagesse de son corps ; celui-ci parle d'une façon privilégiée chez elle qui est pôle terre. Ses menstruations sont purification de la puissante énergie génésique qu'elle reçoit avec la totalité de son capital d'ovules au moment de sa puberté ; ce flux de sang libéré est retenu soudain lorsque se présente une grossesse, pour nourrir l'embryon puis le fœtus durant les neuf mois de la vie intra-utérine ; pour nourrir le bébé arrivant au monde, ce flux d'énergie devient le lait qui partage avec le sang le même mystère de vie. Hors de ce temps privilégié, si cette puissance-vie n'était évacuée, elle se retournerait d'une façon perverse chez la femme et déterminerait chez elle de lourdes maladies — à ce sujet on est peut-être en droit de se demander si l'anorexie, grave trouble de la nutrition chez la jeune fille, est réellement cause de l'aménorrhée ou sa conséquence... Cinquante années environ sont données à la femme pour que s'épuise ce stock d'ovules ; cinquante années pour qu'en ce laps de temps, et sensibilisée au mystère de la maternité, elle découvre peu à peu l'autre dimension de l'enfantement. Son propre souffle et son propre sang ont assuré la nutrition, la respiration et la circulation de ce petit être, « fils (fille) de la femme » ; son verbe a construit l'écoute nécessaire à celui qui doit devenir verbe à son tour, son cœur a lancé les premières salves de vie du bébé. Mais après ?

Après commence la mobilisation de la mère pour les nombreux travaux qui vont suivre à l'extérieur ; mais à l'intérieur, son souffle et son sang ne sont-ils pas porteurs d'une autre information ? Un nombre trop répété de grossesses, comme chez la plupart des animaux, risque de tant projeter la femme à l'extérieur d'elle-même qu'elle n'entende pas l'appel, d'ordre ontologique celui-là, qui l'invite au retournement vers le Germe divin de son Nom. Ce Germe a maintenant besoin de son souffle et de son sang, de toute son attention ;

lorsqu'elle entend et qu'elle obéit, commence la troisième étape de sa vie pour laquelle son corps est programmé, celle de sa spiritualisation dans la construction du Fils de l'Homme. Cette troisième étape peut empiéter sur la seconde, car les deux maternités ne sont pas contradictoires mais se vivent en ombre et lumière d'une même radieuse réalité ! Je peux même affirmer que dans la mesure où elle se spiritualise, la femme assume l'autre face (combien ignorée !) de sa maternité biologique.

Celle-ci consiste à accompagner son enfant tous les jours de sa vie, à le « mettre au monde » tous les jours de sa vie, à des niveaux différents et selon des modes différents dont le plus grand sera celui d'un *shabbat.* « Se retirer pour que l'autre soit » est, ne l'oublions pas, l'œuvre d'amour du septième jour, celle du véritable adulte dans son rôle parental. A cette étape, le rôle du père rejoint celui de la mère. « Nos enfants meurent de ce que nous refusons de mourir (de muter) », disais-je plus haut. Il est certain que la croissance de notre enfant intérieur à nous, parents, agit sur celle de nos enfants comme dans un processus de transfusion de sang subtil. C'est pourquoi la gestation intérieure de l'enfant divin en l'homme et en la femme est la clef silencieuse de leur véritable maternité-paternité.

Lorsque la femme voit s'arrêter ses menstruations et qu'elle est devenue consciente de sa gestation intérieure, elle coopère à l'œuvre divine qui construit le Fils de l'Homme en elle ; elle travaille à sa « montée de lait » pour nourrir ce Fils qui, non porté, non nourri, meurt (mort du fils de la veuve). Toutes ses énergies subissent un bouleversement profond et sont distribuées maintenant très différemment : une fine partie d'elles monte peu à peu vers la cime de l'Arbre du corps. Dans le « ciel » de son arbre, l'hypophyse jouait un rôle capital dans le grand jeu de la vie génitale et procréatrice ; désormais son rythme lunaire se ralentit et se tait. Il semble que dans ce même « ciel » l'épiphyse (ou glande pinéale) prenne le relais ; son rythme est solaire — son rôle ne nous est inconnu que dans la mesure où nous lui infligeons des blocages systématiques par ignorance ou par refus d'assumer cette autre maternité qui concerne, à cet étage, autant l'homme que la femme ; mais si je parle d'une façon privilégiée de la femme, c'est que sa première maternité l'y a préparée et qu'elle a maintenant à y préparer l'homme.

Ce que nous savons de l'épiphyse, c'est qu'elle est un photorécepteur, riche en mélanine noire, comme le fond de l'œil ; elle semble liée aux couches optiques — dites « couches nuptiales » ! — de la vision intérieure ; elle doit exprimer, dans le relais qu'elle prend par rapport à l'hypophyse et dans un champ beaucoup plus subtil qui échappe à nos investigations scientifiques ordinaires, une information venant nourrir la spiritualisation de l'être et la croissance de « l'enfant divin ». Lorsque les énergies libérées en cette troisième étape de la vie ne sont pas investies dans ce Grand Œuvre, elles se rabattent à l'horizontale et déterminent sans doute les maladies de la dégénérescence. Pour pallier cela, notre médecine agnostique brandit l'étendard de la peur et fait déferler sur le monde féminin conditionné la batterie des hormones artificielles qui prolongent la vie de l'hypophyse mais dont on peut se demander si elles ne bloquent pas celle de l'épiphyse !

Il me semble que les maladies de la vieillesse ne seront éradiquées que dans l'obéissance à la sagesse du corps. C'est à la femme qu'il appartient d'initier l'homme à l'intelligence de ce secret face auquel il est encore si démuni !

2. *L'intelligence féminine*

Gardienne du foyer, la femme jouit naturellement de cette qualité d'intelligence dont j'ai parlé plus haut à propos de l'hémisphère droit du cerveau : intelligence intuitive qui monte en elle du Nom ; intelligence-connaissance, vision nouvelle des choses lorsqu'elle-même naît de sa Adamah après qu'elle a fait œuvre mâle en elle (je viens de rappeler que les couches optiques, dans la partie occipitale du cerveau, sont encore aujourd'hui appelées « couches nuptiales ») ; intelligence liée à l'oreille qui sait entendre ; intelligence d'un savoir-faire rusé ; mais aussi mémoire, et ces « choses » mémorisées s'inscrivent en chaque cellule de l'être comme une nourriture assimilée, pourvoyeuse de lumière.

Il y a quelques années, un homme qui participait à mes séminaires de travail sur la Bible vint un jour me dire : « Je suis d'origine juive mais, élevé par des parents marxistes qui s'étaient coupés de leur tradition religieuse, j'ai baigné dans les écrits de Jaurès et les discours de Lénine et je ne connais pas la Torah. Or, voici que tu viens me raconter tout ce que ma grand-mère me disait en cachette derrière les portes ! »

Bienheureuse grand-mère ! Vraie gardienne du foyer réfugiée « derrière les portes », elle avait semé l'essentiel dans ce cœur d'enfant ouvert à la part féminine de lui-même et qui tout à coup se souvenait. Je continuais l'œuvre de la grand-mère, et Dieu fit croître !

Mémoire et discernement : Sarah savait que le rire d'Isaac, « fils de la femme libre », était incompatible, en totale dissonance, avec le rire d'Ismaël, « fils de la servante »[14]. La naissance de *Ytsḥaq* (le « rire ») était biologiquement impossible ; nous avons déjà eu à étudier ce grand texte. Prémices de l'incarnation du Verbe, prémices de l'irruption dans le Créé de ce qui lui est radicalement transcendant, actualisation d'une impossible réalité, ce rire est un orgasme cosmique qui n'a rien à voir avec une plaisanterie. Sarah le savait qui « avait reçu de Dieu ce *rire* dans son ventre » ! Aussi, lorsqu'elle demanda à Abraham le départ d'Ismaël et de sa mère, « car le fils de l'esclave ne doit pas hériter avec mon fils Isaac, affirma-t-elle, cela déplut à Abraham. Mais Dieu lui dit [à Abraham] : ne t'afflige pas pour l'enfant et pour ton esclave. *Quoi que te dise Sarah, écoute sa voix*, car c'est en Isaac que ta semence sera appelée ». Abraham obéissait aveuglément à son Dieu mais il n'était pas encore entré dans le sens profond de l'événement dont il était pourtant le principal acteur. Sarah « qui se tenait dans la tente », *gardienne du foyer*, se tenait dans le secret de Dieu. Visitée de l'Esprit-Saint au-delà de toute Pentecôte, elle gardait comme Marie toutes ces choses dans son cœur et avait acquis le discernement[15].

Si le principe féminin ontologique correspondant à l'hémisphère droit du cerveau a le secret de cette qualité d'intelligence, c'est à l'homme, principe mâle lié à la Sagesse divine, qu'il incombe d'exécuter les ordres ainsi discernés :

« Quoi que te dise Sarah, écoute sa voix. »

La sagesse consiste à écouter la voix de YHWH dans les profondeurs du féminin et à poser l'acte demandé, à prendre la décision, à agir dans la puissance du Verbe dont ce côté mâle est l'image.

L'hémisphère gauche, propre au masculin, établit les choses et les structure selon une logique propre au niveau duquel elles sont nouvellement situées : la première logique d'Abraham appartenait à l'ordre pragmatique (il avait besoin de sa servante Hagar) et affectif (il aimait son fils Ismaël). Mais dans le nouvel ordre apparu, cette éthique ne faisait plus le poids. Une logique se rapprochant du Logos-Verbe s'imposait, désécurisante par rapport au premier niveau, et totalement bouleversante.

> « Abraham se leva alors de bon matin ; il prit du pain et une outre d'eau qu'il donna à Hagar et là, [il mit] l'enfant sur son épaule et il la renvoya ; elle marcha et erra dans le désert de Ber-Sheva[16]. »

Dans ce texte, les mots « se lever de bon matin » et « épaule » (même racine *Sheḵem* en hébreu) répètent avec une insistance voulue le nouveau « but »[17] que poursuit Abraham en renvoyant l'esclave (l'esclave en lui). Ce redoublement exprime ainsi fermement le champ de réalité autre dans lequel Abraham fait entrer son couple Abraham-Sarah : l'esclave ne peut qu'errer ; l'Homme en exil que symbolise l'esclave ne peut qu'errer. Celui (ou celle) qui écoute la voix de YHWH dans son féminin intérieur se donne un but, celui du *Shem* (contenu en *Sheḵem)* ; il (elle) le « prend en main » (lettre *kaph).* N'oublions pas qu'Abraham est l'homme à qui YHWH avait demandé de tout quitter pour aller vers la totalité de lui-même : *Leḵ Leḵa,* « va vers toi », lui avait-Il dit, et Abraham avait obéi. Plus tard Elohim confirmera cet ordre afin de faire aller son serviteur plus loin encore en lui-même : *Leḵ Leḵa,* lui dira-t-Il en lui demandant le sacrifice de son fils Isaac[18], et Abraham obéira. Que Sarah soit l'épouse historique d'Abraham ou son 'Ishah intérieure, elle est pour lui un nouveau *Leḵ Leḵa* : pour lui et pour le peuple hébreu.

A chaque niveau d'être atteint après la nuit de l'âme que cette mutation implique dans le secret des noces intérieures, l'aube d'un jour nouveau se lève et voit naître une qualité d'intelligence plus profonde des choses.

En icône de cette lumière accouchée des ténèbres, l'intelligence féminine donne à la femme une place toute privilégiée dans les métiers d'enseignement. Cette profession voit souvent l'homme déverser son savoir de cerveau à cerveau et plus précisément encore d'hémisphère gauche à hémisphère gauche, alors que, si la masculinisation de l'institution ne l'a pas trop déformée, la femme qui se souvient de ses ancêtres sages-femmes pratiquera davantage une maïeutique avec la participation du cœur, en gérant avec justesse les transferts indispensables à la mémorisation de l'enseignement[19].

A elle aussi s'ouvrent de façon optimale les professions qui demandent plus d'intuition que d'intellectualisation, plus de savoir-faire, voire de ruse, que de logique enfermante ; et si elle ne donne pas dans le piège d'un scientisme réducteur, elle saura entendre le langage du corps derrière les symptômes de toute maladie, que celle-ci soit d'ordre personnel ou collectif. A elle de libérer la médecine de la vision labyrinthique des problèmes qu'elle traite et des applications ruineuses de son aveugle philosophie ; à elle de redonner à cette profession ses lettres de noblesse.

Tout métier de thérapeute donne à la femme une large place, dans une complémentarité indiscutable avec l'homme, mais en tenant compte de leur différence.

3. La sagesse de l'homme

Face à cette qualité d'intelligence que les femmes continuent plus ou moins de manifester, où en est aujourd'hui, la sagesse archétypale masculine ?

Notre situation d'exil a amené l'Homme à s'armer d'un sexe mâle pour exercer son intelligence sur les choses en les chosifiant et en les violant, pour raisonner magistralement dans les limites dialectales de sa prison et pour ériger en absolu les vérités qui en émanent et avec lesquelles il forge sans pitié l'intellect de nos enfants. Cependant, si l'arsenal où sont contenues et répertoriées les armes d'une telle intelligence et d'où sont nées toutes les guerres commence à vaciller sur ses fondements, c'est que l'Homme est en train de sombrer dans la faille gigantesque qui sépare ses conquêtes de sa capacité à les gérer. Ces conquêtes posent des problèmes d'ordre éthique mais elles ont de plus — on commence à s'en apercevoir — une vie autonome qui oblige le pseudo-maître d'œuvre à se voir apprenti sorcier. Les choses chosifiées à ses yeux et traitées comme telles n'en sont pas moins vivantes en elles-mêmes et se retournent contre lui.

« La Adamah est maudite *dans son rapport à toi*[20] »

dit Dieu à Adam au Livre de la Chute. Seule une Adamah intérieure cultivée permet à l'Homme d'atteindre à un champ de conscience dans lequel il est maître des productions de la Adamah extérieure, elle-même cultivée — et non exploitée — dans un rapport exact avec le travail intérieur.

Ce rapport exact ne peut être que dans le regard de Celui qui est le Juste Rapport entre l'Incréé et le Créé, le Verbe. C'est en Lui qu'est la Sagesse, et dans l'union de l'Esprit-Saint qui fait accéder l'Homme à ses espaces intérieurs. Nous avons vu le roi Salomon incarnant la sagesse être vérifié par la reine de Saba...

Mais notre monde schizé, coupé de l'Incréé et du Verbe qui mesure, étranger au conscient, ne prend ses références, dans le meilleur des cas, que dans la « bonne conscience » qui est de l'inconscient ! C'est donc un monde aqueux, inconsistant, fait de sentiments ou de constructions mentales limitées aux catégories de l'intelligence intellectuelle, qui offre ses critères et qui fait loi. Les conséquences en sont diluviennes... C'est pourquoi la sagesse « femellisée » a été abandonnée aux philosophies approximatives, aux religions considérées comme l'affaire des femmes mais dirigées par des hommes de pouvoir, à l'exotisme oriental, aux utopies politiques, aux mouvements écologistes vite politisés, etc. Pourtant une nouvelle instance de sagesse vient de surgir, suscitée par les peurs inavouées, voire les terreurs, de nos apprentis sorciers. Elle est gérée par des comités d'éthique constitués d'êtres sages selon le monde — mais la sagesse du monde est folie pour Dieu[21] !

Ces comités traitent du nucléaire sans avoir approché le noyau du Saint Nom qui fonde l'être, sans même en avoir entendu parler, sans donc être dans le champ de conscience correspondant à ce problème que, dans ces conditions, ils rabattent à l'étage d'une morale inadéquate ou d'une prudence dont ils savent qu'elle ne peut contenir les débordements du sujet en question. Ils traitent des manipulations génétiques appliquées à l'Homme comme elles sont appliquées aux animaux, « chosifiant » l'un et les autres, en méconnaissant la loi ontologique selon laquelle, agissant ainsi, ils créent la « peste »[22] — nous sommes peut-être en droit de nous demander si les vaches « folles » ne viennent pas nous prévenir de la folie qui demain risque d'être la nôtre ; peut-être ces comités d'éthique pourraient-ils être attentifs à la sonorité du nom de l'élément pathogène responsable de la maladie de ces animaux : le pryon (l'Inde perçoit sans doute plus que nous le sacré incarné dans ces créatures de Dieu qui nous invitent à la prière). Les spermes mis en banque, les embryons congelés, capitalisent une vie désacralisée dont l'Homme se croit maître, ignorant le jeu diabolique dont il est victime lorsqu'il s'empare des pouvoirs divins. J'ai tout lieu de craindre que les conséquences n'en soient sévères. Ces comités d'éthique méditent encore sur les situations inextricables que crée l'immigration, sans savoir que celle-ci est l'objectivation même de l'envahissement, au-dedans de nous, de l'« étranger » (l'inaccompli) que nous n'épousons pas. Comme pour toute maladie, on ne sait que traiter le symptôme sans en comprendre le langage que le rétablissement du juste rapport entre Adam et la Adamah décrypterait. Les décisions prises sans l'exercice de ce discernement ne font que déplacer les problèmes, mais ne les résolvent pas.

Bien sûr ces comités d'éthique se doivent d'obéir à la première éthique qui exige le respect de la pluralité des opinions. Mais les opinions elles-mêmes ne peuvent émaner que d'êtres suffisamment mûrs et libres. Et ces deux qualités (maturité et liberté) exigent à leur tour de ces personnes qu'elles soient incarnées non dans le corps mentalisé du cerveau gauche mais dans celui qu'un souffle relie à la chair des profondeurs. Elles n'auront alors plus peur de mourir à elles-mêmes, car ce n'est qu'en ouverture à toute mutation demandée que s'enracine la liberté ; celle-ci ne consiste pas à pouvoir choisir mais à *connaître* le juste choix et à s'y engager. Or, la connaissance n'est que très relativement d'ordre scientifique ; si elle n'est vérifiée par l'intelligence ontologique féminine, elle reste l'objet même du problème...

Il n'est pas question de dresser ici un réquisitoire contre la pauvreté de ces sagesses contemporaines qui fondent nos institutions. Jouer les procureurs serait être coupé de l'amour qui seul permet de discerner l'ordre ontologique vers lequel nous avons à nous retourner de toute urgence et sans lequel nous risquons de mourir d'asphyxie, de violences et d'empoisonnements multiples. Nous nous devons d'être lucides.

4. La rigueur féminine face aux lois ontologiques, la force

Les lois ontologiques dont nous venons d'avoir un aperçu sont incontournables ; elles fondent le monde.

« Une loi Dieu a donné, et elle ne passera pas [23] »

dit le psalmiste. L'ignorance que nous en avons conduit à la souffrance, voire à la folie. *Metoushoël* « qui demande la mort », souvenons-nous, est bien le fils de *Meḥouyaël* « qui oublie Dieu » [24] !

Certains mathématiciens aujourd'hui approchent cette loi, ainsi que quelques physiciens et des philosophes, car le cosmos extérieur que nous avions la prétention de connaître et donc de dominer à la fin du siècle dernier a dû ouvrir son cœur à notre âpreté de savoir, et c'est alors que lui nous a ouverts à l'infini ! Et la béance est redoutable ! C'est pourquoi, si cette démarche extérieure n'entraîne pas le retournement d'un Lemek̲, d'un Noé, voire d'un Prométhée, elle peut tendre au diabolique...

Aussi est-ce au monde féminin des profondeurs qui recèle ces lois ontologiques ou à la femme, qui en est naturellement la plus proche, de les révéler. L'homme légifère au moins mal dans la société en attendant qu'il soit capable de s'ouvrir à son féminin, 'Ishah, ou à la voix de la femme qui a mis ses pas dans le chemin de l'orient — mais cela tarde ! — et le fossé risque de se creuser encore plus profondément entre les jeux de l'apprenti sorcier et l'incapacité qu'il a à gérer leurs conséquences. Toujours en gardienne du foyer, la femme doit travailler à découvrir le dépôt sacré en elle et dans les textes de la Tradition qui est la sienne. S'il appartient à l'homme de faire connaître et respecter les lois sociales, d'initier son enfant à la vie du monde, au multiple, c'est à la femme de nourrir l'enfant, l'époux, voire la société, des valeurs qui reconduisent au un.

Une amie québécoise me téléphona le soir même des élections qui venaient de rejeter l'éventuel statut du Québec libre ; elle était terriblement déçue, presque coléreuse. Je lui fis alors remarquer qu'un Québec libre ce jour-là aurait tenté de construire un pays sur le modèle des autres pays, avec la même inconscience ; il aurait usé des valeurs impropres au nouveau monde qui demande à naître. Je l'invitai alors à se construire elle, avec ses amis, dans le sens que je viens d'exprimer dans ces pages et qu'elle connaissait bien car nous travaillions depuis plusieurs années ensemble. Je l'invitai à se préparer à faire un jour de son pays — et le « Nouveau Monde » en porte la vocation — une terre de résurrection. En tant que femme que ses études avaient déjà disposée à jouer le jeu extérieur en synchronicité avec le Grand Œuvre intérieur, elle avait une noble perspective de travail. Je lui suggérai que si Dieu avait durci le cœur de Pharaon pour garder les Hébreux dans une situation matricielle d'esclavage le temps nécessaire à leur juste naissance (la Pâque), ne venait-Il pas de renvoyer de même les Québécois à leur propre Pharaon pour qu'ils se préparent à se séparer de lui plus tard avec la *force* de nouvelles valeurs alors incluses en eux ?

La force : nous ne connaissons d'elle que son expression physique, apanage de l'homme qui, sous les plombs de son écrasante masculinité, n'a que commisération pour le sexe dit faible. D'elle encore nous connaissons la « force morale » de celui qui ne pleure pas et qui interdit aux siens de se laisser aller à ce qui n'appartient qu'au vulgaire. Ainsi ai-je entendu un père de famille intimer cet ordre à ses jeunes enfants le jour de l'enterrement de leur mère ! « Force morale » de celui qui blinde ses émotions, qui pilonne sa tendresse, cache ses peurs et se détruit derrière les non-dits ; « force morale » de celui qui refuse les apparences de la dérive et qui la refoule, non avouée, dans les cataractes vertigineuses de l'âme vouée alors au désastre.

« Dans la faiblesse c'est alors que je suis fort »

rappelai-je plus haut, de l'apôtre Paul qui se sait enlacé de Dieu dans sa descente en lui-même[25].

Car il n'est de force que celle-là : qui se reconnaît inaccompli est seul capable de prendre le chemin de l'accomplissement au terme duquel il acquerra, avec la connaissance, une force insoupçonnée. Le chemin sur lequel il s'engage conduit à la matrice de feu. En elle, mort et naissance sont jumelles et la force partage le berceau de l'intelligence et de la rigueur.

La force prend racine dans le Saint Nom fondateur ; elle est méconnue de qui n'est pas entré en résonance avec Lui dans un processus de « septième jour » : l'Homme, « soufflé dans ses narines du souffle de vie », accède au « JE SUIS en devenir » de ses profondeurs, à l'unique, différencié du groupe, qu'il est en son 'Ishah ; il devient capable d'obéir à l'ordre divin entendu de lui seul, incompris des autres ; il a la force d'encourir leur blâme, voire leur louange, sans être atteint dans son Ego qui peu à peu s'efface devant JE SUIS ; il n'a cure du « qu'en-dira-t-on ». La force est l'arme forgée sur l'enclume du « divin cuiseur » dans la matrice de feu ; elle est l'expression de l'Epée qui s'y construit avec la croissance du Fils ; elle est vertu spirituelle et son nom est Amour.

Les femmes de la Bible ne sont pas exemplaires par leur courage, mais par leur engagement « amoureux ». Le courage est une vertu psychique, tensionnelle, qui tôt ou tard conduit à l'effondrement. Ruth a tout quitté pour « épouser » en Naomei le féminin d'Israël ; Esther, pour vaincre les ténèbres de l'exil et la haine de l'oppresseur ; Judith, pour pénétrer le camp ennemi et y couper la tête du monstre. Toutes trois ont connu le chemin qu'elles avaient à faire ; elles se sont avancées avec l'audace que donne la certitude intérieure et sans qu'un seul muscle de leur corps trahisse la moindre peur. La force féminine ne surmonte pas la peur mais l'évacue dans la « foi » *('Amen)* qui est un engagement de tout l'être dans une réalité expérimentée des profondeurs ; *'Amen* implique une « maternité » *('Em)* intérieure (mort et naissance) : les martyrs ne vont pas à la mort par courage mais par foi.

'Oz (la « force ») est celle de Bo'az qui épouse Ruth, la Moabite, l'étrangère dont les ténèbres se sont retournées en lumière. Elle est celle qui soutient le temple de Salomon dans sa colonne féminine, appelée du même nom, *Bo'az* ; la colonne du côté mâle, *Yakin*, « confirme » et « structure » cette force. *'Oz* a pour valeur 77, nombre symbolique du « sans limites » !

Dans les guerres sans merci qui ébranlent le monde (Tchétchénie, Israël-Palestine, violences corses, etc.), les femmes qui pleurent leurs maris, leurs fils, leur famille entière sentent leurs entrailles vibrer de beaucoup plus que des deuils affectifs : elles hurlent l'absurdité criminelle de ces rapports de force qui rejettent l'Homme au rang de l'animal disputeur de territoire et le rendent capable de pisser n'importe quel sang pour imposer sa victoire. Il suffit de peu de chose pour qu'elles sachent aujourd'hui défendre leur langue et leur culture avec d'autres armes. Les faire se souvenir que le seul ennemi réel est à l'intérieur de nous ! Les faire se souvenir du patriarche Jaqob totalement démuni devant son frère Esaü venant à sa rencontre pour le tuer[26] : une nuit de l'âme tombe alors sur lui, où il se bat contre celui qui se révélera être un ange mais qui fut auparavant monstre de la haine, effroi de la mort et horde sauvage de tous ses instincts destructeurs ; à l'aube Jaqob est vainqueur et lorsque Esaü se précipite sur lui, c'est pour l'embrasser...

Force du jeûne et de la prière que celle de sainte Geneviève réunissant toutes les femmes de Lutèce alors que leur cité était assiégée comme Bétulie du temps de Judith ; sœur de Judith qui pénétra les ténèbres ennemies, Geneviève, soutenue par ces femmes, dut faire cette même incursion intérieure pour forcer les Huns à reculer devant l'Epée flamboyante de son être !

Force de la prière et de l'amour que celle de cette femme de mes amies, clouée au sol par un homme qui la menaçait de son couteau et qui s'enfuit sans la toucher : sitôt l'homme parti, le couteau lui apparut comme celui qui autrefois avait tué l'enfant dans son ventre. L'homme était le meurtrier qu'elle n'avait jamais voulu voir en elle, un monstre dont elle eut à couper la tête dans les larmes du repentir et dans la force plus grande que toutes du pardon divin !

Force et rigueur du côté de la femme, grandeur et miséricorde du côté de l'homme : qui peut pardonner ?

5. Miséricorde et grandeur de l'homme

« Car Sa miséricorde dure à jamais »

répète inlassablement le psalmiste[27]. Le pardon divin qui donne accès à tous nos pardons prend racine au Golgotha, de toute éternité. Mais combien pardonner à l'autre est difficile et plus difficile encore à ce premier « autre » qu'est soi-même ! Seul JE SUIS est capable de miséricorde.

Le premier « je » est si vite affecté par son exigence de reconnaissance, par les coups livrés à ses concepts infantiles de justice et de bonté, par le boomerang tranchant de ses jugements aux critères absolutisés ; il est si profondément blessé de ce qui n'incarne pas son modèle et si enclin à projeter sur l'image qu'il se fait de Dieu sa propre incapacité à pardonner ! Lorsqu'il parvient à la miséricorde, il n'en refoule pas moins souvent une rancune inconsciente qui fera partie des rencontres nécessaires lorsque, plus tard, il pénétrera sa jungle, s'il la pénètre un jour ! Sinon c'est elle qui le saisira de ses crocs et le dévorera.

Après que Jésus eut invité celui qui n'avait jamais péché à

jeter la première pierre sur la femme adultère condamnée par la loi à la lapidation[28], les hommes se sont dispersés sans avoir vu en cette femme leur propre 'Ishah et sa triste pauvreté ; mais quelque chose a retenti en eux des paroles du Christ, et d'un bloc ils sont partis. Qu'aurait fait ce même groupe composé de femmes ? La rigueur de la loi n'aurait-elle pas prévalu chez elles sur la miséricorde du Christ ?

Ontologiquement lié à Elohim, à l'unité divine, et propulsé dans sa nature d'exilé aux conquêtes du multiple, l'homme semble plus enclin que la femme à relativiser et à prendre une distance par rapport à la loi. La femme liée à 'Ishah, au multiple et, dans sa « chair », à la rigueur des lois ontologiques, cherche l'unité, l'absolu. En situation d'exil, elle peut devenir le contempteur impitoyable de toute faiblesse. L'exil est vite fossoyeur de la miséricorde chez elle ! Je n'en veux pour preuve que l'implacable attitude de tant de nos femmes fonctionnaires, prémices des ordinateurs sans tendresse qui les remplacent peu à peu. Les gardiennes des camps de concentration étaient réputées pour leur cruauté plus grande que celle de leurs collègues masculins. Etrange chose que ce goût d'absolu porté, déporté devrais-je dire, dans l'horreur... Alors qu'un seul regard de miséricorde peut renverser l'horreur, tel celui de ce moine russe que des agents du KGB vinrent arrêter pour le conduire à la mort ; l'un des agents, bouleversé, acheva sa triste besogne, mais revêtit la bure du moine. Bien sûr, mille exemples pourraient venir contredire ces données et être justifiés par les aspects forts des catégories psychologiques jungiennes d'*animus* et d'*anima*. Une femme douée d'un *animus* très dominant peut entrer en résonance inconsciente avec les archétypes mâles, et vice versa. Mais cette femme encore identifiée avec le monde de l'exil n'a rien à voir avec celle qui fait « œuvre mâle » en elle et qui, selon le logion de Thomas, « rejoint véritablement les mâles » et ceux dont le psalmiste dit :

« Une chose est précieuse aux yeux de YHWH,
c'est la mutation de Ses miséricordieux[29]. »

Les miséricordieux « coupent les prépuces de leur cœur », dirait le prophète Jérémie[30].

Il existe une grande différence entre le miséricordieux, qui a dû acquérir un discernement très fin dans une qualité d'intelligence ontologique, et l'être de cœur, dont la vertu est le plus souvent d'ordre sensible et émotionnel. Beaucoup de femmes de cœur capables de grandes œuvres caritatives sont souvent guidées par un *animus* fort joint à une tendresse maternelle, qui n'exclut pas une possessivité de tigresse ; beaucoup ne résistent pas à une pulsion interventionniste alors qu'il faudrait être là, intérieurement actif, et faire silence pour laisser l'autre aller au bout de son expérience où Dieu l'attend. Le miséricordieux est l'être d'une compassion gratuite, qui, proche de son Nom, sent battre en tout autre la cadence de sa propre vie ; là est sa grandeur. Si la rigueur féminine n'épouse pas la miséricorde masculine, elle est dureté et peut devenir cruauté. Si la miséricorde n'épouse pas la rigueur, elle est faiblesse, voire laxisme criminel. Dans cette perspective respectée, la place de l'homme et de la femme auprès des tribunaux ou de toute profession de justice est autant pour l'un que pour l'autre d'une grande justesse. Mais la femme juge ou juré qui aura examiné la situation de l'accusé avec rigueur, comme la femme thérapeute, dont je parlais plus haut, qui aura acquis une grande acuité d'analyse auprès de ses patients, comme celle qui accepte de recevoir les confessions sur un plan religieux, toutes devront atteindre intérieurement au non-jugement de l'être et à la miséricorde, même si le comportement de cet être exige jugement.

Toute relation à l'autre demande rigueur et miséricorde hors desquelles il n'y a pas d'amour. Mais la puissance, où la trouverons-nous ?

6. Puissance de l'homme

Shadaï, le « Tout-Puissant », pénètre l'Homme du feu de son amour (lettre *shin*, Eros divin !), « suffisamment » *(Dai)*, autant que le peut supporter l'Homme, depuis son « non-espace » intérieur irrigué du Phrat jusqu'à sa « terre promise » alors bouleversée par l'irruption incandescente du Pishon [31]. Dans un Eros archétypiel incommensurable, Dieu épouse son 'Ishah, l'humanité !

> « Qu'est-ce que l'Homme pour que tu fasses œuvre mâle en lui ? »

rappelai-je plus haut [32]. N'oublions cependant pas que le nom de l'Homme employé par le psalmiste dans ce verset n'est pas *Adam* mais *Enosh*, l'Homme « faible », voire « malade ». Ceci veut dire que Dieu ne se fait Epoux que pour l'être qui se sait exilé, faible, inaccompli et qui, commençant à se retourner vers Lui, traverse ses eaux d'en bas et travaille sa Adamah. Les eaux d'en haut pleuvent sur celui-là, *Dai*, autant qu'il le peut supporter ; elles sont spermatiques, fécondantes, mais aussi nourricières. L'Homme totalement inconscient, qui se croit puissant et qui n'appelle pas de son désir d'épouse le Tout-Puissant, est visité du Phrat qui ne distribue que la nourriture indispensable à la vie animale.

La puissance divine est une et s'exerce amoureusement envers l'Homme en fonction de ce que ce dernier peut en recevoir, selon deux modes : l'un relevant du Père nourricier, l'autre de l'Epoux.

En image, au niveau du Créé, l'Homme exerce sa puissance mâle à l'intérieur de lui envers son 'Ishah ; et, à l'extérieur de lui, l'homme l'exerce envers la femme, mais dans la seule relation amoureuse authentique qui n'implique aucune domination de l'un sur l'autre.

Lorsqu'il travaille à l'intérieur de lui, l'Homme rejoint les normes ontologiques et obéit à l'ordre divin de la Genèse :

> « Assujettis le sec et domine sur les poissons de la mer, sur l'oiseau des cieux et sur tout vivant qui rampe sur le sec[33] »,

verset immédiatement suivi de ce qui sera alors donné à Adam pour faire ce travail car, lui sera-t-il dit au chapitre suivant :

> « Mangeant, tu dois manger, car mutant, tu dois muter[34]. »

Epouser 'Ishah est, pour tout Adam, pénétrer chacune des « tuniques de peau » de ses troupeaux de l'âme et en intégrer la force, afin de la retourner en lumière. Par cette œuvre d'amour, l'Homme qui a conquis son cosmos au-dedans de lui fait l'expérience de se trouver maître des éléments homologues du cosmos extérieur. Saint François d'Assise ne vivait-il pas en bonne et amicale intelligence avec un loup ? Certes, il avait dû dominer le loup dévoreur de son intériorité ! Et cet autre loup que fut Esaü pour son frère ne fut-il pas vaincu dans le combat de Jaqob avec le monstre dont nous avons parlé plus haut ?

Dans tous les cas, la force féminine acquise dans le chemin des profondeurs devient puissance mâle de pénétration amoureuse pour aller toujours plus loin en soi. L'Epée du Saint Nom ainsi forgée dans la matrice de feu est celle de la juste guerre, celle du vrai *Jiḥad* pour les musulmans. Lorsqu'elle n'est pas travaillée dans ce sens, sa puissance se retourne en arme de mort au-dehors ; elle est la langue perverse capable de tuer, le sexe dévoyé et alors destructeur, ou l'arme meurtrière. Il n'y a pas de moyen terme : le Christ, Verbe-Epée, l'affirme :

« Celui qui n'est pas avec moi est contre moi »

et c'est elle, cette Epée de Vie, exigeante, dérangeante, qu'Il est venu donner au monde :

« Je ne suis pas venu apporter la paix, mais l'Epée[35]. »

Celui qui ne la saisit pas par le pommeau divin (le *Yod)*, celui-là, confondu avec le collectif, se fait complice de Qaïn. Mais celui qui la saisit, qu'il soit homme ou femme, participe de la puissance mâle, divine, et accomplit le Créé.

Cette œuvre mâle exercée à l'extérieur s'inscrit dans le temps de l'exil ; elle est ombre portée de l'archétype mais n'est pas pour autant, en soi, coupée de lui. L'homme en est le maître d'œuvre dans sa relation amoureuse à la femme et dans la sécurité qu'il apporte aux siens en les nourrissant de son amour et de son travail.

Comme en Dieu Un, l'Eros, qui est de source divine, est un en l'homme pour distribuer sa puissance dans le concert des différentes partitions de sa vie. Mais l'éros dévoyé de la situation d'exil, donné au Satan, se choisit *des* dieux. L'Ennemi dévoreur de poussière, et qui a besoin de cette nourriture adamique, désire l'Homme ; celui qui désire est en état de faiblesse par rapport à l'autre désiré, et pour garder sur l'Homme la puissance, le Satan se fait désirer de lui. Il se fait désirer de lui à travers mille objets intermédiaires, prometteurs de jouissance, de possession et de puissance, puisque telles sont les trois composantes ontologiques du Saint Nom que le monstre a récupérées en sa faveur[36].

Le dieu Economie, par exemple, a son autel et ses dévots au cœur de notre vie sociale et politique ; il ne partage son trône qu'avec son dauphin, le dieu Technique, et ces dieux, dirait Nicolas Berdiaeff, « réclament de l'Homme qu'il adopte leur image et leur ressemblance[37]. » Nos grandes écoles s'y emploient rondement, nous l'avons vu, et nos malheureux jeunes gens, conditionnés par elles, ne résistent pas à l'ivresse du sentiment de puissance qu'apportent ces dieux alors que, subtilement, ce sont ceux-là qui les asservissent. Economie et technique devraient avoir leur place et leur valeur dans notre vie, mais en tant que subordonnées à l'Esprit. Or c'est le contraire qui se joue. Et nous retrouvons là une fois de plus le total anéantissement du juste rapport qui devrait unir nos deux hémisphères cérébraux.

Lorsque ces dieux de l'Avoir règnent, ils créent la peur et tuent. Nous en vivons de nombreux exemples. Ne sommes-nous pas nourris de produits alimentaires dont on sait depuis longtemps qu'ils sont meurtriers mais que les exigences financières continuent de répandre sur les marchés ? N'actionne-t-on pas l'arme du meurtre jusque dans les mains de nos enfants nourris journellement de spectacles télévisés ou publicitaires incendiaires ? Ne vivons-nous pas à proximité d'usines dont on sait parfaitement que les émanations multiplient les cancers chez les hommes et les animaux ? Et cette noble dame toujours défaillante qu'est la Sécurité sociale n'enjoint-elle pas aux médecins honnêtes de prescrire davantage de produits pharmaceutiques et d'arrêts de travail ? Les entreprises plus soucieuses du « rendement » que de leurs hommes font que ceux-ci rendent l'âme, et qu'elles-mêmes de ce fait périront !

Arrêtons là cette lugubre litanie. Je ne retiendrai de cette situation où les dieux de l'Avoir sont à l'œuvre que trois aspects asservissants à l'extrême et non moins angoissants pour l'Homme d'aujourd'hui, plus un quatrième qui pose l'espérance la plus grande au cœur de notre génération.

— *La désécurisation professionnelle*

Economie et Technique assènent un coup redoutable à ceux qu'elles éjectent de la vie professionnelle et qui se trouvent alors totalement désécurisés. Si, dans le juste regard des archétypes, l'homme a pour vocation d'exercer sa puissance mâle par son apport nourricier à sa famille et par sa vie amoureuse, on devine que s'il ne peut plus assurer le pain sur la table familiale, il a tôt fait de ne pouvoir le distribuer dans les cœurs et de s'effondrer dans sa vie amoureuse. Où donc est ma place ? se demande-t-il angoissé.

En situation d'exil où l'Homme est coupé de lui-même, la place de chacun est le fruit de multiples jeux dont celui appelé hasard (chance ou malchance ; en réalité : retombées des lois ontologiques ignorées) n'est pas exclu ; jeu des diplômes, des compétences innées ou acquises ; jeu de l'âge, des profils psychologique et relationnel ; jeu de la situation économique, jeu dont les règles se resserrent de plus en plus étroitement et dont la puissance asservissante appose peu à peu la signature du Meneur.

Or, ontologiquement, pour celui qui se retourne vers l'orient de son être, sa place dans le monde est simple contrepoint de celle où, au-dedans de lui, entré en résonance avec son Nom, il est conduit. Le verbe hébreu *Sim* (« placer ») est de même racine que le *Shem* (le « Nom ») ; et l'Homme « placé dans son Nom » trouve sa place juste dans le monde, et cette place qui est véritablement sienne est libérante. Je veux dire qu'elle est sécurisante et exaltante : sécurisante car l'Homme ne manquera de rien, les Evangiles le confirment pleinement ; exaltante car il y trouvera, en union avec sa place intérieure, le lieu d'émergence de ses dons les plus secrets et de leur réalisation. Ce travail se traduit en lui par la joie ; il prend alors conscience des faux problèmes que sont en profondeur le chômage et tout ce qui, suscité par la grande insatisfaction du monde du travail, complique le marché des mille compensations qu'il exige : revendications salariales, loisirs multipliés, prises en charge, etc.

Au début de cette réflexion, je parlais de l'éros, en tant que puissance dévoyée par le Satan dans l'exil et source de tant de souffrances. Mais remis dans sa voie — ce qui est, je le rappelle, le sens du mot « Evangile »[38] —, l'éros est révélateur de ses dons. Or ces derniers ne sont pas respectés. La peur sociale et parentale du manque construit un moule scolaire dans lequel, entré dès son plus jeune âge, l'enfant est chosifié pour devenir objet rentable. J'ai déjà dénoncé la paralysie totale de son hémisphère cérébral droit à laquelle on le soumet dès ce moment. Cela veut dire qu'à la racine même de son être, on brise en lui un éventuel pouvoir créateur et qu'il se trouve totalement démuni lorsque le moule professionnel, prolongement de celui de l'école, le lâche. On voit à ce moment-là s'effondrer le retraité — beaucoup moins la femme que son foyer, même banalisé, retient encore et qu'une récupération de la puissance anime alors souvent. Dans ces mêmes conditions, le chômeur est anéanti. Cela veut dire aussi que, s'il n'est pas trop tard, le chômage peut être l'occasion pour l'Homme de retrouver sa puissance créatrice inhibée, mais peut-être pas encore tuée, à sa racine ; cela le situerait déjà sous le regard ontologique et pourrait amorcer le mouvement de retournement vers lui. Ce serait tout d'abord dans les catégories de courage qu'il assumerait sa libération des systèmes professionnels tout faits et qu'il oserait l'indépendance et la désécurisation requises. Obéissant, sans le savoir encore, aux lois ontologiques, il rencontrerait la joie, facteur de l'avènement d'un être nouveau en lui. Ou bien au contraire — car il n'est jamais trop tard pour cela —

soit par la foi déjà acquise (retournement vers l'orient), soit parce que l'épreuve l'a précipité dans le plus archaïque de lui-même, l'Homme peut toucher là aux archétypes et, s'il ne s'effondre pas dans le pathologique, connaître un éveil subit ; il voit alors son conditionnement d'exil et donc sa guérison possible.

Ses retrouvailles avec lui-même et avec son Dieu le font entrer dans un double processus créateur : celui de son être intérieur et celui de son expression au-dehors, les deux étant dans un rapport juste et libérant.

— *Le conflit*

Le second inconvénient de la puissance donnée aux dieux de l'Avoir consiste en ce que l'avoir en soi n'a qu'une finalité très relative, non conforme à celle de l'Homme ; elle le laisse inassouvi et devient de ce fait un toujours-plus-avoir dévoreur d'Homme, c'est-à-dire « dévoreur de poussière », qui marque là encore la signature de l'Adversaire confirmé dans sa fonction pervertie d'Ennemi.

Ce toujours-plus-avoir est générateur de conflits et de guerres qui ne sont gérables eux-mêmes, à tous les niveaux, qu'en termes d'avoir. Dans le collectif les armées se mobilisent, obéissant en troupeaux à la psychose collective, et l'Eglise d'Occident bénit armes et armées, estimant ces dernières en droit de « légitime défense » ! La légitime défense est juste pour l'enfant qui doit mesurer sa puissance à l'aune de ses peurs et de sa non-lâcheté ; par la suite, elle est infantilisme ; elle ne peut être justifiable que pour le réel adulte — ce que l'humanité, il est vrai, n'est pas encore. Son éradication proposée ici paraîtra utopique ; elle l'est dans le sens où elle n'a pas encore « lieu » d'être (le « lieu » est *topos* en grec), compte tenu de l'état d'inconscience de l'humanité, mais elle est le « lieu » même où tombe le fil à plomb médiateur entre ciel et terre dans l'orbite du conflit.

La légitime défense est l'enfant du cerveau gauche, celui

du raisonnement qui ne sait pas laisser venir à lui l'esprit ; elle est l'estropié de la plaine de Shinéar qui ajoute son cri aux rugissements des fauves ; elle est révélation de la bestialité la plus cruelle de l'Homme dominé par ses fauves et agi par eux. A l'opposé, le héros ne fonctionne pas moins dans ces mêmes catégories de l'avoir ; il refoule sa peur mais n'en intègre pas pour autant les éléments redoutables ; il peut être le plus sadique et le plus lâche dès le lendemain !

Le conflit en soi est d'ordre ontologique. Lorsque les opposés se rencontrent, il éclate ; il appartient à l'ordre du Créé, donc de l'Etre ; et Jaqob nous a montré quelles sont les armes de l'Etre et de quel feu sont leurs puissances.

L'Homme victime des instincts meurtriers que suscite en lui le Satan-Ennemi ignore la loi ontologique la plus fondamentale, et déjà rencontrée dans cette étude, selon laquelle l'Homme est un : à l'image de Dieu, un seul Adam en une multitude de personnes dont chacune contient l'Adam total ; l'autre est ma propre vie ; le tuer, c'est me tuer, c'est-à-dire être tué tôt ou tard. La loi dite « du talion » ne dit pas autre chose ; les juifs en ont détourné le contenu pour justifier leurs violences et le Christ les reprend avec vigueur[39]. Mais les chrétiens emboîteront le pas de leurs frères juifs pour opposer leur religion d'amour au judaïsme dit vengeur. Infantilisme encore que cette vision simpliste des choses !

> « Fracture pour fracture, œil pour œil, dent pour dent »

veut dire que lorsqu'un homme aura provoqué ces accidents « il donnera vie pour vie, œil pour œil, dent pour dent, pied pour pied, main pour main, brûlure pour brûlure, blessure pour blessure, meurtre pour meurtre[40] » car cela lui sera demandé, comme Dieu l'avait dit à Noé bien en deçà de la loi mosaïque :

> « Quiconque versera le sang de l'Homme, dans l'Homme son sang sera versé car dans l'image de Dieu est fait l'Homme[41]. »

Souffrances en chaîne que ce sang versé, que cette violence pétrie à partir d'énergies données amoureusement par Dieu en potentiel de splendeur et qui, violées par le Satan, lèvent sous le feu de son ferment diabolique.

Si la guerre fait encore partie nécessaire de notre « éthique », la place de la femme n'est pas pour autant dans ces armées qui tuent ; elle n'est pas davantage dans une police de répression ; elle n'est en aucune fonction où la femme prendrait le pouvoir en compensation de celui qui lui a été refusé durant sa longue histoire. Matrice de vie, la femme ne peut revendiquer que la puissance mâle ontologique qu'elle partage avec l'homme et qui accomplit l'un et l'autre. Mais elle n'a de sexe mâle qu'à ce niveau de l'être ; qu'elle laisse les armes aux hommes qui, plus lourds que le plomb, en sont encore à jouer le jeu criminel de leurs soldats de plomb.

On ne peut oublier cette jeune polytechnicienne tuée par son amant le soir du 14 juillet après avoir défilé en tête de son école. C'est le « burin » du sculpteur que cette jeune femme attendait de celui qu'elle aimait et qui n'a su que planter en elle son couteau de mort... L'Epée retournée à l'envers ! La confusion est maximale ! Cet homme a-t-il pris là une revanche inconsciente :

— sur un tout-puissant maternel réel et d'autant plus fort que lui-même est compensateur de frustrations inavouées, de vide sexuel et spirituel (car les deux sont liés, nous le verrons) ?

— sur un tout-puissant maternel pleinement responsable de la primauté donnée au fils (donc à l'homme devant la femme) parce que la mère a transféré sur lui la grandeur du Fils intérieur ignoré ? (Le fils est devenu objet, objet de vanité, donc d'exigence et de subordination.)

— sur un tout-puissant maternel réel ou supposé par l'homme qui, étranger à son 'Ishah, projette sur la femme une Lilith démoniaque et se confond avec ses propres ténèbres ?

— sur une puissance conférée à la femme par l'homme lui-même qui se vit en rapports de force avec tous et maintenant en rivalité avec elle ?

Quelle peur avez-vous donc de la femme, vous, les hommes, alors qu'elle n'attend de vous que votre amoureuse puissance, amoureuse mais réelle, puisée au trésor de votre intériorité ? Incapable de la donner, vous fuyez et préférez faire la guerre. La fuyant, vous démissionnez aussi de votre paternité : vous vous réfugiez dans la vie professionnelle, les sports, les clubs ou les sociétés initiatiques hautement masculinisées. Mais l'enfant qui vous attend à la maison, cet « autre », vous en avez peur, méconnaissant « l'autre » resté gelé en vous. Vous vous réfugiez, comble d'ironie, derrière votre fonction parentale : « Il me doit le respect », refusant d'affronter la colère, la révolte de celui qui attend de vous l'écoute — dût-elle vous remettre en question — et l'amour, et vous bloquez la relation. Il est vrai que la relation d'être humain à être humain, du père (ou de la mère) à l'enfant, exige de l'adulte une colonne vertébrale enracinée en JE SUIS. (L'enracinement dans le seul je-ego demande les béquilles de la fonction, béquilles reconduites dans les relations professionnelles ou autres.) S'enraciner en JE SUIS implique la pénétration du féminin ! Si la femme est la référence terre, votre référence ciel, à vous, hommes, n'est pas facile à assumer ! Paradoxalement, elle demande votre ancrage en terre où la résonance au Nom vous ouvre les portes du ciel. On ne peut aller au Père que par le Fils ! Vous ne pouvez en aucun cas faire l'économie du féminin qui seul détient votre vraie puissance mâle et le secret de l'éros.

Mais qu'est-ce que l'éros ? En posant cette question, j'ai devant les yeux le visage illuminé de ce jeune sidéen filmé par Marie de Hennezel alors que, proche de la mort, il témoignait de l'expérience divine à laquelle l'avait conduit la souffrance. Lauréat de plusieurs grandes écoles, hypertrophié du cerveau gauche puis détruit par la maladie, cet homme fit tout à coup la rencontre avec lui-même, avec le Fils en son intériorité féminine. Alors, prêt à retourner vers le Père, dans la jubilation de l'éros, il s'est écrié : « Je meurs guéri ! »

Faut-il attendre cette extrémité pour que nous découvrions la vie ? Le message de cet homme, que je reçus dans un choc, m'amène à poser cette question qui rejoint la première : Qu'est-ce que l'éros ?

— *Les dieux de l'Avoir sont destructeurs de l'éros*

Parler de lui, alors que nous sommes handicapés de lui, est une gageure, et pourtant il s'impose en abordant le sujet autrefois iconoclaste, aujourd'hui idole, de la sexualité et de l'amour. Ce sujet que je désirais aborder en tant que troisième aspect de l'œuvre destructrice des dieux de l'Avoir sera l'objet du dernier chapitre de ce livre, uni au quatrième aspect de cette même œuvre, source, lui, d'espérance.

— *La spiritualité renaissante aujourd'hui*

L'amour-sexualité et l'amour-spiritualité sont l'émergence d'une même sève de l'arbre humain, à deux niveaux différents mais indissociables : l'éros.

CHAPITRE XI

Verbe et Esprit
Moi et Éros

Une même sève !

Elle prend source en *Basar*, la « chair » scellée par la main divine dans les profondeurs de 'Ishah. Plus précisément encore, elle jaillit de la lettre *shin*, au cœur de *Basar* ; elle en est la flèche retenue tout d'abord au fond de l'arc tendu à l'extrême — idéogramme de la lettre *shin* — puis lancée sur l'orbite de construction du « Fils », *Bar*.

1. *L'Éros*

Une flèche, cette sève de l'éros, dont on devine que le mouvement induit au fond de l'arc est celui de l'esprit ; et l'esprit, en l'Homme créé image de Dieu, est inséparable du Fils. Tous deux sont les « deux mains » de l'Homme, comme les deuxième et troisième Personnes de la divine Trinité sont appelées par la Tradition les « deux mains du Père ». Les « deux mains » du Père créent, font et façonnent le Créé ; les « deux mains » de l'Homme font et façonnent avec le Père.

Au niveau de son corps, l'Homme retrouve les structures de ses « deux mains » dans ses reins prolongés de ses organes génitaux, dans ses poumons prolongés de ses deux mains, dans ses deux oreilles liées au système vocal et dans ses deux hémisphères cérébraux, archétype des trois premières formations. Le cerveau droit, féminin, est temple de l'esprit, le cerveau gauche, mâle, celui du verbe.

Les reins de l'Homme, prolongés de ses organes génitaux, président à l'œuvre de procréation. Les reins encore, dans une autre information, liés d'une part aux poumons et aux mains, d'autre part aux oreilles et à la voix, président à l'œuvre créatrice du Fils-Verbe en l'Homme. Cette dernière œuvre est vécue en prémices dans la fonction parolière ; tant que l'Homme est confondu avec son inconscient, c'est-à-dire identifié avec la plaine de Shinéar qui n'est autre que Babel, l'Homme babille et bavarde. Son corps est étranger à la chair en même temps que confondu avec elle dont l'arc est alors détendu par le Satan et la flèche manipulée par lui [1].

La sève de l'éros lâchée en l'Homme esclave et méconnaissant le Fils s'engage dans les constructions multiples de ses désirs. La flèche exige alors de ses cibles qu'elles aient dimension d'infini ; et, toujours insatisfait, l'Homme multiplie les cibles de sa vie amoureuse et sexuelle. A cet étage, tout est bavardage ! Mais, bien que mené sourdement par le Satan, l'éros est l'éros ; divin en soi, il peut mener à l'illumination ; il peut hélas aussi rester satanique et destructeur.

Lorsque l'Homme fait le retournement vers l'orient de son être, le Satan ne le lâche pas pour autant, au contraire, mais au lieu de se laisser dévorer inconsciemment par lui, l'Homme le rencontre dans des face-à-face redoutables. La flèche a cependant retrouvé sa vraie cible et l'Homme ancré dans son Nom peut avec l'aide de YHWH-Christ assumer ces face-à-face qui déterminent sa croissance.

Dans l'axe de sa vraie cible, la flèche va et vient se ressourcer au fond de l'arc dans la respiration vitale du vol un des deux oiseaux — colombe et corbeau — de Noé. Le fond de l'arc rejoint alors les abîmes, le Rien !

« Ô toi à moi encordée au cœur du Rien ! »

La corde divine retient la flèche remise entre ses « mains », et ne la lâche que pour enlacer les mondes et la faire revenir à sa source, riche de tous les possibles réalisés et ne cessant de tisser l'infini !

Souvenons-nous du nom d'Adam se révélant comme « espace de rencontre des deux désirs », celui de l'Homme pour Dieu, *Aed* (la vapeur sortie des eaux d'en bas) et celui de

Dieu pour l'Homme, la lettre *mem* (les Eaux d'en haut jaillissant en fleuve de feu vers son Aimée)[2]. Séparées mais aussitôt réunies par le désir qu'elles ont l'une de l'autre, ces eaux ne sont qu'une ; l'éros a saveur d'infini ! Il est un feu dévorant (*'Esh)* qui toutefois, venant de Dieu, ne dévore pas ; il se donne suffisamment *(Daï)*, autant que l'Homme peut le supporter. Le Buisson ardent n'était pas « dévoré » par le feu — tel est le mot hébreu[3] — mais embrasé, comme le cœur de Moïse.

Ce feu qui se fait flèche brûlante évoque tout de suite, dans la Tradition hindoue, l'œil de *Shiva* (dieu de la destruction) qui, de son regard, anéantit tout ce qui ne ressortit pas à l'éternité. En hébreu, l'« œil » (*'Ayin)*, qui est aussi la « source », correspond à la lettre du même nom, de valeur 70. Or ce nombre se dit *Shiv'aïm* ! Les deux Traditions expriment par la même racine la même réalité fondamentale. *Shive'a* que traduit le nombre 7 signifie l'« abondance », le « rassasiement » : on ne peut aller plus loin à ce niveau, le passage à un autre niveau est exigé. Le feu de l'amour divin est celui de l'Esprit-Saint qui « détruit » ce qui a été fait et intégré, pour aller plus loin encore dans le faire. Ceci est l'œuvre du « septième » jour de la Genèse.

La lettre *zaïn* de valeur 7 est, rappelons-le, l'initiale du mot *Zakor* signifiant d'une part le « mâle » et d'autre part le verbe « se souvenir ». J'appelle cette lettre le « sexe mâle » intérieur à tout être humain qui « se souvient » de son 'Ishah ; elle est associée dans cette Tradition au *noun* final (de valeur 700) en tant qu'« elles ont toutes deux forme de sabre[4] », dit le Saint-Béni-soit-Il, le mot *Zaïn* signifiant lui-même « arme ».

On voit combien l'Epée-Verbe חוֹה est liée à l'Esprit-Saint de Dieu œuvrant dans son amour comme une arme transperçante, une flèche brûlante, au cœur du Créé pour conduire son aimée de palier en palier, de « château en château », de

« palais en palais » dit la mystique juive, jusqu'à Lui, l'Amant au-dessus de tous les amants. 'Ishah, « la feu », reçoit le feu !

Au cœur de *Tipheret*, la « beauté », les femmes de la Bible ont été transpercées, brûlées. Icône de la Beauté divine, ce centre d'énergies en l'Homme est celui du soleil du corps ; il est comme une roue qui rassemble l'infinie diversité des sons, des couleurs, des odeurs, des saveurs et des formes créées en l'être et livrées au ciseau du divin sculpteur, au ciseau de Celui qui « taille les prépuces du cœur », de septième jour en septième jour !...

Dans le creux épigastrique, *Tipheret* est à l'ensemencement divin ce qu'à l'étage de la procréation, à la pointe du pubis, *Yesod* est à l'ensemencement de l'homme

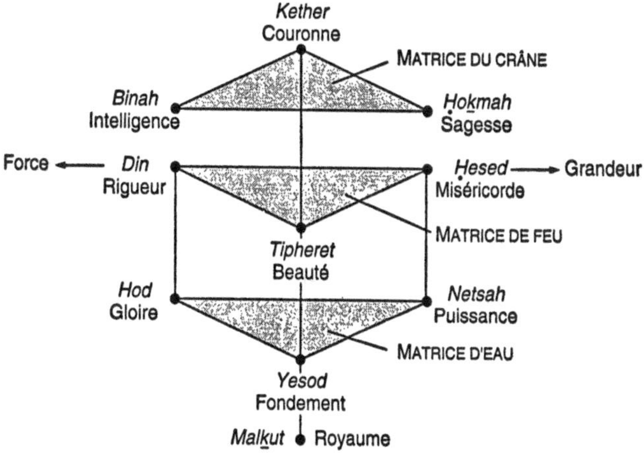

Souvenons-nous de Sarah en qui Dieu plante un « rire », comme en défi à tous les possibles, dans le vif de ses entrailles ; de Rachel dont Il « ouvre le ventre » (levée de la stérilité) après qu'elle a mangé les « mandragores », *Doudaïm*, les « amours divines » ; souvenons-nous de Ruth vide de son veuvage et empoignée par l'Epoux divin ; d'Esther qui focalise en elle, dans le secret, le cœur de la « rose » (cœur de la roue) *Shoushan* où Dieu se cache ; de Judith en qui le Maître du ciel et de la terre bande l'arc de l'amour prêt à toutes les audaces car Lui-même y a décoché ses flèches.

Souvenons-nous de Marie Madeleine et de ses sœurs prostituées qui, avec elle, répandent les parfums de l'éros purifié sur le corps de l'Aimé.

Souvenons-nous de Marie, dernière tisserande de l'écarlate avant que l'humanité n'en reprenne le fuseau.

> « Qui est-Il ton amant parmi tous les amants ? »

demandent à la Shulamite du Cantique des Cantiques les gardiens de la ville.

> « Mon amant clair, vermeil, répond-elle, est en étendard sur la *multitude* [...].
> ses mains, des sphères d'or enchâssées de chrysolithes ; ses flancs, de l'ivoire vert serti de saphirs ; ses jambes, des colonnes d'albâtre fondées sur des socles d'or [...] sa bouche est suavités.
> Tout entier délices, tel est mon amant, tel est mon ami, filles de Jérusalem. »

Et d'elle, le bien-aimé dira :

> « C'est elle l'*unique*, ma colombe, ma parfaite [...] elle apparaît comme l'aurore, belle comme la lune, immaculée comme le soleil, terrible comme les étendards [...]
> Au verger du noyer je suis descendu voir la germination du torrent, voir la floraison de la vigne, le bourgeonnement des grenadiers [...]
> Je ne sais plus ! Mon âme me fixe, ô chars, mon peuple, ô Prince ! »[5]

Bouleversé est le bien-aimé à la vue de l'*unique* qui s'avance, si belle, sortie de la *multitude !*

Thérèse d'Avila rejoint ses sœurs de la Bible lorsqu'elle parle de l'extase « où peu à peu l'on meurt aux choses extérieures et où l'on perd l'usage des sens pour vivre en Dieu » ; ainsi que du ravissement « suscité par un signe unique [la flèche] que Sa Majesté fait au plus intime de l'âme, à telle vitesse qu'elle semble enlevée au sommet d'elle-même, prête à s'échapper du corps ». Dans le septième « château » de l'âme où elle est ravie, Thérèse décrit une force « communiquée par contagion à tous ceux qui sont dans le château et au corps lui-même qu'elle semble souvent ignorer ; sa vigueur soutenue par le vin qu'elle boit dans cette cave où son Epoux l'a amenée et d'où Il ne la laisse pas sortir retentit sur le faible corps[6] ».

Saint Jean de la Croix goûte cette même ivresse :

> « Sachez qu'au cellier secret de l'âme, dont le prix est bien plus grand, joie et liesse ne naissent plus des saveurs de cette terre.
> Mais au-dessus de toute beauté
> De ce qui est ou sera ou fut [...][7] »

La jouissance de l'extase comparée à l'ivresse est bien connue du poète mystique hindou, Rabindranath Tagore :

> « Délivre-moi des chaînes de ta tendresse ô mon amour, ne me verse plus le vin de tes baisers, délivre-moi de tes sortilèges [...][8]. »

Et un poète de l'islam d'ajouter :

> « Il n'a pas vécu ici-bas celui qui a vécu sans ivresse et celui-là n'a pas de raison qui n'est pas mort de son ivresse[9]. »

Ivresse, jouissance ! La petite religieuse portugaise[10] ne la connut pas de « Sa Majesté », mais voulant la vivre, elle sauta le mur du couvent et s'enfuit retrouver son amant qui chaque nuit revenait à elle sans la reconduire à Dieu, semble-t-il.

Mais ses lettres ne disent pas ce qu'Héloïse nous confie à la fin de sa vie ; sous la plume de Christiane Singer[11] qui puise dans ses écrits, Héloïse chante sa passion pour Abélard et sa certitude du caractère divin d'une telle jubilation :

« N'étais-je pas, Dieu, ta harpe aux mains d'Abélard ? »

Plus tard, « sous les plombs du malheur », elle ne renie pas la révélation qu'elle en a eue. Devenue abbesse au couvent du Paraclet, connaissant maintenant les amours divines, elle affirme ne pouvoir les vivre et en témoigner que parce qu'elle vécut « son sacre » en tant que femme, entre les bras d'Abélard. Harcelée par l'Eglise d'alors qui l'appelle au repentir et à reconnaître sa « faute », « elle n'aurait pas abjuré sous la torture ». « Seules, ajoute-t-elle, les âmes ébranlées jusque dans leurs fondements par la passion ont la chance de voir s'écrouler l'édifice de leur moi et de devenir les chantiers du divin ! »

Chant de femme que cet hymne à la sève montante de l'arbre de l'éros, qui unit dans un même flux de vie les différents niveaux de sa floraison, les différents parfums de ses fleurs toutes ivres de la promesse d'un fruit nouveau ! Je ne résiste pas à citer comment la romancière voit l'entrée du septième palais (ou château) pour tant d'hommes d'Eglise épris du sépulcre du Christ plus que de Sa résurrection, se réclamant de leurs propres vertus et intelligence plus que de leur folie :

« Ah quel branle-bas ! Quel tohu-bohu !
Combien de saints, de philosophes, de sages barbus, de cabalistes et de prophètes vont se cogner le nez aux portes closes ! »

Elle voit Abélard lui-même, docteur en scolastique, faire les cent pas devant ce septième palais et attendre... attendre Héloïse ! Attendre tout simplement la femme car il n'est d'éros que né du féminin, 'Ishah ; et lorsque celui-là est méconnu, seule la femme, sans le savoir, en porte la saveur humide et chaude, capable de faire s'écrouler le mur glacé des logiques ; elle est alors la muse du poète, l'égérie du créateur et l'inspiratrice de toute œuvre d'art ; avec elle seulement se construit la beauté, avec elle ou directement avec 'Ishah alors ruisselante des fruits de sa terre labourée. On se demande même comment le divin Créateur a pu se passer de Sa Création, son 'Ishah, pour en jeter le premier *beit* !

C'est peut-être celui-là que nous sommes, si misérable, mais dont le Maître de l'univers a tant besoin pour continuer Son Œuvre ! Et labourés ne le sommes-nous pas pour accéder au mystère de l'amour ?

Car c'est un grand mystère ! Qui n'a pas la nostalgie du « Jardin de jouissance », le « Jardin d'Eden », planté au cœur de l'Adam dès sa première respiration d'Homme du septième jour alors qu'il est soufflé dans ses narines par le souffle de Dieu ? Ce jardin est l'espace de rencontre des deux désirs, des deux amours, des deux sèves d'arbre que sont l'Arbre de vie, venant de Dieu, et l'Arbre de la connaissance, venant de l'Homme ; espace de rencontre enfoui à l'orient de tout Adam.

Le nom de la « jouissance » *('Eden)*, lorsqu'il est retourné, devient le verbe « connaître » à la forme inaccomplie : « nous connaîtrons » ; la connaissance est impliquée dans la jouissance, et vice versa. La jouissance est créatrice. Ontologiquement elle construit l'Arbre de la connaissance dont le fruit sera JE SUIS, la Connaissance totalement acquise, son ivresse au-delà de toutes les ivresses — la déification analogue à la fission de l'atome !

Dans l'état d'exil, depuis le frémissement qui se cherche jusqu'aux éboulis des entrailles consumées, elle est le fruit d'un érotisme libre de toute loi, qui s'extasie, reçoit la claque des rejets, resurgit de ses décombres et se retire encore, se dissimule, se refoule, se compense, se murmure, hurle parfois et qui se confond le plus souvent avec le besoin de l'autre pour se trouver soi-même sans vraie relation à l'autre. Et pourtant, quand elle est là, elle est la vie ! Elle est même un surcroît de vie aux termes de la rencontre ; elle est l'épure[12] ombrée de l'Eden où l'on cueille en abondance fleurs et fruits inattendus des jardins successifs qui s'ouvrent à mesure que s'approfondit l'étreinte. L'amoureux déferlement au sein de l'épure brise l'impossibilité de l'accès au modèle ; il en annule les espaces de séparation comme dans le miracle d'une transfiguration ; et l'orient saisi répond en divinisant l'Instant !

En ces rares moments, l'Instant retrouve son âme mais l'exilé de l'âme qui ne le sait pas reconduit fiévreusement ces heures en d'épuisantes et décevantes rencontres comme le ferait un toxicomane de l'amour, qui chercherait l'unique sans renoncer à la multitude, qui se voudrait Buisson ardent sans savoir entendre le Nom ! Et l'émerveillement s'assombrit !

Pour celui (ou celle) qui sait entendre le Nom, l'éternité s'ouvre, l'exil est rompu et, dans cette jubilation qui est orgasme de vie, celui-là pourrait aussi s'écrier sans attendre le dernier jour : « Je meurs guéri ! »

Mais que de petites morts sans guérison ! Que d'étreintes même, sans petite mort ! Que d'enlacements sans étreinte vraie ! Que de tendresse désirée confondue avec une pénétration non consentie ! Que de viols légalisés ! Que d'impossibilité à être deux lorsque entre eux, dans la fuite du regard ou la dureté du toucher, se tapit l'acerbe des rancunes et des non-dits. L'acidité d'un petit quotidien rongeur floue la relation ; les « ronces et les épines » d'une 'Ishah méconnue sont rejetées sur l'autre...

Il y a peut-être encore plus triste que cela : l'habitude. Là gît l'épave totale de la relation. L'habitude s'est installée à partir de rencontres pulsionnelles que n'a jamais visitées l'éros ; à partir d'une usure grignotant le désir au long de journées fatigantes et mornes ; à partir d'un « rien n'est nouveau sous le soleil » qui fait fuir vers la multiplication d'aventures nouvelles, nullement génératrices de neuf ; à partir d'unions conventionnelles que sont celles des affaires plus que des cœurs, ou celles de la légalisation de la procréation qu'aucune jouissance n'illumine — on ne peut oublier les conseils judicieux d'une mère anglaise à sa fille : « Ferme les yeux et pense à l'Angleterre[13]. »

Mais y a-t-il davantage éros dans la non-complémentarité de deux êtres qui s'unissent pour se sécuriser en l'autre du même sexe ? Cet autre n'est alors pas autre, comme un Dieu qui n'aurait jamais lancé le premier *beit* mais se serait complu en Lui-même. L'homosexuel se complaît en lui-même, dans une pulsion vitale, un narcissisme extrapolé dans l'illusion d'un don qui lui revient en écho égotique. Et comme la confusion est subtile entre l'éros et ce qui est souvent une exquise sensualité ! Si exquise qu'elle tente aujourd'hui de faire vaciller l'éthique la plus sacrée qui reste encore appliquée dans nos pays pour s'y faire introniser. Que les homosexuels ne s'y méprennent pas : je ne juge aucun d'eux et beaucoup d'entre eux savent combien je les aime ; je les aime dans leur voie détournée du schéma fondateur comme ils m'acceptent avec mes propres misères. Mais une autre chose que de juger les êtres est de discerner la place de l'homosexualité face aux archétypes mâle et femelle que sont aussi « lumière et ténèbres, jours et nuits, sec et humide, chaleur et froid, etc. » que chantent dans la fournaise de feu allumée par le roi Nabuchodonosor les martyrs Ananias, Azarias et Misaël, devenus feu de l'Eros divin et Buisson ardent eux-mêmes. Face aux opposés cantilés dans leur dépassement souverain par les trois jeunes hommes, l'homosexualité ne serait-elle pas l'épave du vaisseau démâté de la sexualité ? Celui qui ne pointe plus sa quête vers le ciel s'abîme dans les mers...

Misérable sexualité que la nôtre aujourd'hui ! Misérables confidences reçues qui me permettent de le dire ! De même que l'Homme coupé de son inconscient est esclave de lui, de même le corps exclu du sacre de la chair, « déverbifié » et despiritualisé, est-il la proie du « mangeur de poussière ». L'homosexualité régnante est peut-être la signature d'un des derniers descendants de *Qaïn* qui, avec les convives des noces de *Qanah* (même étymologie ai-je dit plus haut), ont épuisé le premier vin des réjouissances. Et sans doute est-ce à la femme de se retourner vers le Christ et de lui dire avec Marie : « Ils n'ont plus de vin. » Je ne sais si l'heure de la réponse divine est venue, mais je suis certaine d'avoir à sonner le glas de notre détresse.

Le monde de l'avoir a tué l'éros qu'il a remplacé par le plaisir. Le plaisir ne relève d'aucune alliance ; il n'est pas don ; il ne participe pas du verbe, de l'échange parlé même dans le silence. Sans réciprocité, il ne peut atteindre au sacré. *Avoir* du plaisir n'est pas *être* illuminé de la jouissance et de l'extase ; avoir du plaisir ne reconduit pas au jardin d'Eden.

L'éros contient en soi une dynamique de dépassement déjà en germe dans le premier regard et le sourire qui font participer de l'adimensionnel de l'être. Le plaisir en est la réfraction limitée à l'écorce du corps privé de sa pulpe et de son noyau charnels. L'apogée du plaisir est le plaisir de la vertu, ultime narcissisme, autocontemplation stérile du pur qui stigmatise l'impur et en ignore la fécondité ! L'éros peut s'accomplir dans la grâce royale et libre de la chasteté, lorsque la relation s'est verticalisée en Dieu.

Interdire la relation érotique et l'identifier au mal, de la part des « autorités » religieuses — car tel est le mode relationnel de l'Eglise occidentale —, était confondre la spiritualité avec la religiosité et identifier la mystique au mal. Limiter les relations dites amoureuses aux besoins de la procréation et en éradiquer la jouissance était couper l'être de son orient, donc de lui-même, et lui interdire l'Eden, voire le réduire à une fonction animale pour mieux l'asservir. Selon cette même éthique toute « éducation sexuelle » était impensable. Il est vrai que la nature sait très bien murmurer ses secrets aux doigts de la caresse ; mais les doigts peuvent être paralysés par les impératifs d'une fausse culture ; ils peuvent aussi recevoir de la nature d'impétueuses pulsions qui, sans la mise en place d'une juste ascèse, s'avèrent désastreuses. L'Occident est démuni de savoir-faire dans cet ordre. Il existe une technique des jeux de l'amour comme il y a une technique de la prière, et je n'associe pas fortuitement les deux (bien que tous deux souffrent qu'on leur associe ce mot « technique » employé de pair avec « économique » !). Le mot « ascèse » ne veut cependant pas dire autre chose, mais ses connotations affectives sont lourdes de moralisme.

Or la prière n'est autre que le déploiement d'un rite nuptial devant l'Epoux divin, quelle que soit sa forme, et l'union de deux êtres dans leur chair transfigurée respire dans le même souffle ; elle implique que l'homme sache reconnaître l'*unique* au milieu de la *multitude*, sa femme-sœur qui, devenant épouse, sera sa une[14] ; elle implique la réciprocité de la femme et, sans faiblesse, sa miséricorde.

Les sexologues d'aujourd'hui sont plus des vendeurs de plaisirs que des initiateurs au véritable érotisme. Je ne veux cependant pas condamner ce qui est peut-être une nécessité immédiate (comme l'est la « légitime défense » à l'agression), mais j'espère voir un jour cette science de l'amour retrouver sa dimension sacrée et, comme toute science, son apprentissage. Tout a été tellement faussé !

Interdictions, culpabilité, ignorance... Ainsi donc se présentaient les choses lorsque, tel Malherbe pour les belles-lettres, enfin Freud vint ! Freud est venu libérer l'Occident de ses interdits réducteurs, voire aliénants et source de toutes les culpabilisations dont nous sommes encore loin d'être libérés, ne serait-ce qu'en en vivant les opposés dans un réactionnel non moins aliénant. Dans cet esprit, je ne crois pas que le mot « libérer » que je viens d'employer soit juste. Je ne le raye pas mais je précise les limites dans lesquelles je l'emploie. Licence n'est pas liberté. Par rapport à ce qui était avant, certes ce fut une libération. Mais tel Soljenistyne dénonçant, en arrivant aux Etats-Unis, l'erreur marxiste qu'il fuyait et l'erreur capitaliste masquée de liberté qu'il rencontrait dans sa situation d'exil, je dénonce de même l'abus moraliste et meurtrier de l'Eglise (on ne peut oublier le curé d'Urufle[15]) et les abus non moins meurtriers du laxisme réactionnel issu de l'œuvre freudienne. Car la vraie libération aurait consisté à relier la sexualité à l'éros enraciné dans le divin, à un « Je » déjà palpitant de JE SUIS, seul à pouvoir rencontrer l'« autre » dans une réciprocité réelle et par là même à rejoindre enfin la dimension spirituelle de lui-même et de l'autre. Au lieu de cela, lorsque Freud ôta la bonde du tonneau qui était prêt à éclater car le vin des récoltes centenaires retenu là fermentait à l'extrême, l'homme génial du cerveau gauche mais atrophié du cerveau droit ne sut pas jouer le maître sorcier, mais seulement l'apprenti. Il déifia le plaisir et les forces inimaginables qu'il « libéra » s'investirent en tous sens, toutes à l'horizontale, sans aucun repère archétypiel. Il n'indiqua nullement, l'ignorant lui-même, la voie d'une canalisation réellement libérante ; et nous connaissons toutes les violences que cette licence déchaîna, le « déluge » qu'il provoque encore.

De même que l'Eglise voulait faire croire à la spiritualité en obligeant au religieux, de même Freud crut à l'éros en mettant la bride sur le cou du cheval qui hennit sa libido. Et c'est bien pour cela qu'il n'y a pas plus de jouissance aujourd'hui dans les Eglises que dans les lits. Freud crut libérer l'être mais servit encore les dieux de l'Avoir. La désacralisation de l'Homme touchait là, avec celle des manipulations génétiques, à la part la plus intime du Créé dans son rapport à l'Incréé. Cela ne pouvait entraîner que deux conséquences possibles : une diabolisation, que nous connaissons ; mais je veux insister sur l'autre conséquence de ce point-limite qui se trouve atteint et qui, selon la loi propre à toute limite, devient source de retournement. Cette réflexion me permet d'introduire le quatrième aspect des œuvres des dieux de l'Avoir, dont j'ai dit plus haut qu'il « pose l'espérance la plus grande au cœur de notre génération » ; cela concerne l'émergence d'une authentique spiritualité et, si paradoxal que cela puisse paraître, c'est peut-être à Freud que nous la devrons. On ne peut nier qu'en bouleversant ce qui est le plus vital au creux des entrailles humaines, le père de la psychanalyse a précipité la fin d'un long expir ; par là même, « ne serait-il pas l'initiateur d'un formidable inspir[16] ? ».

2. L'émergence de l'Esprit

Freud ne pouvait deviner le profond refoulement spirituel qui se cachait derrière celui de la sexualité. Qui d'ailleurs, à cette époque, aurait pensé pouvoir relier ces deux catégories de l'être humain ?

Or, le sexe et le verbe sont en résonance intime ; la physiologie même de l'un retentit sur l'autre : la voix du jeune garçon mue au moment de la puberté et celle de la femme change de registre à l'heure de la ménopause. Souvenons-nous de la circoncision dont j'ai parlé plus haut ; elle touche intimement le sexe de l'homme et s'enracine dans l'Alliance dressée entre Abraham et son Dieu. Abraham, qui avec son épouse Sarah était encore stérile, s'engage à la pratiquer ; de son côté, Dieu promet au patriarche qu'il sera « père d'une grande nation » : promesse de fécondité ; et nous savons que, dans le projet divin, cette fructification touche l'être intérieur, même si cela est symbolisé par une fécondité biologique. « Tailler l'arbre pour le mettre à fruit » est une loi ontologique qui concerne l'intérieur comme l'extérieur du Créé. Au niveau de la Séphirah *Yesod*, la coupure du prépuce du sexe mâle de l'enfant symbolise celle des ténèbres pour qu'apparaisse la lumière symbolisée par le sexe lui-même ; elle retentit, au niveau de *Tipheret*, sur « la coupure des prépuces du cœur » nécessaire à la croissance du verbe, ultime lumière. Procréateur par le sexe, l'Homme, nous l'avons vu, est appelé à devenir créateur par le verbe. Ces deux fonctions jouent en résonance à des octaves différentes de l'être, elles-mêmes profondément incarnées dans le corps.

C'est parce que l'humanité, à travers le peuple d'Israël, a donné naissance au Christ-Verbe que les chrétiens ont rompu avec le rite de la circoncision ; mais ils en ont aussi oublié ce à quoi cela les engageait : à l'ascèse au niveau de la sexualité en tant que prémices de la circoncision du cœur — « et des oreilles », ajoutera l'apôtre Paul, car l'oreille et la parole sont indissociables — et à ces circoncisions elles-mêmes.

Lorsque la sève de l'« arbre humain » monte au printemps de Yesod, elle s'exprime dans l'exigence aiguë de l'éros, donc d'une sexualité à vivre avec l'autre, en même temps que dans l'émergence d'un nouveau « moi » sorti, encore tout englué, des langes parentaux. Ces deux pôles de la nouvelle personnalité de l'adolescent sont intimement liés et c'est à cet âge que la circoncision du moi ego pour que naisse JE SUIS s'impose aussi. Chez la jeune fille, la coupure du prépuce correspond à la rupture de l'hymen ; la circoncision du « moi » ne diffère pas de celle du jeune garçon. Si le sexe et le verbe jouent en résonance l'un de l'autre, le sexe et le « moi », eux, vont de pair. Réprimer l'un, comme cela était sous la loi religieuse, impliquait l'égale répression de l'autre, voire, comme nous l'avons vu, son asservissement ; mais jeter le sexe dans l'arène du plaisir est un risque majeur pour le « moi ». Nous retrouvons là, dans son instance capitale, l'expression de l'Image ensemencée en *Basar : le Verbe fonde le « moi », l'Esprit, l'éros.*

La libération sexuelle apportée par Freud a été, d'un même coup, la mobilisation du verbe et la libération du « moi », et j'apporte la même réserve que précédemment au mot « libération » car le « moi » extrait de l'asservissement extérieur, mais sans repère intérieur, devint tout d'abord comme fou (en témoignent tout particulièrement dans nos pays les événements de Mai 1968). Mais de cette « folie » se dégagèrent des trésors. Ne nous étonnons donc pas de voir surgir aujourd'hui une part toute nouvelle de l'humanité, qui commence à entendre l'appel de ses profondeurs et à prendre ses distances par rapport aux béquilles parentales. Sa colonne vertébrale ébauche une verticalisation ; elle repose sur le *sacrum* et ses premières vertèbres sont *sacrées*. La Séphirah, ou centre très important du corps énergétique, appelée à ce niveau *Yesod* signifie le « fondement » (comme en Inde le chakra Mulâdhâra), mais plus subtilement : le « secret » *Sod* du *Yod*. Même s'il ne le sait pas encore, l'adolescent qui prend contact avec *Yesod* entre à ce moment en communion avec son Nom secret ; il en reçoit l'ordre d'aller « jusqu'au bout de lui-même » *(Lek̲ Lek̲a)*. Dans le meilleur des cas, il entend et, après le mûrissement nécessaire dans la « matrice d'eau » *(cf.* le schéma p. 315) où il est « pétri », il fera le retournement vers *Tipheret* et la « matrice de feu » où il sera « cuit » ; il deviendra « pain de vie », feu et verbe créateur. Si j'emploie cette image, c'est en n'oubliant pas que *Bar* est le « fils » — qu'annonce déjà le premier « moi » — mais aussi le « grain de blé »[17]. Il en est de même au plan collectif ; l'humanité adolescente, sans le savoir encore, entre en résonance avec le Germe de JE SUIS qui lui intime l'ordre de croître.

Comme je viens de le dire, il y a ceux qui entendent, qui se retournent et se verticalisent vers *Tipheret*, « femmes en tête » dirait Yvan Amar[18] ; et il y a ceux qui se rabattent à l'horizontale dans la plaine de Shinéar et qui meurent dans la matrice d'eau. Clivage entre l'Arche et le Déluge ; clivage entre les Hébreux et les Egyptiens avant la Pâque, dans un autre contexte que j'ai récemment développé[19] ; clivage continuellement retrouvé dans la Bible jusqu'à ce que nous en comprenions le message.

Aujourd'hui où le message commence d'être perçu du collectif, les choses avancent vite ; car ceux qui entrent dans l'Arche ne peuvent tricher avec « JE SUIS en devenir d'être » qui exige d'être et qu'ils rencontrent au plus profond d'eux-mêmes. Ils recherchent la concordance entre intérieur et extérieur ; ils rejettent le « plaqué or » des catéchismes infantiles et des savants théologiens du cerveau gauche ; ils demandent à leurs textes sacrés et à leurs liturgies de les nourrir de l'or vers lequel eux-mêmes tendent au-dedans d'eux.

Les gardiens de la Tradition trop masculinisés pour se retourner vers leur Adamah et la travailler ne conservent dans leurs musées que lettre morte. En réaction à cela, charismatiques et mouvements dits New Age, voire sectes, fleurissent. Beaucoup d'entre ces « appelés dans l'Arche » ne trouvent nourriture que là ; nombreux sont ceux qui s'y perdent ou qui tout au moins en sont les déambulateurs funambulesques, chercheurs du souffle les tenant au-dessus du vide de l'existence, sur la corde raide de la vie. Souvent ils confondent éros et sexualité primaire, vie spirituelle et accès ponctuels à des états modifiés de conscience par des techniques limitées au corps-cadavre ; ou, plus simplement encore, amoureux de la nature, ils l'honorent, croyant adorer Dieu et finissent par s'honorer eux-mêmes. Beaucoup restent sur cette corde, funambules éternels ! D'autres tombent et s'enlisent dans l'enfer de la vie ressentie sans espoir. Quelques-uns qui ont trouvé et intégré le souffle redescendent pour assumer la Géhenne. D'autres encore vont vers une autre Tradition dont la nouveauté voile un moment ses propres limites, car toutes aujourd'hui, sous des formes différentes, sont appelées à une grandiose mutation. Nos gardiens du Trésor dans l'activité fiévreuse de leur cerveau gauche, plus préoccupés de critique historique que de puiser dans leur propre histoire intérieure « la terre où l'on trouve l'or et la pierre du Nom [20] », sont responsables de ces errances. Ils lèvent des boucliers devant elles, inconscients de dresser en fait leurs propres tombeaux. Ils sont comme ces parents qui, face à leur enfant perdu dans son labyrinthe et refusant d'obéir à leurs schémas sécurisants et mortels, pour mordre à la vie, le rejettent au lieu d'ouvrir leur cœur et d'aller vers lui, lui dont la quête essentielle est sans doute messagère de leur propre salut.

Tant de sanctuaires intérieurs, réouverts aujourd'hui dans l'élan féminin irréversible du don offert à la flèche divine, ne vont-ils pas transformer nos Eglises ?

Tant de travail silencieux des désenchantés d'hier qui, de leur éros verticalisé, sont devenus des amoureux de Dieu, ne va-t-il pas bientôt saisir toute la pâte humaine ?

Au-delà des souffrances que se complaisent à nous décrire nos morbides médias sans qu'ils puissent nous faire part de l'essentiel, la croissance du Germe, le Germe grandit !

Certes Rachel continue de pleurer sur le chemin de Jérusalem, mais Marie est déjà là. Le Ressuscité se dresse : Il nous nomme en nommant Marie Madeleine. Elle apportait des aromates ; elle avait atteint à une qualité de connaissance qui ne pouvait s'exprimer que dans l'impalpable, le plus subtil de l'éros, ce qu'est le parfum pour une fleur. Aussi Jésus l'arrête-t-Il dans son élan ; elle n'a pas besoin de le toucher ; ce serait briser l'ineffable. Thomas aura besoin de toucher l'impossible Réalité ; les apôtres, de venir voir ; le masculin aura du mal à décoller du réel apparent. Le féminin, lui, partage d'emblée l'incidible du Verbe ; aussi Marie Madeleine ne peut-elle que se taire.

Son langage pour faire partager l'essentiel est silence ; il est présent dans les niveaux de lecture sous-jacents à ce qui est dit. Il est le baiser de l'ange. Lorsque l'Homme n'est pas encore devenu Verbe et qu'en lui brûle le verbe, il ne peut calmer ce feu que dans le dire pour ne pas être brûlé lui-même. Cet état relève des lois divines auxquelles j'obéis. Mais je comprends aussi pourquoi Marie est silence et pourquoi Marie Madeleine reconnaissant le Jardinier devient silence.

Notes

Introduction

1. II Macch., 7,28.
2. Isaïe, 62, 2-3.
3. *Cf. S. du C.*, p. 32 et *A. de F.*, II, pp. 67-73.
4. Gen., 3,24.
5. Jér., 5,21.
6. Récit de la tour de Babel Gen., 11.
7. J'emploierai le mot « Homme » avec un H majuscule pour désigner tout être humain, homme et femme.
8. Jean, 3,30.
9. Matth., 11,11.
10. *Cf.* entre autres études celles du Dr André Gernez, Ed. Vie Claire
11. *Traitement des psychonévroses par la rééducation du contrôle cérébral*, Baillière, 1910.
12. Raymond Ruyer, *La Gnose de Princeton*, Fayard, 1976.
13. *Cf.* en particulier les œuvres de David Bohm.
14. *Cf.* les travaux de Régis Dutheil, éd. Sand.
15. Nbres, 12,8 : « A mon serviteur Moïse je parle bouche à bouche... »

I. 'Ishah-Lilith

1. Gen., 2,9.
2. Gen., 2,7.

3. Gen., 2,18, verset généralement traduit par : « il n'est pas bon que l'Homme soit seul, faisons une aide semblable à lui ».
4. Gen., 2,5, verset généralement traduit par : « ils étaient tous les deux nus et ils n'en avaient pas honte ».
5. Gen., 2, 10-14. *Cf.* aussi *A. de F.*, I, pp. 610 à 639.
6. Ps., 8,5.
7. I Cor., 11,7.
8. Gen., 3,19.
9. Isaïe, 34,14.
10. Gen., 3, 17-18.
11. I Rois, 10.
12. Gen., 32, 25-33.
13. Gen., 3,15.
14. I Rois, 17, 22.
15. Luc, 7, 11-15.
16. Gen., 6,1.
17. Jonas, 4,11.

II. L'eau, les ténèbres, la nuit

1. Matth., 13-14.
2. J. Collin, *L'Eau, le miracle oublié*, Tredaniel Editeur, p. 65.
3. Ps., 113,3.
4. Jean, 4,14.
5. I Jean, 4, 7-8.
6. Gen., 1,2.
7. Isaïe, 60,19.
8. Prov., 9,1.
9. *Cf.* chap. VIII, p. 214.
10. Hymne liturgique de la nuit pascale.

III. Ḥawah (Eve), 'Adah et Tsilah

1. Cf. *Job sur ch. de L.*, pp. 194-196.
2. Gen., 3,20.
3. *Cf. S. du C.*, pp. 32-33.
4. Gen., 3,16.
5. Gen., 3,24.
6. « Imaginal », terme employé par Henry Corbin dans l'ensemble de

ses ouvrages pour désigner le réel intermédiaire entre le monde des archétypes et notre réel immédiat.

7. Gen., 3,15.
8. Gen., 3,17.
9. Gen., 4,8.
10. Gen., 4,10 et *cf. A. de F.*, II pp. 431-443.
11. Gen., 4,23 et *cf. A. de F.*, II, pp. 561-563.
12. *Zakor* signifie en hébreu, je le rappelle, « mâle » et « se souvenir » (*cf.* p. 26).
13. La racine hébraïque Ḥabor n'introduit aucunement une idée de meurtrissure mais celle de lien, d'union, voire de cicatrice, donc de « guérison ».
14. Ez., 1,1.
15. *Cf.* chap. I, p. 32.

IV. Les matriarches

1. Gen., 12, 1-5.
2. Jean, 8,58.
3. *Cf. A. de F.*, I, pp. 17-18.
4. Gen., 12-11, souvent traduit par une redondance : « va, quitte » alors qu'il s'agit d'une invitation au retournement ontologique que nous avons tous à entendre.
5. Gen., 19,26.
6. Luc, 15, 11-32.
7. Gen., 11-30.
8. Gen., 1, 6-8.
9. Gen., 12,13.
10. Gen., 20,12.
11. Gen., 12,11.
12. *Cf.* chap. XI, p. 315 et *S. du C.*, p. 45.
13. *Cf. S. du C.* pp. 218-222.
14. Gen., 17.
15. Gen., 17,17.
16. Gen., 18,9.
17. Gen., 18,12.
18. Gen., 21,6.
19. Gen., 21,9.
20. Gen., 21,12.
21. Gen. 4,4.

22. *Cf. L'Egypte intérieure*, chap. XV.
23. I Samuel, 2.
24. Luc, 1, 46-55.
25. Gen., 22, 1-2.
26. Cf. *L'Egypte intérieure*, pp. 182-183.
27. Jean, 10,9.
28. Gen., 24, 1-4.
29. Matth., 4-11.
30. Gen., 24,7.
31. Gen., 24,11.
32. Marc, 14, 22-24 ; Jean, 6,51.
33. *Cf. A. de F.*, p. 661.
34. Gen., 25,21.
35. Luc, 16,8.
36. Gen., 35,8.
37. C.G. Jung, *Aïon*, Albin Michel, p. 262.
38. *Cf.* chap. I, p. 34.
39. Gen., 26,35.
40. Gen., 2,24.
41. Gen., 28, 10-22.
42. Ex., 3, 1-15.
43. Matth., 17, 1-8.
44. Jean, 3, 5-10.
45. Gen., 29, 4-11.
46. C. des C., 2 et 7.
47. Thipheret, « cœur divin » dans l'arbre des Sephirot, lui-même symbole du « corps divin » qu'a vu Moïse au sommet du Sinaï *(cf.* le dessin p. 315). *Cf.* aussi plus haut p. 78 !
48. C, des C., 4,12.
49. Gen., 30, 14-22.
50. I Sam., 1,19.
51. C. des C., 5,1 et 7,14.
52. Ez., 31,15 et 22.
53. C. des C., 8,6.

V. « Le féminin enlace le fort »

1. Paul, II Cor., 12,10.
2. Gen., 2,24.
3. Isaïe, 48,4.

4. Bar., 2,30.
5. Ruth, 1, 16-17.
6. *Yaroh*, « lancer la flèche », serait la racine du nom de la Torah.
7. *Cf.* chap. I, p. 32.
8. Matth., 5,7.
9. Prov., 8,12.
10. I Rois, 7,21.
11. *Cf.* chap. IX.
12. Ps., 60,10, pp. 253-254.
13. Ps., 108,10 et 2-3.
14. Midrash : écrit rabbinique constitué des commentaires de l'Ecriture sainte.
15. D'où le nom de la fête de *Pourim* qui est celle d'Esther célébrée dans une grande liesse chaque année dans la Tradition juive.
16. Ps., 45, 11-12 et 14-16.
17. Isaïe, 63, 3-6.
18. Jud., 4,13.
19. Jud., 7,31.
20. Jud., 8,12.
21. Jud., 8,24.
22. Jud., 8, 32-34.
23. Jud., 9, 8-14.
24. Jud., 10, 12-13.
25. Jud., 11,16.
26. Jud., 12,18.
27. Jud., 13, 6-10.
28. Jud., 14, 4-10.
29. Job, 41,2.
30. Jean, 16, 23-24.
31. A partir d'une cérémonie religieuse appelée *Bar-Mitsvah*, tout juif de sexe mâle doit obéir à la loi et accomplir les 613 *mitsvot* (devoirs) qu'elle exige.
32. *Cf.* chap. I, p. 32.
33. Gen., 2,18 et *cf.* p. 29.
34. Job, 2,9 et *cf. Job sur ch. de L.*, pp. 71-72.

VI. Les prostituées

1. *Cf.* chap. IV, p. 77.
2. *Cf.* chap. I, p. 30.

3. Juges, 16,1.
4. Médecine chinoise, *cf. S. du C.*, p. 407-409.
5. I Rois, 3, 16-28.
6. Prov., 22,14.
7. Gen., 38,15.
8. Gen., 49,9.
9. Ps., 91,13.
10. C. des C., 7,9.
11. Josué, 2.
12. Josué, 6.
13. Nbres, 13,31.
14. *Cf. Job sur ch. de L.*, chap. X.
15. Ps., 98, 7-8 et 114, 5-7.
16. C. des C., 4,3.
17. Osée, 1,2.
18. Osée, 2, 8-11.
19. Jér. 3,6.
20. Lam. de Jér., 1,2.
21. Isaïe, 49,15 et 54,5.
22. Osée, 2, 16-23.

VII. Marie et les femmes des Évangiles

1. *Cf.* chap. IV, p. 102.
2. Proto-évangile de Jacques lu à l'église le jour des fêtes mariales. Je me permets ici de le résumer.
3. Jean, 1,29.
4. Luc, 7,28.
5. Marc, 3, 32-35.
6. Luc, 2,7.
7. Jean, 19, 26-27.
8. Gen., 6,1 et *cf.* chap. I, p. 42.
9. Gen., 1,28.
10. Luc, 16,16.
11. Matth., 21,31.
12. Expression d'Hervé Bazin, citée de mémoire.
13. Jean, 4, 7-26.
14. Jean, 8, 3-11.
15. *Cf.* chap. I, p. 42.
16. Marc, 5,22.

17. Cinquante ans est l'année de jubilé dans la Tradition. *Cf.* aussi ce que je dirai plus loin sur cette question, chap. X, pp. 277-281.
18. Luc, 13,10.
19. Marc, 2,3.
20. Marc, 7,32.
21. Matth., 20,30.
22. Matth., 26,6 ; Marc, 14,2 ; Luc, 7,36.
23. Jean, 12,1.
24. Luc, 8,2.
25. I Cor., 11,7.
26. Gen., 2,18 et *cf.* chap. I, p. 29.
27. *Cf.* chap. I, p. 29.
28. Jean, 11, 1-44.
29. *Dictionnaire des noms propres de la Bible*, Cerf/Desclée de Brouwer, p. 246.
30. Luc, 10, 38-42.
31. Ex. 15, 22-25.
32. Luc, 2,35.
33. *Cf. S. du C.*, pp. 399-400.

VIII. Marie et l'Église

1. Jean, 2.
2. Eccl., 1,9.
3. Ex., 3,2.
4. C. des C., 6,4 et 7,1.
5. Luc, 1, 47-49.
6. Jér., 31,15 ; Matth, 2,18.
7. *Cf. L'Égypte intérieure* dans lequel j'étudie cette dixième plaie, pp. 170-171.
8. Matth., 28,19.
9. Jér., 4,4.
10. *Cf.* chap. IV, p. 74.
11. Luc, 16,16.
12. Gen., 2,23 et *cf.* chap. I, p. 30.
13. Le mot hébreu *'Etsem* se décline pour exprimer dans ce sens : moi-même, toi-même, soi-même, etc. On dit alors : mon os, ton os, son os.. avec une connotation de « milieu ».
14. *Cf.* chap. I, pp. 29 et 31.
15. Matth., 16,18.

16. Daniel Pons, *Le Fou et le Créateur*, Albin Michel, p. 279.
17. Eccl., 12,6.
18. Ps., 137, 4-6.
19. *Cf.* chap. I, p. 32.
20. Luc, 15, 11-32.
21. *Cf.* chap. IV, pp. 79-80.
22. Ps., 114.
23. Luc, 23,34.
24. *Cf. S. du C.*, p. 352.
25. Gen., 32,25.
26. Matth., 18,20.
27. Daniel, 3, 19-25 et 46-97.
28. Epiclèse : mot d'originc grecque signifiant « appeler au-dessus ».
29. Jos., 10,12.
30. Nbres, 12,8.
31. *Cf. L'Egypte intérieure*, p. 111.
32. Gen., 14,18.
33. Matth., 25,32.
34. Au sujet de Dieu Un et Innommable se révélant dans les deux noms Elohim et YHWH, *cf. A. de F.*, I, p. 489-495

IX. Cerveau droit et cerveau gauche — La droite féminine

1. Marc, 4,23, etc.
2. Deut., 6,4.
3. Gen., 3,24.
4. *Cf.* intro., pp. 13-14.
5. *Cf. S. du C.*, p. 11.
6. *Cf. A. de F.*, I, pp. 95-101.
7. *La Gestalt, une thérapie du contact*, H.G. Serge Ginger, p. 519.
8. *Cerveau droit, cerveau gauche*, Plon, pp. 62 et 61.
9. *Ibid.*, pp. 242-243.
10. *Ibid.*, p. 96.
11. *Ibid.*, p. 215.
12. Dr J.-M. Kespi, *Acupuncture*, Maisonneuve, p. 205.
13. *Ibid.*, p. 203.
14. *Cf. S. du C.*, chap. XI.
15. Nbres, 12,8.
16. Léo Schaya, *L'Homme et l'Absolu*, Buchet-Chastel, 1958, p. 35
17. Paul, II, Cor., 3,18

18. Jonas, 4,11.
19. *Cf.* chap. XI, p. 315.
20. Matth., 22, 1-14.
21. Job, 28,12 et 20.
22. I Rois, 10.
23. Prov., 9,1.
24. I Cor., 3,19.
25. Qoran, III, 54.
26. Prov., 8,22 et 30.
27. Matth., 2, 1-13.
28. Marc, 10,25.
29. *Cf. L. ch. V.*, p. 213.
30. *Cf.* l'article que j'ai écrit sur ce sujet autour de la naissance d'Isaac, deuxième patriarche d'Israël, dont le nom signifie « il rit » : *in Le Chemin*, n° 2, Ed. Béthanie, 57680 Gorze.
31. Job, 38,3 et 40,7.
32. Prov., 25,2.
33. Prov. 8,12.
34. Cité plus haut p. 252.
35. Prov., 8,31.
36. Gen., 27-32 et *cf.* chap. IV, 2 et 3.
37. Luc, 16,8 déjà cité p. 93.
38. Anthologie des Pères du désert.
39. Luc, 8,8.
40. Jean, 18,38.

X. Recherche d'identité pour l'homme et la femme

1. Un jeu de lettres unit ces deux mots hébreux dans une même énergie.
2. *Cf.* chap. IX, pp. 246-247.
3. *Cf.* les travaux du Pr Tomatis.
4. *Cf.* les travaux de Anne Christophe, à paraître dans *The Linguistic Review*, Laboratoire de psycholinguistique, CNRS, Paris.
5. Raconté par Jacques Casterman *in L'Attention*, n° 8, Le Fennec.
6. Gen., 3,16.
7. *Evangile selon Marie*, Bibliothèque copte de Nag Hammadi, publié par les presses de l'université Laval-Québec, 1983.
8. Logion 118, *Evangile selon Thomas* présenté par Jean Doresse, Plon, 1959.

9. Gen., 6,3 et 13.
10. *Cf. S. du C.*, p. 36.
11. Gen., 6,14.
12. C. des C., 8,6, déjà cité p. 108.
13. *Cf. S. du C.*, « Les trois matrices ou trois champs de cinabre ».
14. Gen., 21.
15. *Cf.* chap. IV, pp. 81-82.
16. Gen., 21,14.
17. *Cf. S. du C.*, p. 312.
18. Gen., 21,1 et 22,2 déjà cité chap. IV, pp. 84-85.
19. Le « transfert » est un processus par lequel des dépôts affectifs inconscients émergent et s'actualisent au cours d'une relation.
20. Gen., 3,17 et *cf.* chap. III, p. 63.
21. Isaïe, 29,14 et Paul, I Cor., 1,19.
22. *Cf. L'Egypte intérieure*, p. 111 et plus haut p. 228.
23. Ps., 148,5.
24. *Cf.* chap. III, p. 65.
25. II Cor., 12,10.
26. Gen., 32,25.
27. Ps., 13,6.
28. Jean, 8, 3-11.
29. Ps., 116,15.
30. Jér., 4,4.
31. *Cf.* le symbole de la lettre *shin* chap. VIII, p. 214, et le fleuve divin de la Genèse chap. I, p. 32.
32. Ps., 8,5 et *cf.* chap. I, pp. 28 et 38.
33. Gen., 1,28.
34. Gen., 2, 17-18.
35. Matth., 12,30 et 10,34.
36. *Cf. A. de F., II*, pp. 69 à 87.
37. N. Berdiaeff, *L'Homme et la machine*, Ed. Je sers, 1933, p. 20.
38. *Cf.* chap. I, pp. 29 et 215.
39. Matth., 5,38.
40. Lev., 24,20.
41. Gen., 9,6.

XI. Verbe et Esprit — Moi et Éros

1. Cette image est reconduite dans le mythe grec de Prométhée, héros dont l'épouse, Pandore (« tous les dons »), ouvre la boîte interdite.

2. *Cf.* chap. II, p. 50.
3. Ex., 3,2.
4. *Cf. L. ch. V.*, p. 69.
5. C. des C., 5, 10-16 et 6, 9-12 (traduction d'André Chouraqui).
6. Th. d'Avila, *Œuvres complètes*, Desclée de Brouwer, p. 862 et 1036.
7. Jean de la Croix, *Œuvres complètes*, Desclée de Broower, p. 931.
8. R. Tagore, *Le Jardinier d'amour.*
9. Omar Ibn al-Faridh, *Al-Kamziya*
10. *Lettres d'une religieuse portugaise* (cité de mémoire).
11. Christiane Singer, *Une passion*, Albin Michel.
12. Rabattement à l'horizontale dans un dessin sur papier d'un volume irreprésentable autrement, pour en calculer les rapports des dimensions.
13. *Le Major Thomson* (cité de mémoire).
14. Chap. IV, p. 37.
15. Ce malheureux prêtre tua celle qui attendait un enfant de lui.
16. Conférence de Françoise Jèze, psychanalyste, 1989.
17. *Cf.* chap. V, p. 114 et chap. VIII, pp. 226-227.
18. Y. Amar, *Les Dix Commandements*, les Editions du Relié.
19. *Cf. L'Egypte intérieure.*
20. *Cf. A. de F.*, II, pp. 611-621.

Table

Numérisation et impression en janvier 2018
par CPI Firmin-Didot
Éditions Albin Michel
22, rue Huyghens, 75014 Paris
www.albin-michel.fr
ISBN : 978-2-226-12055-7
ISSN : 0755-1835
N° d'édition : 10750/13. - N° d'impression : 145726.
Dépôt légal : novembre 2000.
Imprimé en France.